Dorothee Abdel-Kader

So lernen Pferde

Verhalten · Motivation · Praxis

Dorothee Abdel-Kader

So lernen Pferde

Verhalten · Motivation · Praxis

Meinem Vater

Die Deutsche Bibliothek –
CIP-Einheitsaufnahme

Ein Titeldatensatz für diese Publikation ist bei
Der Deutschen Bibliothek erhältlich

BLV Verlagsgesellschaft mbH
München Wien Zürich
80797 München

© 2002 BLV Verlagsgesellschaft mbH,
München

Lektorat: Edith Ch. Kiel und Christa Klus-Neufanger
Herstellung: Angelika Tröger
Layoutkonzept: Sabine Fuchs
Einbandgestaltung: Joko Sander Werbeagentur, München
Umschlagfotos: Lothar Lenz
Grafiken: Jörg Mair
Druck: Bosch-Druck, Ergolding
Bindung: Ludwig Auer, Donauwörth

Gedruckt auf chlorfrei gebleichtem Papier

Printed in Germany · ISBN 3-405-16268-8

Vorwort

Dieses Buch richtet sich an alle, die nach einem harmonischen, vertrauensvollen, von Verständnis für das Pferd geprägten Umgang zwischen Mensch und Pferd streben. Es soll sich jeder, unabhängig von Reitweise und reiterlichem Können, angesprochen fühlen, der bereit ist, sich auf das Abenteuer Pferd einzulassen.

Die verständnisvolle Kommunikation mit dem Pferd ist die unerlässliche Basis für seine erfolgreiche Motivation zur Zusammenarbeit mit dem Menschen. Das im Buch vermittelte Wissen über Wesen, Wahrnehmung und Lernfähigkeit des Pferdes, seine praktische Erziehung und Grundausbildung an der Hand sowie unter dem Reiter soll einen verständnisvollen Zugang zum Pferd schaffen und bei der Lösung von (Verständigungs-)Problemen helfen. Durch eine verbesserte Kommunikation zwischen Mensch – insbesondere Reiter – und Pferd wird die Motivation des Pferdes erhalten und gefördert, so dass es willig lernt und sich ausbilden lässt.

Die Menschheit entwickelt sich immer stärker weg von der Agrargesellschaft, deren Mitglieder eng mit Tieren zusammenleben und deshalb ihr Verhalten mühelos einschätzen können, hin zur technikorientierten Stadtbevölkerung. Durch die damit einhergehende Entfremdung vieler Menschen vom Tier ist heutzutage bei vielen Reitern der Umgang mit dem Pferd von gut gemeinten, aber oft trotzdem falschen, das Pferd in hohem Maße vermenschlichenden Vorstellungen geprägt. Der Mensch ist sich dessen in den wenigsten Fällen bewusst. Daraus resultiert dann oft ein wenig pferdegerechtes Verhalten. Die Tatsache, dass man die zwangsläufig entstehenden Kommunikationsprobleme mit dem Pferd nicht auf die-

selbe Art und Weise wie mit einem Menschen lösen kann, führt dann nicht selten zu nachhaltigen Verständigungsproblemen bei der Zusammenarbeit.

Spätestens zu diesem Zeitpunkt beginnt der Reiter nach geeigneter Hilfe für seine Probleme mit dem Pferd zu suchen. Das Angebot an Personen, Reitweisen, technischen Hilfsmitteln und Pferdeliteratur als Hilfestellung bei der Lösung von Motivations- und Ausbildungsproblemen erscheint mannigfaltig. Es hat sich vor allem in den letzten zehn Jahren ein vielschichtiger Kult um das Pferd, verschiedene Reitweisen und -theorien sowie um viele selbst ernannte Gurus entwickelt. Das eine oder andere mag an jeder neuen (?) Reittheorie auch durchaus richtig sein, und das alleinige Verharren in althergebrachten Denkschemata bringt einen als Reiter bei Problemen mit seinem Pferd nicht weiter. Dennoch ist es mittlerweile längst an der Zeit für einen Appell, sich auf die reitweisenübergreifenden, allgemein gültigen Reiter- und Pferdeausbildungsprinzipien zurückzubesinnen, diese zu bündeln, von reittheoretischem Unsinn zu entfrachten und mit den der heutigen Zeit angepassten Kenntnissen über das natürliche Verhalten und die Bedürfnisse des Pferdes zu verknüpfen. Die heutigen Reiter, und vor allem diejenigen, die Probleme mit ihren Pferden haben, wollen und sollten wie in diesem Buch dazu angeleitet werden, sich motiviert und erfolgreich mit dem Pferd sowie den bestehenden Problemen auseinander zu setzen und nicht schnell verfügbaren, aber letztendlich erfolglosen vermeintlich neuen Reittheorien und Gurus anzuhängen. Das Basiswissen über die angeborenen Verhaltensweisen des Pferdes sowie seine Fähigkeit, zu lernen und zu denken, ist nämlich uralt und unabhängig von der angestrebten Ausbildungsintensität und Reitweise dasselbe. Es ist das grundlegende Werkzeug in der Hand desjenigen, der ein Pferd zur Zusammenarbeit motivieren, ihm etwas beibringen und so, egal in welcher Art und Weise, erfolgreich ausbilden will.

Das Verstehen des Pferdes erleichtert dem Menschen das pferdegerechte Verhalten und dadurch die Zusammenarbeit mit dem Pferd. Deshalb geht es im vorliegenden Buch hauptsächlich um die Beantwortung der Frage »Warum«. Warum soll man ein Pferd so führen, wie es in allen Reitbüchern steht? Warum soll man eine Hilfe so geben, wie der Reitlehrer das sagt? Warum muss man dem Pferd ein Leittier sein, auch wenn man das eigentlich gar nicht sein will? Es gibt beim Reiten so viele Fragen nach dem »Warum«, aber viele Reiter stellen diese Frage zu selten. Manch einer fragt tatsächlich: »Warum soll ich mich in dieser Situation dem Pferd gegenüber so und nicht anders verhalten?« und erhält dann oft keine zufriedenstellende Antwort. Für die, die das »Warum« nicht interessiert, ist dies keine Lektüre. Dies ist ein Buch für die, die verstehen wollen, warum… und dadurch einen erfolgreichen Zugang zum Pferd finden wollen.

Die Aussage des englischen Philosophen Francis Bacon (1561–1626) möchte ich meinem Buch als Motto voranstellen: »Man kann die Natur nur dadurch beherrschen, indem man sich ihren Gesetzen unterwirft.«

Dr. Dorothee Abdel-Kader

Zu diesem Buch

Dieses Buch strebt die sinnvolle Verknüpfung zwischen Theorie und Praxis des Reitens und der Pferdeausbildung an. Empfinden und Verhalten des Pferdes im Umgang mit dem Menschen sowie die logischen Zusammenhänge zwischen den Ausbildungsbestrebungen des Menschen und der psychischen (geistig-seelischen) sowie der physischen (körperlichen) Konstitution des Pferdes sollen in den Vordergrund gerückt werden – das, worüber man in kaum einer Reitstunde etwas hört, worüber kein Mensch am Reiterstammtisch spricht und worüber man in sonst kaum einem deutschsprachigen Pferdebuch liest.

Weshalb so selten eine Brücke zwischen der mannigfach vorhandenen Literatur über die rein technische Hilfengebung beim Reiten einerseits und der Sinneswahrnehmung, den evolutionsbedingten Verhaltensweisen sowie der natürlichen Veranlagung des Pferdes andererseits geschlagen wird, ist nicht nachvollziehbar. Am Verständnis für die Wahrnehmung des Menschen durch das Pferd und die dadurch gesteuerte Einwirkung des Menschen auf das Pferd scheidet sich nämlich bei den Reitern die Spreu vom Weizen.

> Wer in der Lage ist, die Wahrnehmung eines Pferdes und sein dadurch bestimmtes Verhalten an jedem Ort und zu jeder Zeit richtig einzuschätzen, kann in geeigneter Weise agieren, auf das Pferd einwirken und kommt so in den allermeisten Fällen zu einer verständnisvollen Kommunikation.

Das Buch demonstriert und diskutiert Aspekte des instinktgeprägten Wesens des Pferdes, die für die Zusammenarbeit mit dem Menschen wichtig sind. Es wird nicht behandelt, wie ein Pferd im wissenschaftlichen Sinne sieht und fühlt oder Reize aus seiner Umgebung auf- und wahrnimmt, sondern was es sieht und fühlt, wenn wir mit ihm umgehen. Was leitet es aus seinen Empfindungen ab? Wie verhält es sich nachfolgend? Wie kann der Mensch die Wahrnehmung des Pferdes verändern – verbessern oder verschlechtern? Wie beeinflusst die Wahrnehmung des Pferdes und unsere eigene Wahrnehmung die Kommunikation zwischen uns?

Das Buch wurde ohne Fotos gestaltet, da das mit dem Inhalt bezweckte vertiefte Verständnis und sensibilisierte Gespür des Lesers für die Bedürfnisse des Pferdes auf keinem Foto widergegeben werden könnte. Fotos bergen außerdem die Gefahr, dass sich diese und nicht der zugehörige Text im Kopf festsetzen. Ein Foto ist immer nur eine Momentaufnahme, die nie alle Nuancen eines behandelten Themas abdecken kann. Wenn Sie sich während des Lesens zum Beispiel fragen, wie ein rechtsschiefes Pferd auf dem Hufschlag der Reitbahn von vorn wohl in natura aussieht, dann werden Sie sich das nächste Pferd, das Sie sehen, daraufhin genauer ansehen. Und eben das ist ja eine der Intentionen dieses Buches: Es soll Sie anregen, intensive Beobachtungen an lebendigen Pferden zu machen.

Bei den Reitkenntnissen, zu deren Umsetzung Sie durch dieses Buch aufgefordert und befähigt werden sollen, handelt es sich vor allem um die unspektakulären Dinge des Reitens. Wahrscheinlich wird ihnen von den meisten Reitern deshalb so wenig Aufmerksamkeit gezollt. Der Schwerpunkt liegt in diesem Buch auf dem vorsichtigen Agieren, auf der feinfühligen Anpassung der Aktion an die Reaktion des Pferdes und damit auf einer intensiv spürbaren körperlichen Verständigung zwischen

Mensch und Pferd. Sie sollen auch dazu angeregt werden, sich das Pferd beim Reiten selbst-
ständiger unter Ihnen bewegen zu lassen – ihm
zum Beispiel die Chance zu geben, sich unter
Zuhilfenahme der Reitplatzbegrenzung selbsttätig auf der Kreisbewegung ins Gleichgewicht
zu bringen. Sie sollen den Reitprozess nicht
allein dominieren und bestimmen, sondern lernen, in Abhängigkeit von Temperament, Ausbildungsstand und körperlicher Veranlagung
des Pferdes ergänzend zur Aktion des Pferdes
einzuwirken. In Abhängigkeit von Ihrem Talent
zur Umsetzung des Gelesenen, dem Pferd, das
Sie reiten, und Ihrer Geduld weiterzumachen,
auch wenn sich erst einmal keine (oder für Sie
nur noch nicht spürbare) Änderungen beim
Pferd ergeben, werden Sie so das Wohlwollen
des Pferdes zur Mitarbeit erlangen. Da Sie
dann auch körperlich besser mit dem Pferd
harmonieren, fühlt es sich physisch wohler,
was wiederum zu psychischer Entspannung
führt. Auf dieser Grundlage stehen Ihnen dann
mit einem hoch motivierten und lernwilligen
Pferd alle Türen für die von Ihnen gewünschte
Ausbildung offen.
Wer nun meint, das Studium des vorliegenden Buches versetze den Leser automatisch
in den Zustand vollkommener Harmonie mit

seinem Pferd, der muss leider enttäuscht
werden.

> Erfolgreiche Kommunikation, Motivation und Aus-
> bildung benötigt Zeit – viel Zeit und die Bereit-
> schaft, selbst zu lernen sowie sein Pferd bewusst
> zu sehen, zu hören und zu fühlen.

Die vom Pferd an uns ausgehende Information
muss von uns registriert und in eine Reaktion
unsererseits umgesetzt werden. Der Erfolg
oder Misserfolg unserer Einwirkung im Hinblick auf die von uns bezweckte Reaktion des
Pferdes ist dabei sofort und unverfälscht an der
Antwort des Pferdes zu erkennen, da Pferde
sich nicht verstellen können.
Der Zweck dieses Buches ist erfüllt, wenn der
Leser sich in Zukunft intensiv um seine eigene
Weiterbildung (das Reiten betreffend) bemüht
und beim Umgang mit dem Pferd merkt, dass
er sensibler und aufgeschlossener für das
geworden ist, was sein Pferd ihm täglich mitteilt. Und Sie werden staunen, wie viel das ist,
wie facettenreich das ist, und wie viel Spaß
das Sehen, Hören, Fühlen und das richtige
Antworten macht!

Teil 1: Theoretische Grundlagen

1. Wie verhält sich das Pferd gegenüber dem Menschen?

Wir nehmen Kontakt auf

Der erste Kontakt entscheidet oft über Sympathie oder Antipathie und damit über den Kooperationswillen, den man seinem Gegenüber entgegenbringt. Das gilt für Menschen wie Pferde und so auch zwischen Menschen und Pferden. Unsere menschliche Art und Weise, jemanden zu begrüßen, hängt im Wesentlichen von drei Faktoren ab:
- dem Bekanntheitsgrad,
- dem sozialen Rang der zu begrüßenden Person im Vergleich zum eigenen Rang,
- der Sympathie, die wir der Person entgegenbringen.

Fremden Menschen nähern wir uns im Allgemeinen langsamer, vorsichtiger und räumlich nicht so eng wie uns bekannten Personen. Dies liegt daran, dass wir einem unbekannten Menschen Angst oder zumindest Vorsicht entgegenbringen. Deshalb wollen wir den anderen in einem Sicherheitsabstand zu uns halten, aber auch den Sicherheitsbereich (die Intimsphäre) des Gegenübers nicht verletzen. Man könnte bildlich sagen, dass jeder Mensch im Zentrum von mehreren konzentrischen Kreisen steht, welche die Grenzen seiner Intimsphäre für verschiedene Klassen von Mitmenschen darstellen (Abb. 1). Dabei ist weder der Durchmesser noch die Zahl dieser Kreise bei allen Menschen gleich. Kennen wir den Menschen bereits, den wir begrüßen, dann hängt die Form

der Begrüßung vom sozialen Rang und/oder der Sympathie ab. Je größer die Rangunterschiede in der Hierarchie sind – und das gilt sowohl nach oben als auch meistens nach

Abbildung 1
Der Mensch und die räumlich-gefühlsbestimmten Grenzen seiner Intimsphären für verschiedene Mitmenschen in Abhängigkeit von Sympathie, Bekanntheitsgrad und Rangunterschied.
Von außen nach innen nimmt:
- die Sympathie immer zu,
- der Rangunterschied meistens ab,
- der Bekanntheitsgrad meistens zu.
Fehlende Sympathie kann trotz geringem Rangunterschied und hohem Bekanntheitsgrad das Verbleiben einer Person auf einem der äußeren Kreise bewirken.

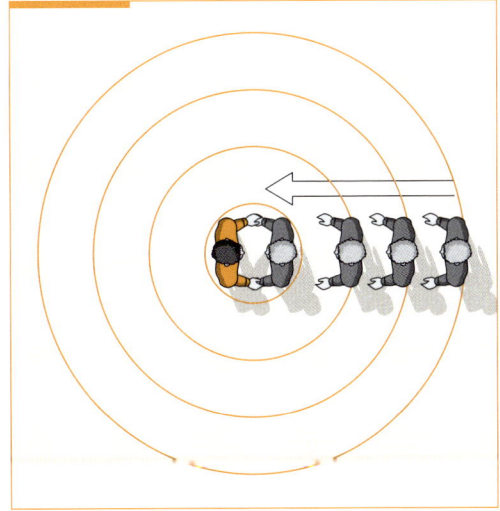

unten –, umso kühler und räumlich distanzierter fällt die Kontaktaufnahme aus – aber: Gleich und Gleich gesellt sich gern. Je sympathischer ein Mensch uns ist, umso näher lassen wir ihn an uns heran. Dieses menschliche Sozialverhalten unterscheidet sich nicht wesentlich vom Herdenverhalten der Pferde. Nun denken Sie einmal einen Augenblick darüber nach, wie sich die meisten Menschen, die oft täglich mit Pferden umgehen, ihrem eigenen, einem bekannten oder einem unbekannten Pferd nähern. Sie werden feststellen, dass dabei in den meisten Fällen keine Unterschiede bezüglich Kontaktaufnahme und Begrüßung gemacht werden. Egal unter welchen Bedingungen, in heimischer oder fremder Umgebung, auf der Koppel oder in der Box, frei laufend oder an der Hand beziehungsweise unter dem Reiter – wir gehen auf das Pferd zu, heben die Hand und berühren es an Kopf oder Hals. Diese stereotype Handlungsweise basiert auf der unbewussten Annahme, dass wir bei jedem Pferd gleichermaßen willkommen sind, und spiegelt zugleich die völlige Ignorierung der Persönlichkeit eines Pferdes und des einzelnen Individuums wider. So etwas würden wir uns mit unseren Mitmenschen nicht erlauben – oder tätscheln Sie etwa Ihrem Chef jeden Morgen freundlich den Hals? Warum machen wir bei Pferden keine Unterschiede? Weil der *Homo sapiens* die Krönung der Schöpfung ist? Weil uns nie jemand darauf hingewiesen hat? Weil wir gedankenlos mit unseren Pferden umgehen? Dann fangen Sie an, sich Gedanken darüber zu machen!

Mensch, bleib weg von mir!

Wenn unsere Intimsphäre von jemandem verletzt wird, dann reagieren wir mit Rückzug oder Aggression, und bei Pferden ist das nicht anders. Beißer, die sofort die Ohren anlegen, wenn ein Mensch in ihre Nähe kommt, gelten gemeinhin als unfreundlich oder sogar bösartig. Aber kennen Sie keinen Menschen, der etwas weniger kontaktfreudig ist, den Sie aber trotzdem mögen? Wie würde der wohl reagieren, wenn man permanent in seine Intimsphäre einbrechen würde? Er würde wohl nicht beißen, aber sicherlich ebenfalls ein abweisendes bis aggressives Verhalten an den Tag legen.

Häufiger als aggressive, abwehrende Verhaltensweisen sind bei Pferden harmlose Ausweichmanöver bei der Kontaktaufnahme durch den Menschen zu beobachten. Sie drehen den Kopf zur Seite oder nehmen den Kopf hoch, um der Berührung durch die Hand auszuweichen. Oftmals gehen sie auch einen oder mehrere Schritte zurück, um das Gegenüber wieder auf Abstand zu bringen. Wenn Ihnen selbst jemand bei der Begrüßung bereits unangenehm nah auf die Pelle rückt, dann hinterlässt er nicht gerade den positivsten ersten Eindruck, und so ist das bei Pferden auch.

> Vermeiden Sie es, durch eine aufdringliche Begrüßung Abwehrreaktionen beim Pferd hervorzurufen.

Ritualisiertes Verhalten schafft Vertrauen

Begrüßung unter Pferden

Wenn Sie beobachten, wie sich Pferde begrüßen beziehungsweise Kontakt zueinander aufnehmen, dann werden Sie bemerken, dass sie fast immer ein wenig entfernt vom Gegenüber stehen bleiben, einen kurzen Moment verharren und sich dann mit lang gerecktem

Hals zuerst am Maul beschnuppern. Selbst Pferde, die sich gut kennen und die Koppel miteinander teilen, nehmen meistens so körperlichen Kontakt zueinander auf, bevor sie diesen intensivieren. Derartige, immer in gleicher Reihenfolge identisch ablaufende Handlungen bezeichnet man als ritualisiertes Verhalten. Die Bedeutung, die dieses Verhalten für Pferde hat, kann man anhand eines beobachteten Beispiels gut erklären:

Zwei Stuten, eine davon das Leittier einer Koppelgemeinschaft, brachten, bevor sie sich gegenseitig den Hals beknabberten – also sehr intensiven und engen Kontakt zueinander aufnahmen –, immer einen kleinen Zaun zwischen sich, der als Abgrenzung innerhalb der Koppel

Abbildung 2
Kommunikationsmöglichkeiten zwischen Mensch und Pferd. Bemerkenswert sind die unterschiedlichen Schwerpunkte der Kommunikationsformen innerhalb einer Art (Spalten 1 und 2). Das junge Pferd kann sich mit dem Menschen nur mit arteigenen Kommunikationsmitteln verständigen (Spalte 4). Das ältere Pferd nutzt auch erlernte Gesten zur Kommunikation: Es klopft beispielsweise mit dem Fuß an die Tür, wenn es gefüttert werden oder Aufmerksamkeit haben will.
Der Mensch passt sich an das Kommunikationsverhalten des Pferdes an und verständigt sich mit diesem schwerpunktmäßig im nonverbalen Bereich (Spalte 3). Gerade zu Anfang der Ausbildung ist die Berührung als zwischenartliche Kommunikationsform von größerer Bedeutung als im innerartlichen Bereich. Der Mensch verbindet häufig Sprache mit Berührung, um die Bedeutung zu klären. Außerdem macht er sich durch konkretes Handanlegen am Pferd (Hilfestellung) verständlich, indem er das Pferd zum Beispiel genau so hinstellt, wie er das haben will. Beim Reiten erfolgt die Kommunikation fast ausschließlich über Berührungsreize, die Körperhaltung und Hilfen des Reiters (Spalte 5). Die Sprache spielt als Kommunikationsform beim Reiten nur eine untergeordnete Rolle.

Verständigung über	1 Mensch mit Mensch	2 Pferd mit Pferd	3 Mensch mit Pferd am Boden	4 Pferd mit Mensch am Boden	5 Mensch mit Pferd beim Reiten
Sprache					
▶ Worte	●●●●●		○○		○
▶ Lautäußerungen	●●●	●●	○○	●	○
Gesten	●●●	●	○○○○○	○	
Mimik	●●●	●●●●●		●●●●	
Körperhaltung					
▶ sichtbare K.	●●	●●●●●	●●●●○	●●●●	
▶ fühlbare K.					●●●○○
Berührung					
▶ stupsende B.	●	●	●●	●	
▶ Hilfestellung	●		●●		
▶ Reiterhilfen					○○○○○

● angeborene Kommunikationsmöglichkeiten
○ durch Erfahrung und/oder Ausbildung des Pferdes erworbene Kommunikationsmöglichkeiten

diente. Die eine stand links vom Zaun, die andere rechts davon. Fast nie konnten sie bei ihrer Beschäftigung miteinander ohne Zaun zwischen ihren Körpern beobachtet werden. Zwei ranggleiche Wallache derselben Koppel-gemeinschaft haben sich hingegen immer ohne Zaun dazwischen gegenseitig den Widerrist beknabbert. Die Stuten brauchten offensicht-lich den Zaun, um überhaupt so viel körper-liche Vertrautheit zueinander entwickeln zu können, da beide über ein flinkes Hinterbein verfügten und der Rangunterschied zwischen ihnen groß war. Die Wallache hingegen hat man nie ausschlagen sehen, so dass der Zaun als Sicherheitsmaßnahme bei ihnen zum Wohl-fühlen nicht erforderlich war, zumal sie in der Pferdegruppe einen gleichwertigen Rang ein-nahmen.

Weiterhin kennzeichnend war die Ortstreue der beiden Stuten, die sich immer exakt an dersel-ben Stelle des über 80 Meter langen, von bei-den Seiten frei zugänglichen Zauns einfanden. Wenn eine der beiden Stuten (meistens die ranghöhere) an dieser Stelle des Zauns wartete, so war dies ein Hinweis für die andere Stute, dass das Vorhaben der wartenden Stute einen positiven und ungefährlichen Hintergrund hatte.

Dies ist eines von zahlreichen Beispielen dafür, dass ritualisiertes Verhalten Vertrauen schafft – bei Tieren, bei Menschen und zwischen bei-den!

Kommunikation zwischen Mensch und Pferd

Tiere messen wohl deshalb ritualisiertem Ver-halten untereinander und auch zwischen Mensch und Tier einen höheren Stellenwert bei als der Mensch, weil sie sich nicht wie Men-schen verbal in kurzer Zeit über die Absichten des anderen aufklären können. Das Tier kann Mimik und andere Kommunikationsformen des eigenen Artgenossen leichter interpretieren als die des Menschen – eines artfremden Wesens (Abb. 2).

> Die Kommunikation zwischen artfremden Indivi-duen birgt aufgrund ihrer verschiedenen artspezi-fischen Ausdrucksformen und Wahrnehmungs-möglichkeiten viel Raum für Missverständnisse.

Bei strengem Festhalten am Ablauf rituali-sierten Verhaltens sind aber die Absichten beider Beteiligten offensichtlich, Irrtümer sind so gut wie ausgeschlossen. Das bewirkt Ent-spannung, Ruhe und Selbstvertrauen, letztend-lich also die erfolgreiche Kommunikation zwischen beiden Seiten. Dies gilt übrigens nicht nur für die Kontaktaufnahme zwischen Mensch und Tier, sondern auch für den weite-ren Umgang miteinander: Lernen und Aus-bildung des Pferdes sind ohne den dauerhaften Einsatz ritualisierten Verhaltens von Seiten des Menschen unmöglich.

2. So denken und lernen Pferde

Was bestimmt den Ausbildungserfolg?

Generell lernt ein Pferd wie jeder andere Schüler auch durch konzentrierte Beschäftigung mit dem Lernstoff, fleißiges Üben und konsequentes Wiederholen und Wiederauffrischen des bereits Gelernten. Der Lernerfolg wird von mehreren Faktoren bestimmt (Abb. 3):

- Auffassungsgabe,
- Leistungsbereitschaft,

- körperliche Veranlagung des Pferdes,
- Qualität des Reiters und Ausbilders.

Das schwächste Glied in dieser Faktorenkette bestimmt letztendlich den Ausbildungserfolg. Wo auf der Skala zwischen Optimum und Nichtvorhandensein jeder einzelne Faktor bei einem ganz bestimmten Pferd einzuordnen ist, lässt sich vom Fachmann meist nach relativ kurzer Ausbildungszeit sagen.

Auf längere Sicht lässt sich beim Pferd am ehesten die Auffassungsgabe (das intelligente

Abbildung 3

Schema der Faktoren, die den individuellen Ausbildungserfolg eines Pferdes beeinflussen. Auffassungsgabe, Leistungsbereitschaft und körperliche Veranlagung sind die drei Säulen, auf denen das Potenzial eines Reitpferdes beruht. Die beiden ersten sind vom allgemeinen Charakter des Pferdes geprägt. Der fähige Ausbilder beeinflusst alle drei Komponenten, wobei Auffassungsgabe und Leistungsbereitschaft leichter zu schulen und zu fördern sind als die körperliche Veranlagung. Das Pferd bringt demjenigen am meisten Arbeitseifer und Leistungsbereitschaft entgegen, der es am pferdegerechtesten anspricht und behandelt. Deshalb ist ein wirklich guter Ausbilder für das Pferd im Allgemeinen beliebig austauschbar.

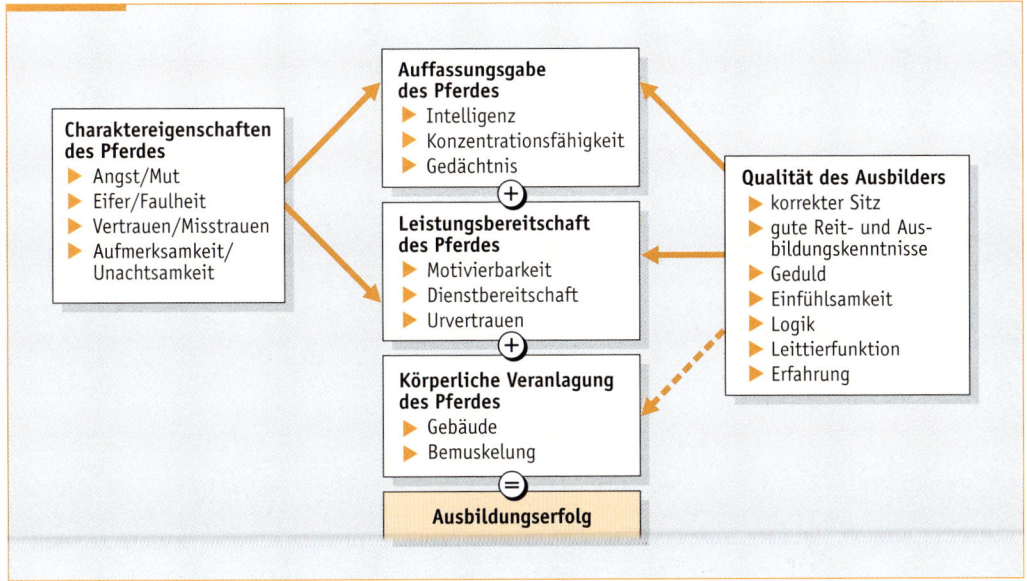

Begreifen) verbessern, während Leistungsbereitschaft (der Wille zum Mitmachen oder die Motivierbarkeit) und körperliche Veranlagung kaum beeinflussbar sind. Man kann aber das vorhandene Potenzial geschickt nutzen, und genau dadurch zeichnet sich der gute Reiter und Ausbilder aus.

Auffassungsgabe und Leistungsbereitschaft

Am unerfreulichsten für den Ausbilder (und wahrscheinlich auch für das Pferd) ist die Ausbildung eines Pferdes, das mangelnde Leistungsbereitschaft zeigt. Nachdem man sicher abgeklärt hat, dass dieser Mangel nicht durch vorausgegangene falsche Behandlung in der Ausbildung verursacht wurde (was in den allermeisten Fällen korrigierbar ist), hat man als Ausbilder mit solchen Pferden so seine liebe Not. Man kann sich zu Motivation und Konzentrationserhalt solcher Pferde noch so viel einfallen lassen und erlebt dennoch immer wieder, dass diese Pferde einen aus Unlust am Mitmachen und nicht etwa aufgrund fehlenden Könnens oder Begreifens im Regen stehen lassen. Sie verweigern schlichtweg die leichtesten Sachen, die man von ihnen fordert. Dabei gewinnt man oft den Eindruck, dass die am wenigsten leistungsbereiten Pferde zu den intelligentesten ihrer Zunft gehören, sich aber weigern, Auffassungsgabe und Intelligenz in den Dienst der gemeinsamen Sache zu stellen. Besser handhaben lassen sich Pferde, die zu Beginn der Ausbildung eine verminderte Auffassungsgabe (oft verkannt als mangelnde Leistungsbereitschaft) zeigen, welche in vielen Fällen durch Angst hervorgerufen wird. Wer Angst hat, kann schlechter denken, und je größer sie ist, umso weniger graue Zellen arbeiten verlässlich. Das ist bei uns Menschen ja nicht anders. Oft blockiert auch Übereifer, ein Optimum an Leistungsbereitschaft gepaart

mit einem Übermaß an nervlicher Sensibilität, die Auffassungsgabe. Sowohl Angst als auch Übereifer lassen sich beim Pferd durch den geduldigen Aufbau eines vertrauensvollen Verhältnisses zum Ausbilder am besten in den Griff bekommen. Beide Pferde, das ängstliche und das übereifrige, beruhigen sich, wenn man mit ihnen den Lerninhalt in größeren zeitlichen Abständen wiederholt als mit anderen Pferden. Dadurch nimmt ihr Vertrauen in die Lernsituation und zum Lehrenden zu. Je ruhiger und gleichzeitig konzentrierter ein Pferd eine Lernsituation in der Ausbildung angeht, desto offener ist es für die anstehenden Lerninhalte. Durch geschicktes Vermeiden von Angstzuständen als auch des übereifrigen Hineinsteigerns in Lernsituationen kann die Konzentration des Pferdes aufrechterhalten werden, was die Grundvoraussetzung für eine erfolgreiche Bewältigung von Lerninhalten ist.

> **Die Auffassungsgabe des Pferdes wird vermindert durch**
> - Angst,
> - Übereifer,
> - fehlende Konzentration.
>
> Diese Ursachen dürfen nicht mit mangelnder Leistungsbereitschaft verwechselt werden!

Hat man den Verdacht, dass ein Pferd tatsächlich etwas schwer von Begriff ist, dann kann man durch eine Anpassung der Lerninhalte, des Lerntempos und vor allem durch permanentes Wiederholen alles bereits Erlernten eine Steigerung des Auffassungsvermögens und das Behalten des einmal Erlernten erreichen. Da das tägliche Arbeitspensum eines solchen Pferdes aber viel höher ist als das eines intelligenteren Pferdes, ist eine weiterführende Ausbildung eines solchen Pferdes

nur in Verbindung mit einer hohen Leistungsbereitschaft möglich.

Körperliche Veranlagung des Pferdes

Die körperliche Veranlagung des Pferdes für
die Ausbildung zum Reitpferd hängt in erster
Linie von seinem Gebäude ab, das maßgeb-
lichen Einfluss auf das Bewegungspotenzial
der Beine (Raumgriff) und die Gelenkigkeit
des Pferdes (oft bezeichnet als »Gummi«) hat.
Wie das optimale Gebäude eines Reitpferdes
aussieht, ist in vielen Büchern über den Pferde-
kauf nachzulesen und soll deshalb hier nicht
weiter erläutert werden. Man muss sich jedoch
darüber im Klaren sein, dass Pferde mit einem
fürs Reiten in allen Punkten optimalen Gebäude in den unteren und mittleren Preis-
klassen äußerst selten sind. Deshalb gilt es
bei der Pferdeausbildung auf Gebäudemängel
Rücksicht zu nehmen.

Am häufigsten treten Stellungsfehler der Beine
auf, die unter der regelmäßigen Belastung des
Reitens zu einem frühzeitigen Verschleiß der
Beingelenke führen. Deshalb kommt dem
regelmäßigen sowie fachgerechten Beschlag
und gegebenenfalls einer Korrektur der Stellungsfehler größte Bedeutung zu, will man
lange Freude an seinem Pferd haben. Am
zweithäufigsten sind – zumindest bei Warm-
blutpferden – Mängel hinsichtlich der Rücken-
beschaffenheit, weil dieser eigentlich etwas zu
lang und/oder zu schlecht bemuskelt ist. Ein
mangelhafter Rücken ist oft mit einem dünnen,
schlecht angesetzten Hals oder einer überbau-
ten Kruppe kombiniert, was den Gebrauch des
Tieres als Reitpferd zusätzlich einschränkt.
Schäden an den Beinen und ein Verkrampfen
der Rücken- und Halsmuskulatur können beim
Pferd nur durch den langsamen, schonenden
und gezielten Muskelaufbau für die Nutzung
als Reitpferd vermieden werden. Ein untrai-

niertes Pferd vor allem zu Beginn der Reitausbildung einer Belastung zu lange auszusetzen
(der Zeitfaktor spielt hierbei die entscheidende
Rolle), bedeutet immer ein Risiko für die körperliche Gesundheit und weitere Nutzung des
Pferdes – vom Vertrauensverlust des Pferdes
durch eine vom Ausbilder verursachte Überforderung ganz zu schweigen. Dieser Tatsache
sind sich nur wenige Reiter in ausreichendem
Maße bewusst. Nur weil wir Pferde reiten, bedeutet das noch lange nicht, dass Pferde zum
Reiten geschaffen wurden. Nur weil es unser
Gewicht auf dem Rücken tragen kann, bedeutet
das nicht, dass das Reitergewicht dem Pferd
keine Schmerzen bereitet. Je länger der Rücken eines Pferdes ist, desto schwächer bemuskelt ist er im Allgemeinen, und umso schneller
tut dem Pferd durch die Gewichtsbelastung der
Rücken weh. Auch wenn man zum Beispiel
nur eine Stunde im Schritt am hingegebenen
Zügel auf einem Pferd sitzt, ist das für einen
untrainierten Pferderücken gegebenenfalls eine
Tortur. Die Rückenmuskulatur beginnt sich zu
verkrampfen und bei der nächsten ungewohnten Belastung nach und nach zu verhärten.

> Beugen Sie mit einer schonenden Ausbildung
> sowohl Gesundheitsschäden als auch Vertrauens-
> verlust beim Pferd vor, die beide oft durch Über-
> forderung verursacht werden.

Viele Verständigungsprobleme beim Reiten,
bei denen dem Pferd vom Reiter fälschlicher-
weise ein Mangel an Auffassungsvermögen
oder Leistungsbereitschaft unterstellt wird,
beruhen auf einer körperlichen Überforderung
oder einer den Ausbildungswünschen und
-bemühungen des Reiters entgegengerichteten
körperlichen Veranlagung des Pferdes.

Was zeichnet einen guten Pferdeausbilder aus?

Vielerlei Faktoren bestimmen die Qualität eines Pferdeausbilders und damit jeden Reiters. Die unabdingbare Voraussetzung für die qualifizierte Ausbildung eines Pferdes unter dem Sattel ist ein locker, geschmeidig, ruhig und im Gleichgewicht sitzender Reiter. Die zweitwichtigste Eigenschaft ist Geduld, die drittwichtigste Geduld, die viertwichtigste … Neben einem hohen Maß an Einfühlungsvermögen sollte der Reiter auch über ein gewisses Maß an Durchsetzungsvermögen und den Willen verfügen, dem Pferd als Leittier zu dienen. Die Fähigkeit, dem Pferd die Lerninhalte der Ausbildung logisch, klar strukturiert und auf das Vermögen des Pferdes zur gedanklichen Abstraktion zugeschnitten vorzustellen und beizubringen (siehe S. 24 ff.), ist eine weitere wichtige Eigenschaft. Abgerundet wird das Bild des optimalen Reiters durch die Fähigkeit, naturgegebene Zusammenhänge bei der Pferdeausbildung zu erkennen und zu berücksichtigen, sowie von dem Willen, sich geistige Flexibilität bei der Ausbildung von Pferden zu bewahren.

Das Denkvermögen des Pferdes bestimmt sein und unser Handeln

Das Denkvermögen des Pferdes ist im Vergleich zu dem des Menschen einfach strukturiert, denn ein Pferd greift nicht in nennenswertem Maße durch zweckorientiertes Verhalten gestaltend in seine Umwelt ein. Dies hängt damit zusammen, dass dem Pferd vorausschauendes, planerisches Denken weitgehend fehlt und seine Handlungen vorwiegend instinktbedingt der jeweiligen Situation angepasst sind (Abb. 4). Das Denken und das daraus resultierende Verhalten des Pferdes sind in hohem Maße durch die Reaktion auf die Reize aus seiner Umwelt bestimmt.

> Ein Pferd ist also vornehmlich ein »Reagierer« und kein »Agierer«. Sein Verhalten wird hauptsächlich von äußeren Reizen beeinflusst und ergibt sich nicht aus den ureigenen Ideen des Pferdes.

Daraus folgt, dass Sie allein durch die Gestaltung der Umgebung und der Reize, die auf das Pferd einwirken, verlässlichen Einfluss auf sein Verhalten nehmen können. Aus eigenem Antrieb, ohne Einfluss von außen, kommt ein Pferd selten auf die Idee, sein im Vergleich zum Menschen einfach strukturiertes und damit für uns gut überschaubares Verhaltensmuster zu ändern. Dies ist die Voraussetzung dafür, dass wir tagtäglich so problemlos mit Pferden umgehen können. Der verlässlichste Weg, das Verhalten eines Pferdes sicher einzuschätzen und zu bestimmen, besteht darin, seine Umgebungsbedingungen möglichst konstant zu halten (allerdings auch nicht gleich so konstant, dass das Pferd aus purer Langeweile auf die Idee kommt, sein Verhalten zu ändern!).

Da für das Pferd das Reagieren auf Reize von außen gleichsam seinen Hauptlebensinhalt darstellt, fallen seine Reaktionen auf unvorhergesehene oder bekannte, das Pferd aber ängstigende Reize nach menschlichem Ermessen oft unverhältnismäßig heftig aus. Die enorme Bedeutung, die Pferde auch nur geringfügigen Änderungen ihrer Umgebungsbedingungen beimessen, sollten wir deshalb beim Umgang mit ihnen berücksichtigen. Konfrontieren Sie ein Pferd immer mit so wenig Veränderungen auf einmal wie möglich,

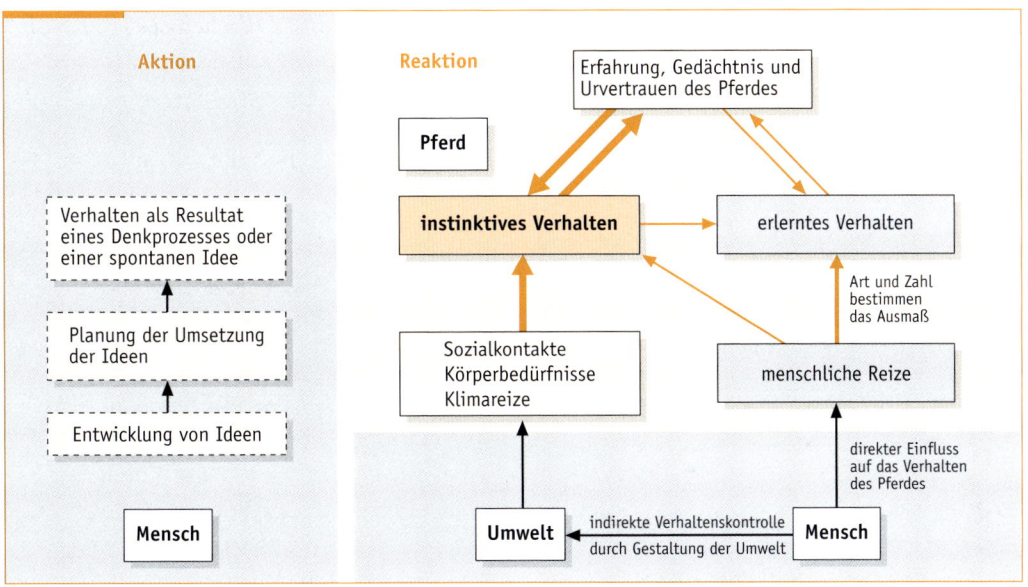

Abbildung 4 – Das Verhalten des Pferdes.
Das Pferd ist in seinem Verhalten und Denken ein Reagierer, kein Agierer (siehe unter Reaktion und Aktion). Sein Verhalten wird hauptsächlich durch Reize aus der Umwelt bestimmt, auf die es mit instinktivem Verhalten reagiert. Der Anteil des erlernten Verhaltens nimmt im Laufe der Ausbildung mit der Zahl der auf das Pferd einwirkenden menschlichen Reize zu. Der Mensch hat auch die Möglichkeit, durch die Gestaltung der Umwelt indirekt Einfluss auf das Verhalten des Pferdes zu nehmen. Dass ein Pferd wie ein Mensch selbstständig Ideen entwickelt, deren Umsetzung plant und sich entsprechend verhält, ist sehr unwahrscheinlich.

da es sich sonst schnell unter enormen Reaktionszwang gesetzt und dadurch gestresst fühlt. Gewöhnen Sie das Pferd immer Schritt für Schritt an neue äußere Reize, auch wenn Ihnen das lästig und langwierig erscheint. Das Pferd lebt gleichsam allein für das, was um es herum vorgeht, und widmet deshalb seiner Umgebung viel mehr Aufmerksamkeit, als ein Mensch das in vielen Situationen tut. Es fühlt sich deshalb

> Ein Pferd denkt und lebt im Gegensatz zum Menschen fast nur in der Gegenwart – ohne Zukunft und weitestgehend ohne Vergangenheit.

schneller als ein Mensch unter Druck gesetzt, auf seine Umwelt zu reagieren. Ein Pferd befasst sich dabei gedanklich immer nur mit der momentan gegebenen Situation und den Assoziationen, die diese in seinem Gedächtnis hervorruft.

Das Urvertrauen und das Gedächtnis des Pferdes

Die Vergangenheit beschränkt sich beim Pferd auf ein sehr gutes Gedächtnis vor allem für Stresssituationen, wobei es egal ist, ob die Erinnerung daran beim Pferd positiv oder negativ belegt ist. Positive als auch negative Erlebnisse kann sich das Pferd gleich gut merken. Was hat das nun für Konsequenzen für die Ausbildung und das Lernverhalten des Pferdes?

Bewahre dem Pferd sein Urvertrauen!

Gehen wir von einem jungen Pferd aus, dann lebt dieses meistens relativ unbelastet in der Gegenwart, und seine Vergangenheit ist ein bis dahin hoffentlich weitgehend unbeschriebenes Blatt (wenn nicht, dann merken Sie das früher oder später in der Ausbildung). Man erkennt dies deutlich an der draufgängerischen Selbstsicherheit, mit der sich junge Pferde manchmal geradezu furchtlos in ihnen unbekannte Situationen stürzen – bei jungen Menschen ist das auch nicht anders. Das Urvertrauen, das jedes Lebewesen von Natur aus besitzt, kommt umso mehr zum Ausdruck, je weniger es in der Vergangenheit erschüttert wurde.

Unsere Aufgabe als Reiter und Ausbilder eines Pferdes ist es nun, vorsichtig lenkend und bewahrend auf das Pferd einzuwirken und im Hinblick auf das gesamte Pferdeleben die Zahl der Negativerlebnisse so gering wie möglich und die der Positiverlebnisse möglichst zahlreich zu gestalten. Erhalten Sie dem Pferd sein Urvertrauen so weit wie möglich! Dieses Urvertrauen in die Welt – in sich und in andere – ist nämlich weitestgehend gleichzusetzen mit Selbstvertrauen. Selbstvertrauen bedeutet wiederum, angstfrei und innerlich ruhig leben zu können – bei Menschen wie bei Pferden. Innere Ruhe und die Abwesenheit von Angst sind auf beiden Seiten die Grundvoraussetzungen für einen harmonischen Umgang, eine erfolgreiche Kommunikation und damit auch ein effektives Lernen.

Persönlichkeitsbildung beim jungen Pferd

Wenn Sie die Ausbildung eines jungen Pferdes in Angriff nehmen, sollten Sie sich der Tatsache bewusst sein, dass Sie ihm nicht nur einzelne Lektionen beibringen. Mit allem, was Sie tun (und auch eventuell unterlassen), nehmen Sie Einfluss auf seine gesamte Persönlichkeitsbildung. Sie füllen mit Ihrem Tun – ob bewusst oder unbewusst – das Gedächtnis des Pferdes und verschaffen einem jungen Pferd eine Vergangenheit, die es formen und sein Leben lang begleiten wird! Sie sind abgesehen von charakterbedingten Gegebenheiten dafür verantwortlich, ob aus dem Pferd ein ängstlicher Zauderer, ein rüpelhafter Draufgänger oder ein ruhiger, aber dennoch motivierter Partner wird. Letzteren möchte jeder haben, doch Erstere sind durch unsachgemäße Handhabung von jungen Pferden leider in der Überzahl.

Das Beschreiben der bis dato leeren, weißen Seiten des Gedächtnisses erfolgt beim Pferd viel schneller und nachhaltiger, als es sich die meisten Reiter vorstellen können. So setzt sich beim Pferd nicht nur das vom Menschen beabsichtigte, sondern auch das unbeabsichtigte Verhalten allein durch seine wiederholte Ausführung schnell fest. Dabei ist vor allem der erste Eindruck maßgeblich, denn auch hier gilt: »Was Hänschen nicht lernt, lernt Hans nimmermehr…« Lassen Sie also bei Ihrer Beschäftigung mit dem Pferd falsches Verhalten nicht einfach so durchgehen, weil Ihnen etwas anderes momentan wichtiger erscheint. Denn auch dieses Verhalten, obwohl ungewollt, setzt sich allein dadurch beim Pferd fest, dass es wiederholt ausgeführt wird.

Die Neugier auf Unbekanntes

Ein junges Pferd geht aufgrund seines Urvertrauens meistens unvoreingenommen und zugleich auch unbewusst, weil unkonzentriert, an alle Dinge heran. Die Unvoreingenommenheit kann man auch als interessierte, angstfreie Neugier auf Unbekanntes beschreiben. Sie gilt es vom Ausbilder für Lernerfolge geschickt zu nutzen und möglichst lange zu erhalten. Wenn ein Pferd seine Unvoreingenommenheit oder sein Urvertrauen verloren hat und sich deshalb weigert, sich in eine bestimmte Lernsituation überhaupt hineinzubegeben, dann nimmt es Ihnen damit die Möglichkeit, es die Situation bewusst erleben zu lassen und im Gedächtnis positiv zu belegen. Sie können diesem Pferd dann nichts mehr beibringen, es nichts mehr lehren! Besser ist es, durch Erziehung zur Konzentration und wiederholtes positives Erleben und Bewältigen von (Lern-)Situationen dem Pferd sein eigenes Verhalten und das des Ausbilders in jeder Situation bewusst zu machen. Nur bewusst positiv Erlebtes, was beim Pferd nicht immer klar von durch x-fache Wiederholung Eingeprägtem zu trennen ist, garantiert, dass es vom Pferd auf unseren Wunsch hin reproduziert werden kann, also erlernt worden ist.

> Die Erhaltung des Urvertrauens beim Pferd und die Stärkung desselben im Vertrauen auf den Ausbilder ist wichtig, weil dadurch das Lernen erst ermöglicht wird.

Ein Pferd muss Vertrauen zu Ihnen haben, um sich mit der nötigen Aufmerksamkeit und Ruhe zeigen zu lassen, was es wie machen soll. Und dann kann es das Gelernte auch im Gedächtnis behalten.

Das Verhältnis zwischen Pferd und Ausbilder

Das Pferd nimmt Sie als Leittier und Orientierungshilfe für sein eigenes Verhalten nur an, wenn es Ihren Entscheidungen und Ihrem Verhalten vertraut. Dazu muss es Ihr Verhalten verstehen können (siehe S. 24 ff.). Bei der Vertrauensentwicklung des Pferdes in Ihre Person kommt wahrscheinlich am deutlichsten zum Ausdruck, weshalb es so wichtig ist, dass Sie sich in Ihrem gesamten Umgang mit dem Pferd einheitlich und konsequent – und damit für das Pferd nachvollziehbar und vertrauensbildend – verhalten.

Vertrauen und Respekt

Ihre Leittierfunktion für das Pferd ist in erster Linie davon geprägt, dass es sich Ihnen anvertrauen und Sie als Orientierungshilfe nutzen kann. Erst in zweiter Linie spielt der Aspekt, der bei der öffentlichen Diskussion der Leittierfunktion des Menschen für das Pferd immer im Vordergrund steht, nämlich das Befolgen von Anweisungen und die Unterordnung des Pferdes unter den Menschen, eine Rolle. Gelingt es Ihnen aber, dass das Pferd Ihnen neben Vertrauen auch Respekt und den Willen entgegenbringt, sich Ihnen unterzuordnen, dann haben Sie optimale Voraussetzungen für den Lernprozess beim Pferd geschaffen.

Die Förderung der Konzentration

Nicht nur Pferde, sondern auch Menschen, ob nun Kinder oder Erwachsene, schenken einer Führungspersönlichkeit, die Charakterfestigkeit, Durchsetzungsvermögen, Ernsthaftigkeit und nicht zuletzt deshalb wiederum Vertrauenswürdigkeit ausstrahlt, leichter ihre Aufmerksamkeit als einer Person ohne diese

Eigenschaften. Menschen wie Pferde lassen sich von einer ranghöheren Person besser zum Mitmachen motivieren als von einer ranggleichen oder sogar rangniedereren. Der Grund dafür liegt darin, dass Mensch und Pferd nur einem Ausbilder, vor dem sie Respekt haben, die nötige Aufmerksamkeit zollen (siehe dazu auch S. 73 ff.).

Bei einem Pferdeschüler lässt im Vergleich zu einem menschlichen Schüler allerdings nicht erst in der 6. Schulstunde die Konzentrationsfähigkeit merklich nach; bei ihm ist mangelhaftes Konzentrationsvermögen der Normalzustand. Wer sich nicht konzentriert, kann aber nichts aus seinem eigenen und des Ausbilders Verhalten lernen. Normalerweise verliert ein Pferd ziemlich schnell das Interesse an einer Sache. Hat es erst einmal erkannt, worum es sich bei dem, auf das sich sein Interesse richtet, handelt, wendet es sich meist ziemlich schnell anderen Dingen zu. Beobachten Sie Ihr Pferd einmal im Stall und auf der Weide. Nur selten werden Sie es bei einer minutenlang andauernden, intensiven Konzentration auf irgendetwas entdecken. Befindet es einen zum Beispiel potenziell bedrohlichen Umstand als dauerhaft beachtenswert, dann wendet es seine Aufmerksamkeit wieder einer anderen Tätigkeit, meistens der Nahrungsaufnahme zu. Es sichert aber immer wieder durch kurze Konzentration auf das Objekt, dass sich an der Situation noch nichts verändert hat. In freier Natur verlässt es sich oft sogar auf die Aufmerksamkeit anderer Herdenmitglieder. Das ist das natürliche Verhalten eines Herden- und Fluchttieres der Steppe. Da die Nahrung eines Pflanzenfressers im Vergleich zu der eines Fleischfressers nicht sehr energiereich ist, muss ein Pflanzenfresser vergleichsweise große Mengen an Nahrung zu sich nehmen, was viel Zeit beansprucht. Wer sich in der

Natur viel um andere Dinge als das Fressen kümmert, muss abends hungrig ins Bett.

> Die Fähigkeit zu lang anhaltender Konzentration auf Dinge oder Lerninhalte, abgesehen vom Nahrungserwerb, ist dem erwachsenen Pferd von Natur aus nicht gegeben.

Deshalb muss (neben der Zufuhr energiereicher Nahrung) der Respekt vor dem Ausbilder der Motivation des Pferdes zur Konzentration etwas nachhelfen. Ihr Pferd muss Sie als Leittier anerkennen, um Ihnen die für eine Ausbildung nötige Aufmerksamkeit zu zollen.

Wie sieht für das Pferd logisches Verhalten aus?

Wichtig ist, dass die Beziehung des Pferdes zu Ihnen mehr von vertrauensvollem als von angstvollem Respekt geprägt ist, denn Angst behindert das Denken (siehe S. 18). Das Vertrauen des Pferdes in Sie als Leittier entwickelt sich aus der Konsequenz, mit der Sie für das Pferd in jeder Situation nachvollziehbar agieren und reagieren. Die Logik Ihres Verhaltens ergibt sich dabei für das Pferd aus Ihren für *seine* Verhältnisse überschaubaren – weil von relativ geringer Anzahl – spezifischen und ritualisierten Verhaltensweisen. Auch die Fähigkeit, die einzelnen Verhaltensweisen so zu gestalten, dass sie *aus Sicht des Pferdes* gut voneinander unterscheidbar und dadurch einprägsam sind, spielt eine entscheidende Rolle.

Das Lehrer-Schüler-Verhältnis

Jede lehrende Tätigkeit beinhaltet automatisch das gelegentliche Erteilen von Verweisen. Deren Akzeptanz kann beim Pferd durch die Leittierfunktion, die Sie als Ausbilder ausüben, verbessert werden. Das Pferd beachtet und respektiert nur den Verweis eines ranghöheren Individuums. Kennt das Pferd Ihre einem ernsthaften Verweis vorausgehenden Drohungen aus dem täglichen Umgang mit Ihnen genau, dann kommt ein Verweis für das Pferd nicht aus heiterem Himmel.

Es begibt sich durch das wiederholte Ignorieren der bekannten Drohungen mehr oder weniger bewusst in die Gefahr, einen Verweis zu erhalten. Die vorausgehenden, bekannten Drohungen schärfen das Bewusstsein des Pferdes, da Sie ihm die Aussicht auf das, was vermutlich passieren wird, ermöglichen. Das Pferd ist deshalb auf einen Verweis vorbereitet und erwartet Ihre Reaktion auf sein unerwünschtes Tun. Da es sich intensiv auf die Situation konzentriert, kann das Pferd sich Ihre Reaktion auf sein Verhalten nachhaltig einprägen und gut merken – oftmals lebenslang. Da das Pferd auf der anderen Seite durch Ihr eindeutiges Verhalten aber auf den Verweis vorbereitet war und dem Leittier in seinen Entscheidungen vertraut, führt dieser nicht so leicht zu einer Erschütterung des Vertrauens. Das Pferd hat durch den Verweis nur die Bestätigung dafür erhalten, dass sein Verhalten falsch war. Das hatte es sowieso schon geahnt und durch das Ignorieren der vorausgegangenen Drohungen gleichsam selbst herausgefordert. Ein so vorbereiteter Verweis führt im Idealfall für das Pferd zur Klärung der Situation, ohne das Vertrauen in den Ausbilder nachhaltig zu erschüttern.

> Verhalten Sie sich inkonsequent und nicht leittiergerecht, dann schenkt das Pferd Ihrem Verhalten nicht die nötige Aufmerksamkeit. Es kann sich Ihre Drohungen nicht merken und wird dadurch unvorbereitet mit dem Verweis konfrontiert.

Einfache Reiz-Reaktions-Schemata beim Lernen

Die immer wiederkehrenden, einfachen Verhaltensmuster des Ausbilders sowie die Konzentration des Pferdes auf seine Handlungen ermöglichen es dem Pferd, nach und nach ein gewisses vorausschauendes (logisches?) Denken beim Lernen zu entwickeln. Irgendwann vermag es schließlich, Ihre Reaktion auf sein Verhalten abzuschätzen, sie in gewissem Maße bewusst zu reflektieren und beide Verhaltensweisen zueinander in Beziehung zu setzen. Diese Grundlage des Lernens, die dem Menschen durch die hohe Entwicklung seines Gehirns von Natur aus gegeben und deshalb selbstverständlich ist, muss beim Pferd erst mühsam erarbeitet und geschult werden. Durch x-fache, immer gleich bleibende, uns selbst oft längst langweilende Wiederholung müssen dem Pferd zunächst einfache Reiz-Reaktions-Schemata beigebracht werden (Abb. 5a). Diese dürfen nur ganz allmählich komplexer gestaltet werden (Abb. 5b). Da das Pferd aufgrund seiner angeborenen mangelhaften Konzentrationsfähigkeit vor allem zu Beginn der Ausbildung leicht den (logischen) roten Faden zwischen Reiz (Reiterhilfe) und Reaktion (vom Reiter gewünschtes Verhalten des Pferdes) verliert, müssen ihm alle neuen Lerninhalte möglichst einfach und strukturiert vorgestellt werden, um sie dann durch wiederholtes Üben zu festigen. Haben Sie einem Pferd auf diese Weise eine Lektion sicher beigebracht, dann begibt es sich Ihnen gegenüber in Zukunft in eine Erwartungshaltung, was Ihr Verhalten in diesem Schema anbelangt. Weichen Sie nun eines Tages davon ab, dann registriert dies das Pferd sofort. Spätestens nach der ein- oder mehrmaligen Wiederholung Ihrer ungewohnten Handlung fällt dem Pferd auf, dass sich Ihr Verhal-

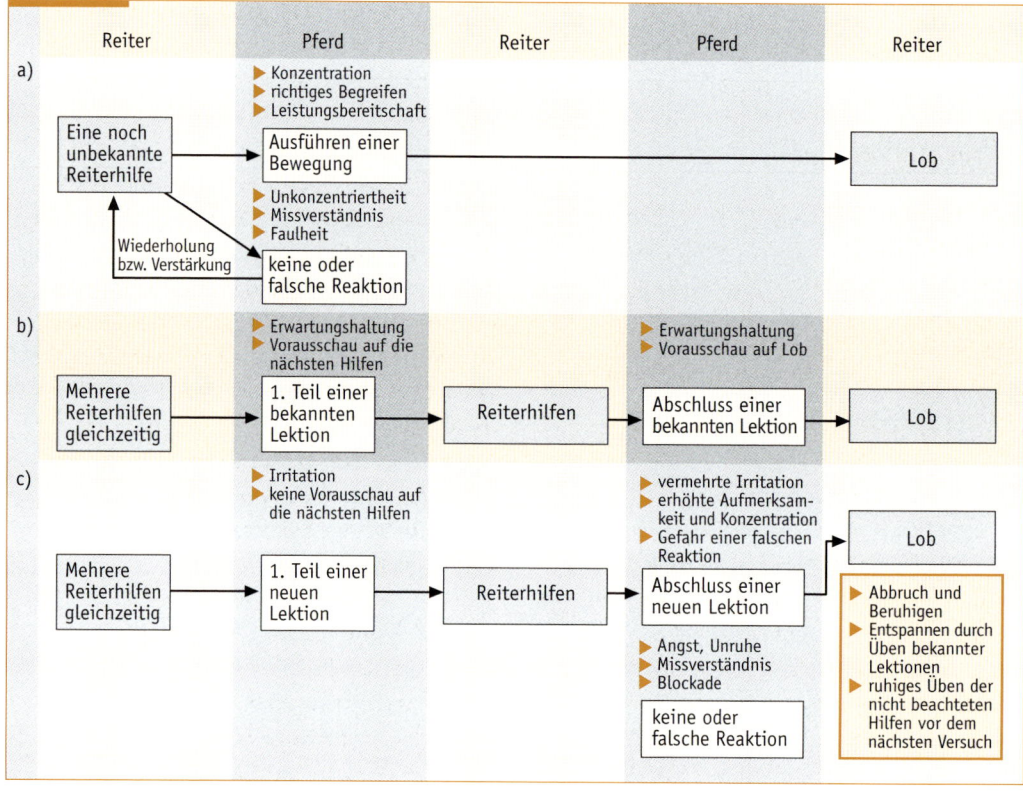

Abbildung 5

Verschiedene Reiz-Reaktions-Schemata unterschiedlicher Komplexität, die das Lernen des Pferdes veranschaulichen.

a) Der Reiter löst beim Pferd durch den Reiz einer Hilfe eine richtige, falsche oder gar keine Reaktion aus. Für die richtige Reaktion wird das Pferd gelobt, die falsche oder keine Reaktion bedingt die Wiederholung der Reiterhilfe.

b) Beim Abspulen einer bekannten Lektion erfolgen Reiz und Reaktion immer in festgelegter Reihenfolge im vorgegebenen Schema. Durch die Erwartungshaltung, in die sich das Pferd bezüglich des nächsten Reizes in einem bekannten Schema begibt, gelingt das Ausführen mehrteiliger bekannter Lektionen meist problemlos.

c) Beim Erlernen einer neuen Lektion rufen die im Einzelnen zwar bekannten, aber in ihrer Kombination ungewohnten Reiterhilfen Irritation beim Pferd hervor. Diese bewirkt im besten Fall erhöhte Aufmerksamkeit und Konzentration des Pferdes und dadurch den erfolgreichen Abschluss der neuen Lektion. Unruhe und Angst können aber auch zu Missverständnissen führen und zum Abbruch des misslungenen Reiz-Reaktions-Schemas zwingen.

ten im Schema geändert hat (Abb. 5c). Das ruft neben einer mehr oder weniger großen Irritation über die unvermutete Verhaltensänderung seines Leittieres (in seiner Funktion als Orientierung für das eigene Verhalten des Pferdes im betreffenden Schema) eine intensive Konzentration auf den so eingeführten, neuen Lerninhalt hervor. Die Aufmerksamkeit des Pferdes für neue Lerninhalte kann so vom Ausbilder nur in seiner Funktion als Leittier durch die wohl überlegte Konfrontation des Pferdes mit bekannten und unbekannten Verhaltensweisen sensibilisiert und gesteuert werden.

> Von Ihrer Fähigkeit, durch Ihr Verhalten als Leittier die Aufmerksamkeit des Pferdes für die Ausbildungsinhalte zu schärfen und eine gewisse Logik in den Ablauf der Ausbildung zu bringen, hängt letztendlich der Erfolg der gesamten Ausbildung ab.

Handeln Pferde bewusst?

Diese Frage kann hier mit Sicherheit nicht erschöpfend beantwortet werden, denn ein Mensch kann eben nicht denken wie ein Pferd. Viele Begebenheiten lassen einen als Pferdeausbilder aber glauben, dass das Pferd in vielen Situationen bewusst handelt, also zu einer beschränkten Reflexion seines Tuns fähig ist. Vor allem in offensichtlich stressbeladenen Situationen, aber auch in Situationen, in denen der ungeübte Ausbilder oft noch gar nicht erkennt, dass beim Pferd Stress im Verzug ist, handelt das Pferd jedoch zum Großteil instinktgesteuert und damit unbewusst. Selbst Ruhe zu bewahren und ein Pferd stressfrei zu halten, sind die besten Voraussetzungen dafür, dass ein Pferd bewusst handelt und Gelerntes richtig anwendet, hin und wieder aber auch – bewusst (?) – ablehnt.

Denken Sie zum Beispiel an immer wiederkehrende Bagatellstreitigkeiten im Umgang mit dem Pferd. Da nimmt mit jedem Mal, in dem das Pferd einen solchen Streit vom Zaun bricht, der Druck auf das Pferd zu. Vielleicht könnte man statt Druck auch sagen, das schlechte Gewissen, welches das (bewusste?)

Falschverhalten auslöst. Das Pferd weiß aus den vorangegangenen Auseinandersetzungen mit Ihnen, was richtig und was falsch ist. Und man hat als Ausbilder oft das Gefühl, dass das Pferd sich in gewissem Maße durchaus der Tatsache bewusst ist, dass der Ausbilder auch weiß, dass das Pferd eigentlich weiß, was richtig und was falsch ist. Das Pferd wägt nun ab, wie groß der Druck ist, der in einer bestimmten Situation von diesem beiderseitigen Wissen, dass das Pferd sich gerade falsch verhält, ausgeht. Das Pferd testet in solchen Situationen scheinbar bewusst, wie weit es gehen kann, bis eine Reaktion des Ausbilders auf seine Provokation erfolgt. Das sind ähnliche Machtspielchen wie in menschlichen Beziehungen auch.

Können Pferde falsch und richtig unterscheiden?

Nehmen wir als Beispiel das Buckeln des Pferdes während einer Reitstunde. Anfangs versucht man bei einem jungen Pferd das ungestüme Buckeln zu Beginn der Reitstunde sofort zu unterbinden, da man sonst schnell einmal den Sand der Bahn küsst. Das junge Pferd will in so einem Moment eigentlich nie bewusst den Reiter abwerfen, sondern Übermut und Lebensfreude beziehungsweise Nervosität über die ungewohnte Rückenbelastung und den Gurtdruck kommen im Buckeln zum Ausdruck. Der Reiter ist dem jungen Pferd in solchen Situationen meistens nicht bewusst und kehrt oft erst unvermutet ins Bewusstsein zurück, wenn er vor dem Pferd auf dem Boden liegt. Das erstaunte Pferd stellt daraufhin meistens das Buckeln sofort ein. Daraus den Schluss zu ziehen, dass es mit Absicht, also bewusst nur so lange gebuckelt hat, bis der Reiter unten war, ist falsch. Der am Boden liegende Reiter macht dem Pferd schlagartig klar, dass er noch da ist, und vor allem dass er da so nicht hingehört. Das unvermutete Erscheinen des Reiters im Blickfeld des Pferdes, noch dazu in recht ungewöhnlicher Haltung, ruft Neugier oder Angst hervor und lenkt das Pferd von seinem ursprünglichen Tun ab. Nun ist es aber für den Reiter wesentlich ungefährlicher, das Buckeln vom Pferderücken aus abzustellen, bevor er herunterfällt. Das Pferd lernt also im Laufe der Ausbildung durch die das Buckeln unterbindende Reaktion des Reiters, dass heftiges Buckeln während des Reitens unerwünscht ist.

Nun kommt es aber vor allem an kalten Wintertagen auch bei älteren, lebhafteren Pferden noch vor, dass sie, um sich warm zu machen, zum Buckeln ansetzen. Da spürt man nun als Reiter an einem kleinen »Versuchsbuckler« des Pferdes, dass es die Reaktion des Reiters auf sein Verhalten testen will. Kommt keine Ermahnung, stellt das Pferd das Buckeln manchmal von selbst wieder ein oder buckelt oftmals nur sehr verhalten weiter, um keine heftige Reaktion des Reiters auszulösen. Dieses Verhalten des Pferdes zeigt eindeutig, dass es weiß (sich bewusst ist), dass Buckeln vom Reiter unerwünscht ist, und dem Druck, den dieses Wissen ausübt, nachgibt. Dabei scheint es im Fall des Nichteingreifens des Reiters gegen ein verhaltenes Buckeln die zugestandene Freiheit durchaus zu genießen, was wiederum als Beweis dafür gewertet werden kann, dass das Pferd sich seines Tuns bewusst ist.

Manches Pferd muss man dann schließlich beim Weiterbuckeln doch noch in seine Schranken weisen – dann nämlich, wenn man das Gefühl hat, dass das Pferd sich seines Reiters langsam nicht mehr bewusst ist oder sich vollständig vom Druck seiner Tat gegen besseres Wissen befreit hat.

Aber bis dahin hat man das Gefühl, dass das Pferd seinen Spaß am eigentlich verbotenen Tun gehabt hat.

> Pferde handeln am ehesten bewusst, wenn sie nicht unter Stress stehen. Dann können sie auch in einem gewissen Rahmen falsches und richtiges Verhalten unterscheiden.

Bewusste Gehorsamsmängel tolerieren

Wenn es die eigene Sicherheit erlaubt, kann man dem Pferd hin und wieder mit kleinen Zugeständnissen hinsichtlich des Gehorsams entgegenkommen, und man hat den Eindruck, dass das vom Pferd auch bewusst anerkannt und genossen wird.

Voraussetzung dafür ist, dass Sie sicher sind, die Situation weitestgehend im Griff zu haben, und die zugestandene Freiheit beim Pferd nicht zur Verwirrung führt. Zuerst müssen Sie dem Pferd durch Ihr konsequentes Handeln ein sicheres Wissen darüber vermitteln, was richtig und was falsch ist (und das dauert wesentlich länger, als die meisten Reiter annehmen). Erst dann kann das Pferd eine von der Norm abweichende Freizügigkeit Ihrerseits richtig einschätzen, da es sich des eigentlich richtigen Verhaltens immer sicher und bewusst bleibt. Dem Pferd wird meistens an den Reaktionen des Reiters schnell klar, ob jetzt gerade Ernst oder Spaß angesagt ist. Das Pferd ist sich also in gewisser Hinsicht in nervlich entspannten Situationen zu jedem Zeitpunkt des Druckes bewusst, den sein Wissen über das, was richtig oder falsch ist, auf sein Verhalten ausübt.

Die Dienstbereitschaft des Pferdes

Verschiedene »Dienstauffassungen« in der Tierwelt

Der Respekt vor dem Ausbilder, das grundsätzlich verträgliche Wesen des Pferdes und seine hohe Dienstbereitschaft führen beim Pferd zu einer weitestgehend freiwilligen Akzeptanz des Wissensdrucks, der vom Gelernten ausgeht.

> Dienstbereitschaft kann man als den Willen und die Fähigkeit, sich unterzuordnen und Anweisungen zu befolgen, beschreiben.

Die Bedingungslosigkeit, mit der Pferde dem Menschen, den sie als Leittier anerkennen, Folge leisten, ist sehr ausgeprägt. Die meisten Pferde wollen von Natur aus gern alles richtig machen und vermeiden es, getadelt oder gemaßregelt zu werden oder durch ihr Verhalten Anlass zu Auseinandersetzungen zu geben.

Man kann die Dienstbereitschaft des Pferdes charakterisieren, wenn man sie mit der Dienstbereitschaft des Menschen oder anderer Haustiere vergleicht. Das dienstbeflissenste domestizierte Tier ist wohl der Hund, der sich in sehr hohem Maße über die Anerkennung, die ihm sein Herrchen zollt, identifiziert. Das führt dazu, dass er, auch wenn er noch so schlecht behandelt wird, immer wieder unterwürfig um Anerkennung bettelt, was ein Pferd nie tun würde. Die Katze stellt unter den Haustieren wahrscheinlich das Tier mit der geringsten Dienstbereitschaft dar, weshalb sich Katzenhalter meist gar nicht erst an ihrer Dressur versuchen und auch die Kunststücke, die Raubkatzen im Zirkus vorführen, im Vergleich zu

denen anderer Tiere meistens nicht so beeindrucken können.

Der Mensch weist ein vergleichsweise breites Spektrum an Dienstbereitschaftsgraden auf. Einige Menschen, die anderen Menschen gegenüber ein abnorm hohes, den Hunden vergleichbares Maß an Unterwürfigkeit und Dienstbereitschaft aufweisen, lassen sich von anderen Menschen (immer solchen mit wenig Dienstbereitschaft) ebenso schlecht behandeln wie ein Hund. Normalerweise weist ein Mensch jedoch eine wesentlich geringere Dienstbereitschaft als ein Hund auf, im Extremfall gar keine. Das Pferd steht auf der Skala der Dienstbereitschaft und der Unterwürfigkeit irgendwo zwischen Mensch und Hund. Es leistet leichter und duldsamer Folge als ein Mensch, weist aber die Unterwürfigkeit eines Hundes nicht auf.

Das Recht des Pferdes auf persönliche Entfaltung

Ein Pferd ist als Herdentier auf ein relativ hohes Maß an Führung durch ein Leittier angelegt. Das bringt naturgemäß die Bereitschaft, Dienst zu tun, mit sich. Das führt zusammen mit der begrenzten Anzahl von Verhaltensmustern, die ein Herdentier aufweist, dazu, dass das Pferd im Vergleich zum Menschen ein relativ geringes Bedürfnis hat, seine Individualität auszuleben. Dem können Sie am besten Rechnung tragen, wenn Sie sich dem Pferd gegenüber als verlässliches, durchaus dominantes Leittier erweisen, dem Pferd als Orientierung für sein Handeln dienen und ihm gleichzeitig – wenn auch im Vergleich zu den Bedürfnissen eines Menschen nur wenig – Raum für die persönliche Entfaltung lassen. Wenn ein Pferd also gern einmal zu Beginn der Reitstunde buckelt, um bei diesem Beispiel zu bleiben – das gilt aber sinngemäß auch für viele andere Begebenheiten –, dann lassen Sie es eben buckeln. Gewähren Sie ihm diesen Raum für freie Entfaltung, solange es für Sie keine Gefahr für Leib und Leben bedeutet. Das Pferd freut sich über solche Freiheiten, wenn auch zugegebenermaßen oft ein gewisses reiterliches Können die Voraussetzung dafür ist.

Wenn der Ausbilder als Leittier versagt

Versagen Sie als Ausbilder in Ihrer Funktion als Leittier, dann haben Sie es beim Pferd immer schwer. Viele Reiter, die das Wissen und die nötige Charakterfestigkeit (oft verkannt als Härte) für die Ausübung der Leittierfunktion nicht haben, versuchen oft auf vielerlei andere Arten das Vertrauen des Pferdes zu erlangen. Meist machen sie dabei falsche Zugeständnisse bei Gehorsamsmängeln, um das Pferd bei Laune und so kontrollierbar zu halten. Sie merken dabei meistens nicht, dass sie damit an den Bedürfnissen des Pferdes vollkommen vorbeitherapieren. Pferde leiden wesentlich öfter an einem Mangel an Führung, die ihnen Vertrautheit und Sicherheit vermittelt, als an mangelnder persönlicher Entfaltungsmöglichkeit.

Leittier – rette mich aus meiner Angst!

Von Natur aus als Fluchttier angelegt, ist für ein Pferd die Welt so lange in Ordnung, wie in seiner Umgebung Frieden und Ruhe herrschen. Kommen Unruhe und Angst beim Pferd auf, weil sich in freier Wildbahn ein Raubtier nähert (ein Auto tut es gegebenenfalls als Ersatz auch) oder eine unbekannte Lernsituation gemeistert werden soll, dann gilt der erste Blick dem Leittier beziehungsweise beim Reiten die erste körperliche Empfindung des Pfer-

des dem Reiter. Ist die Situation so Furcht erregend, dass das Pferd fliehen muss, oder lässt sich die Situation auch ohne Flucht meistern? Die Antwort auf die Frage, wie es sich jetzt verhalten soll, will das Pferd oft innerhalb von Zehntelsekunden von Ihnen als Leittier haben.

> Ein beachtliches Maß an Vertrauen gegenüber dem Leittier hinsichtlich seiner Einschätzung von das Pferd ängstigenden Situationen ist dem Pferd angeboren. Je mehr positive Erfahrungen das Pferd mit seinem Leittier macht, desto mehr baut es dieses Vertrauen aus.

Anfangs siegt noch öfter die Angst des Pferdes über das Vertrauen zum Leittier, und das Pferd leitet die Flucht ein. Später macht es im Vertrauen auf das Leittier in gefährlichen Situationen oft gar nicht mehr den Versuch zu fliehen oder lässt sich an einer Flucht hindern. Dann ist das maximale Vertrauen hergestellt, denn mit Kraft halten die wenigsten Reiter ein fliehendes Pferd an.

Vertraut das Pferd Ihnen als Leittier nicht, wird es immer eigenmächtig entscheiden (müssen), welches Verhalten richtig ist. Im Zweifelsfall wird es dabei versuchen, sich per Flucht aus der Gefahrenzone zu bringen. Die permanente Bereitschaft zur Flucht, der das Pferd ohne verlässliche Führung durch das Leittier ausgesetzt ist, zerrt an den Nerven des Pferdes und macht es noch ängstlicher, als es von Natur aus ist. Das gilt auch an nach menschlichem Ermessen vollkommen ungefährlichen Orten wie zum Beispiel in einer Reithalle. Das Pferd leidet unter Stress, Angst und Unsicherheit, die es aufgrund der mangelnden Führung empfindet, und damit auch unter mangelndem Konzentrations- und Lernvermögen. Das Pferd ist in so einer Situation andauernd damit beschäftigt, potenzielle Feinde oder Schrecken auszumachen und fluchtbereit zu sein, weil es sich auf die Gefahrenmeldung durch den Reiter nicht verlassen will. Kommt es sogar so weit, dass das ängstliche »Leittier« schon vor dem Pferd erschrickt, wenn es nur im Gebüsch raschelt, dann sind für das Pferd Hopfen und Malz verloren, was die Anerkennung seines Leittieres anbelangt. Permanente Falschmeldungen von Gefahr erschüttern das natürliche Vertrauen des Pferdes in sein Leittier nachhaltig und können es sogar vollkommen zerstören. Pferde mit robusten Nerven übernehmen in so einem Fall selbst die Leittierrolle, ängstliche Pferde aber fliehen und fliehen und fliehen. Damit ist ein Teufelskreis zwischen ängstlichem Pferd und ängstlichem Reiter vorprogrammiert: Je öfter der Reiter erschrickt, desto öfter erschrickt das Pferd, und umso öfter erschrickt wiederum der Reiter, und die Angstspirale bei beiden dreht sich immer schneller und schneller.

Viele Reiter unterstellen in so einer Situation ihrem Pferd berechnende Boshaftigkeit oder besondere Schreckhaftigkeit, ohne zu erkennen, dass sie selbst durch ihre eigene Ängstlichkeit das Verhalten des Pferdes verursachen. Der Ausweg aus dem Dilemma ist oft nicht einfach. Ein Mensch, der sich einem Pferd gegenüber wiederholt als unverlässliches Leittier erwiesen hat, ist in den Augen des Pferdes »verbrannt«. Das Pferd vertraut sich aber relativ schnell wieder einem anderen Menschen mit Leittierqualitäten an. Das ist ein eindeutiges Indiz dafür, welch hohen Stellenwert es für das Pferd hat, sich anvertrauen zu können und geführt zu werden.

Hat das Pferd wieder Vertrauen zu einem Menschen als Leittier gefunden, dann kann man versuchen, dem Pferd den »verbrannten« Menschen wieder als Leittier anzubieten. Das durch verlässliche Führung gestärkte Wohlbefinden des Pferdes führt dazu, dass es auch dem »verbrannten« Menschen wieder mehr Vertrauen und Unvoreingenommenheit entgegenbringt. Beim zweiten Versuch, von einem Pferd als Leittier anerkannt zu werden, muss der »verbrannte« Mensch vorher jedoch gelernt haben, seine Angst vor dem Pferd und dem Reiten zu beherrschen, sonst ist die Sache zum Scheitern verurteilt. Für das Pferd ist es nämlich wesentlich schwerer, schon einmal gebrochenes Vertrauen wieder zu kitten als unvoreingenommen einem Fremden gegenüber Vertrauen zu entwickeln.

Lass dich nicht provozieren – Reiter!

Die Leittierfunktion des Menschen ist in der Ausbildung für die Orientierungsmöglichkeit des Pferdes ebenso wichtig wie für die Ernsthaftigkeit und Konzentration, mit der ein Pferd lernt. Ein Pferd versucht, sich während der Ausbildung immer wieder aus der Konzentration zu stehlen. Es macht dies aus den verschiedensten Gründen: weil ihm langweilig ist, weil ihm die geforderte Lektion körperlich zu beschwerlich erscheint, weil es mit seiner Konzentrationsfähigkeit am Ende angelangt ist, weil es von anderen Dingen abgelenkt wird, etc. Der Respekt vor dem Leittier ist dabei der Erhaltung oder Wiederfindung der Konzentration sehr förderlich.

> Die Ablenkung von dem, was das Pferd im entsprechenden Moment eigentlich tun soll, oder das Abdriften der Konzentration ist daran zu erkennen, dass das Pferd Fehler in bekannten Lektionen macht oder regelrechte Ablenkungsmanöver (Scheuen, Buckeln, Verkrampfen, Stehenbleiben) startet.

Hat das Ablenkungsmanöver einen ernsten Hintergrund, dann geben Sie dem Bedürfnis des Pferdes nach einer Konzentrationspause nach, und fangen Sie dann die entsprechende Lektion wieder von vorn an. Hat das Ablenkungsmanöver abgesehen von der Störung der Konzentration keinen weiteren für Sie erkennbaren ernsten Hintergrund, dann fordern Sie vom Pferd wieder die nötige Konzentration für die bevorstehende Lektion und machen Sie erst danach Pause. Seien Sie auch in dieser Situation das ruhige und bedachte Leittier.

> Gehen Sie auf die Provokationen des Pferdes zur Zerstörung beziehungsweise Verhinderung des Aufbaus von Konzentration nicht ein.

Pferde provozieren ihre Reiter immer wieder einmal, um zu spielen, sich die Zeit zu vertreiben, abzulenken, die Nervenstärke des Leittieres zu testen etc. Es macht ihnen mitunter wesentlich größeren Spaß, mit dem Reiter zu streiten, als konzentriert zu arbeiten oder auch nur zum Beispiel im Gelände gelassen dahinzuschreiten. Hat das Pferd erst einmal gemerkt, dass Sie sich durch fingierte Fluchtversuche erschrecken lassen beziehungsweise auf jeden Versuch eingehen, aus Übermut ein bisschen Streit anzufangen, dann schmälert das Ihr Ansehen als Leittier erheblich. In einem sicheren Moment genießt das Pferd noch, dass man Sie durch jede kleine Provokation auf die Palme bringen kann. Im nächsten Moment fährt ihm jedoch wirklich der Schreck in die Glieder, und dann will es sich auf jemanden, der sich so leicht ins Bockshorn jagen lässt, natürlich nicht mehr verlassen.
Also bleiben Sie als Ausbilder und Reiter in jeder Situation immer ruhig und gelassen.

Wenn Sie Angst haben, und die hat jeder immer wieder einmal, der viel mit Pferden umgeht, weil ein Tier eben nicht zu hundert Prozent beherrschbar ist, dann lassen Sie sich das nach Möglichkeit nicht anmerken.

> Tun Sie dem Pferd gegenüber immer so, als ob Sie alles voll im Griff haben. Unterdrücken Sie Reaktionen im Schreck weitestgehend, und lassen Sie sich auch nicht zu eventuell sogar zornigen Reaktionen auf Provokationen des Pferdes hinreißen.

Befassen Sie sich lieber damit, worin die Beweggründe für das Verhalten des Pferdes in einer bestimmten Situation liegen. Versuchen Sie abzuschätzen, ob das Pferd das von Ihnen unerwünschte Verhalten wiederholen wird und wie Sie gegebenenfalls damit umgehen wollen.

Keine Angst vor wilden Pferden!
Auch Ihr eigenes Vertrauen ins Pferd wird nicht so schnell nachhaltig erschüttert, wenn Sie auf das Verhalten des Pferdes in kritischen Situationen gedanklich vorbereitet sind. Aber auch dabei gilt: Bewahren Sie immer die Ruhe! Machen Sie nicht das Pferd mit Ihrem die Situation vorbereitenden Verhalten bereits nervös, denn dadurch provozieren Sie das Pferd oftmals erst zu unerwünschten Reaktionen. Lassen Sie sich nicht anmerken, dass Sie sich zum Beispiel an einer bestimmten Stelle im Gelände auf ein Erschrecken des Pferdes etc. vorbereiten. Seien Sie auf der Hut, tun Sie aber immer so, als ob gar nichts wäre. Bestärken Sie das Pferd in seinem Glauben, dass eine Situation problemlos meisterbar ist, und verunsichern Sie es durch Ihre eigene Angst nicht noch mehr. Zeigen Sie in solchen Situationen öfter einmal Mut zum Risiko, und nehmen Sie

zum Beispiel den langen oder hingegebenen Zügel vom Pferdehals nicht auf, obwohl Sie meinen, dass das Pferd jetzt gleich erschrecken könnte. Durch das Aufnehmen des Zügels lenken Sie eventuell erst die Aufmerksamkeit des Pferdes auf die Situation.

Denn, wie gesagt, das Pferd verlässt sich auf sein Leittier als Gefahrenmelder, auch wenn das Leittier nur versucht, vorbeugend für den Fall des Erschreckens des Pferdes eine günstigere Position einzunehmen. Seien Sie sich bei allem, was Sie mit Pferden tun, immer der Tatsache bewusst, dass ein Pferd nicht unbedingt dieselben Schlüsse wie Sie aus einer Situation zieht. Je öfter Sie zu Beginn der Ausbildung bei einem Pferd in kritischen Situationen Ruhe bewahren und Mut zeigen, umso weniger oft werden Sie das in Zukunft noch tun müssen. Das Pferd wird Ihnen zunehmend vertrauen, wenn Sie Ruhe, Überlegenheit und Stärke eines Leittieres ausstrahlen, und wird sich deshalb weitgehend auf Ihre Beurteilung von in seinen Augen gefährlichen Situationen verlassen. Ein Pferd ist nicht nur von Natur aus ruhig, sondern auch deshalb, weil es seinem Leittier vertraut. Seien Sie also ein vorbildliches Leittier und lassen Sie sich nicht erschrecken, dann erschrickt Ihr Pferd auch nur noch halb so oft. So einfach ist das!

Stress – Lernhilfe und Lernhindernis

Negativer und positiver Stress

Auf Seite 26 wurde erörtert, dass das dem Pferd in einem bestimmten Reiz-Reaktions-Schema unbekannte Verhalten des Ausbilders zur Einführung eines neuen Lernabschnitts neben erhöhter Konzentration auch immer eine gewisse Irritation des Pferdes durch die Angst

vor dem Unbekannten hervorruft. Der Stress, den diese Nervosität für das richtig und schonend ausgebildete Pferd bedeutet, kann vom Ausbilder in positiver und vielfältiger Art und Weise zur Ausbildung genutzt werden.

Ein Pferd hingegen, das durch unüberlegtes, unlogisches und inkonsequentes Verhalten in der Ausbildung verwirrt worden ist (unter negativen Stress gesetzt wurde), stumpft meistens ab und kann deshalb durch eine ihm unbekannte Handlung nicht so leicht in einen konzentrierten Zustand versetzt werden. Manchmal steht ein solches verwirrtes Pferd auch schon so unter negativem Stress, dass es bei einer weiteren befremdenden Vorgehensweise des Ausbilders vollkommen überfordert ist und nervlich ausflippt. In den beiden letzteren Fällen wird das Pferd wesentlich schlechter lernen als das durch einen klaren, roten Faden in der Ausbildung nervlich gefestigte, durch die Einführung einer neuen Lektion nur in geringem Maße unter Stress stehende Pferd.

Positiver Stress fördert das Lernen

Eine gewisse nervöse Aufmerksamkeit des Pferdes ist beim Erlernen neuer Lektionen durchaus förderlich, denn das Pferd erlebt die Situation dann bewusster und intensiver. Wenn die Verunsicherung des Pferdes nach dem Beenden der neuen Lektion in einem intensiven Lob aufgefangen und entspannt wird, ist das die beste Grundlage für schnelles Lernen. Das Pferd kann sich nämlich nicht nur den Stress, der mit der Bewältigung der neuen Situation zusammenhängt, sondern auch das nachfolgende Lob und damit die Richtigkeit seines Handelns besser merken, wenn es etwas aufgeregt ist. Auch wir Menschen können uns ja noch nach Jahrzehnten sehr gut an alle Einzelheiten in Prüfungssituationen erinnern, in denen wir unter Stress standen. Im Vergleich zum Menschen ist es aber sehr viel leichter, ein Pferd – auch ungewollt (!) – unter Stress zu setzen. Je mehr Stress auf einem Pferd liegt beziehungsweise auf ein Pferd gebracht wird, umso froher ist es, wieder aus der Stresssituation entlassen zu werden. Zeigen Sie dem Pferd den Weg heraus, und es wird ihn dankbar annehmen und ihn sich gut merken! Inwieweit man die Tatsache, dass Pferde sich so leicht und in so schnell steigendem Maße selbst unter Stress setzen, bei der Pferdeausbildung nutzen kann, hängt in entscheidendem Maße von der gesamten nervlichen Konstitution des Pferdes ab. Das Pferd setzt sich durch seine hohe Dienstbereitschaft sehr leicht selbst unter Erfolgsdruck und übt dadurch massiven Zugzwang auf sich selbst aus. Aus der Tatsache, auch nur eine Kleinigkeit nicht gleich richtig gemacht zu haben, wird beim Pferd deshalb schnell die Angst, der gesamten Anforderung nicht gewachsen zu sein. Diese Anlage ist neben der hohen Dienstbereitschaft in erheblichem Maße durch das natürliche Konfliktlösungsverhalten des Pferdes bestimmt.

Wie löst ein Pferd Probleme?

Aus beunruhigenden Situationen entzieht sich ein Pferd normalerweise schnellstens durch Flucht. Das Pferd ist also in Konfliktfällen von Natur aus auf kurze, sehr viel Energie verbrauchende Reaktionen angelegt. Dem Erkennen der Gefahr folgt beim Pferd sofort eine intensive Ausschüttung von Adrenalin (chemischer Botenstoff im Körper) zur Mobilisierung aller verfügbaren Kräfte, zum Schutz vor Schmerzempfinden und zur Sensibilisierung aller Sinnesorgane. Ist der erste Versuch des Pferdes, sich aus der Gefahrenzone zu bringen, nicht erfolgreich, unternimmt es in der Regel sofort einen zweiten und dritten. Deshalb ist es

zum Beispiel so gefährlich, sich einem festliegenden oder -hängenden Pferd zu nähern. Kann der Adrenalinspiegel nicht durch eine Flucht gesenkt werden, bricht beim Pferd meist sofort Panik begleitet von nach unserem Ermessen sinnlosem Aktionismus aus, der aber dem Abbau der für die Flucht bereitgestellten Energie und damit dem Stressabbau dient. Das angeborene Verhaltensmuster zur Bewältigung von gefährlichen Situationen sieht offensichtlich ein Misslingen des ersten Fluchtversuchs nicht vor.

Geprägt von diesem einfachen Reiz-Reaktions-Schema zur Konfliktbewältigung tut sich das Pferd mit wiederholten Versuchen zur Problemlösung schwer, denn es hat nicht die Fähigkeit und die nötige Geduld für eine strukturierte, logisch aufgebaute, mehrstufige Problemlösung.

Phlegma kontra Nervosität

Das Pferd verbringt natürlicherweise sein Leben zwischen vielen sicheren, entspannten, dem Pferd bekannten Situationen und wenigen gefährlichen, dem Pferd unbekannten und von hohem Aktionismus und Stress geprägten Zuständen. Beim Reiten versuchen wir nun, das Pferd eine Stunde lang in einem Zustand zwischen diesen beiden Extremen zu halten: Das Pferd soll sich konzentrieren, aber nicht aufregen. Es soll sich flott bewegen, aber nicht fliehen; hellwach mitdenken, aber trotzdem offen bleiben für Anweisungen durch Reiterhilfen.

In Abhängigkeit vom Charakter des Pferdes ist die Ausbildung deshalb letztendlich immer mehr oder weniger von Phlegma oder Nervosität bestimmt. Auch wenn Sie anfangs nicht gleich erkennen können, zu welchem Typ Ihr Pferd gehört – eher phlegmatisch oder eher nervös –, werden Sie spätestens beim Erlernen anspruchsvollerer Lektionen dahinterkommen: Wenn Sie ein Pferd beim Reiten immer wieder vor das gleiche Problem stellen, werden Sie merken, wie schnell oder langsam ein Pferd Druck auf sich selbst ausübt und deshalb unter Stress gerät.

Am leichtesten sind Pferde auszubilden, die relativ leicht unter Stress geraten, aber handhabbar bleiben, weil man sie relativ schnell wieder beruhigen und entspannen kann. Bei diesen Pferden können Sie den Druck auf das Pferd und damit sein Bemühen, die Lektion zu erlernen (damit der Druck durch ein Lob aufgehoben wird), durch die wiederholte Konfrontation mit der zu erlernenden Lektion und Ruhepausen dazwischen gut steuern. Für den Reiter ist das vollkommen stressfrei, denn das Pferd setzt sich dabei allein durch das ruhige wiederholte Üben einer Lektion selbst zunehmend unter Stress.

> Das Gefühl des Pferdes, eine gestellte Aufgabe nicht richtig bewältigt zu haben, wird allein durch die vom Reiter vollkommen stressfrei durchgeführte mehrmalige Konfrontation mit derselben Lektion hervorgerufen.

Wie schnell dies passiert, erkennen Sie an der Zahl der Wiederholungen einer Lektion, die Sie direkt hintereinander machen können. Flippt Ihr Pferd beim zweiten oder dritten Versuch nervlich aus, wird hektisch und versucht, die Lektion vorwegzunehmen, dann haben Sie es mit einem sehr sensiblen Vertreter seiner Art zu tun. Sie müssen solche Pferde immer wieder mit anderen Lektionen, Lektionsabfolgen und Ortswechseln entspannen und die Wiederholungen ein und derselben Lektion in der Reitstunde (eventuell sogar über mehrere Tage

hinweg) weit auseinander legen. Diese Pferde haben meist ein sehr gutes Gedächtnis und müssen vom Reiter geduldig vor ihrer schnell durch zu viel Stress hervorgerufenen Kopflosigkeit bewahrt werden. Können Sie dagegen eine Lektion zehn bis zwanzig Mal hintereinander ausführen, ohne dass das Pferd irgendwelche Anzeichen von Stress oder verstärktem Bemühen zeigt, dann haben Sie es mit einem ausgesprochen lethargischen Vertreter zu tun. Bei so einem Pferd wäre man als Ausbilder oft froh, man könnte es etwas mehr unter Stress setzen, denn diese Pferde lernen sehr langsam. Die meisten Pferde liegen irgendwo zwischen beiden Extremen, und glücklicherweise sind das auch die, die sich am leichtesten reiten und ausbilden lassen. Auf solchen Pferden kann man durch das (zeitlich) durchdachte Wiederholen von Übungen den Stresspegel des Pferdes steuern. Das Pferd lernt dabei sehr schnell, dass der Reiter in dem Moment aufhört, das Pferd immer wieder mit der gleichen Lektion zu konfrontieren und dadurch indirekt Stress auszuüben, wenn das Pferd die Lektion richtig ausgeführt hat. Dann muss aber auch erst einmal Ruhe sein! Gönnen Sie dem Pferd eine anhaltende Entspannung von dem Druck, den das Pferd sich letztendlich selbst auferlegt hat. Diesen gleichsam selbst gemachten Stress empfindet das Pferd nicht als Schikane des Reiters, sondern als Druck, Motivation und Zugzwang, der vom Pferd selbst ausgeht. Wohl aber merkt das Pferd, dass dieser Druck letztendlich mit der Konfrontationstechnik des Reiters zusammenhängt.

Wie motiviert man das Pferd?

Intelligentes Ausbilden und Reiten zeichnet sich unter anderem dadurch aus, dass Sie das Pferd dazu bringen, Druck auf sich selbst auszuüben, und Sie diesen Druck ausbildungsfördernd, also das Pferd motivierend steuern. Direkter Druck durch den Reiter ist bei ausreichend sensiblen Pferden nicht nötig, wenn man als Reiter die Psyche und natürliche Veranlagung des Pferdes berücksichtigt und geschickt nutzt. Richtig gut wird ein Pferd – in welcher Disziplin auch immer – nur, wenn es die Veranlagung hat, ein beim Reiten auftretendes Problem (besondere oder unbekannte Aufgabenstellung) bereitwillig zu seinem ureigenen Problem zu machen. Es muss um eine aktive Problemlösung bemüht sein und Leistungsbereitschaft zeigen.

> Das Pferd setzt sich selbst leicht unter Erfolgsdruck und Stress. Dieses Verhalten kann der intelligente Reiter zur erfolgreichen Motivation nutzen.

Wie die Konzentration, so ist auch das Problemlösungsverhalten eines Pferdes beim Reiten in gewissem Rahmen schulbar. Je länger ein Pferd in der Ausbildung ist, umso länger kann man es meistens mit ein und derselben Aufgabenstellung konfrontieren.

Hat das Pferd im Laufe seiner Ausbildung die Erfahrung gemacht, dass der Bogen seiner nervlichen Belastbarkeit nur selten oder besser noch nie überspannt wurde, sondern dass der Reiter ihm vorher immer einen Kompromiss angeboten hat, dann weiß es, dass irgendwann die Entspannung vom Druck, den der Lernstress darstellt, erfolgt. Dieses Wissen verleiht auch nervösen Pferden die nötige Zuversicht, um sich zunehmend länger nervlich ruhig mit einer gestellten Aufgabe beschäftigen zu können. Das alles setzt natürlich eine konsequent durchdachte Kontinuität in der Ausbildung voraus.

Viele Reiter unterschätzen das geradezu innige Verhältnis, das ein Pferd zu seinem Ausbilder entwickeln kann, und das Motivationspotenzial, das sich aus der zwischen Reiter und Pferd geschaffenen Vertrauensbasis ergibt. Ein Pferd will auf der einen Seite gefordert und beansprucht werden und sich aktiv mit seinem Ausbilder sowie dessen Anforderungen auseinander setzen, weil das Abwechslung ins Pferdeleben bringt. Genauso sicher will es aber auf der anderen Seite vom Ausbilder wieder aufgefangen werden, wenn es das Gefühl hat, in Schwierigkeiten geraten zu sein. Und dieses Gefühl stellt sich, wie gesagt, beim Pferd sehr schnell ein. Ein fremder Reiter, ein paar ungewohnte Reiterhilfen, Irritationen in der Umgebung etc. können ein Pferd in Abhängigkeit von seinem Nervenkostüm bereits unter erheblichen Stress setzen. Dann erwartet es, geprägt von seiner Orientierung am Leittier in gefahrvollen Situationen, dass der Ausbilder ein Stressventil oder eine Lösung für das Problem des Pferdes parat hat. Mal ganz davon abgesehen, dass viele Reiter diesen Anspruch des Pferdes nach aktiver Entspannung vom reiterlichen Können her nicht erfüllen können, wissen die wenigsten Reiter um die vielfältigen Ängste ihrer Pferde und um den Druck und den Stress, den diese zum Teil aus den nichtigsten Anlässen heraus auf sich selbst zu laden imstande sind. Auf diese Ängste müssen Sie aber eingehen, um Ihr Pferd zur willigen Mitarbeit motivieren zu können.

Das Lob – die Wunderwaffe der Pferdeausbildung

Das sicherste Mittel, das auch vom Anfänger leicht anzuwenden ist, wenn man ein Pferd von gewolltem oder ungewolltem Stress befreien will, ist ein Lob. Und genau deshalb ist das Lob die Wunderwaffe der Pferdeausbildung.

Lob und kein Lob – nicht Lob und Strafe

Das Lob vermittelt dem Pferd Entspannung vom Stress, Selbstbestätigung, Normalität der Situation, Harmonie mit dem Reiter und schafft so beim Pferd Zuversicht für die Bewältigung der gestellten Aufgaben. Das Ausbleiben des Lobes erhält hingegen den Stress für das Pferd, da es mit einer weiteren Konfrontation mit der zu lösenden Aufgabe in absehbarer Zeit rechnet. Auch wenn die körperliche Strafe in der Pferdeausbildung gelegentlich eine Rolle spielt und deshalb auch hier hin und wieder in speziellen Situationen zur Sprache kommt, so lernt ein Pferd in der Ausbildung dennoch nicht hauptsächlich durch Lob und Strafe, sondern vor allem durch Lob und Ausbleiben von Lob. Das aktive Strafen eines Pferdes ist nur sehr selten nötig und stellt eine Ausnahmesituation dar.

Im täglichen Ausbildungs- und Lernprozess erkennt das Pferd anhand des Lobes die Richtigkeit seines Tuns. Das Loben des Pferdes kann per Stimme oder durch eine Berührung erfolgen. Auch die Belohnung mit etwas Fressbarem stellt ein Lob für das Pferd dar. Bei der verbalen Kommunikation mit einem Pferd gilt generell: »Der Ton macht die Musik!«. Das Pferd unterscheidet nicht so sehr die einzelnen Wörter, sondern erfasst lediglich die Stimmungslage des Ausbilders und leitet daraus den sich für das Pferd ergebenden Anspruch ab. Vor allem beim Reiten ist die Einwirkung des Ausbilders über die Stimme ja oft mit den entsprechenden Reiterhilfen kombiniert, aus deren Zusammenspiel für das Pferd dann meistens deutlich hervorgeht, was ihm der Ausbilder mitteilen will. Das Pferd unterscheidet bei einem ihm gut bekannten Ausbilder sicher, ob

es ermahnt oder gelobt wird, ob es zur Aufmerksamkeit aufgefordert wird, oder ob die Worte gar nicht ihm gelten. Es ist auch dazu imstande, feine Abstufungen des Lobes zu bemerken, und kann an der Tonlage und der Dauer eines Lobes zwischen einem »gut gemacht!«, und einem »supergroße Spitzenklasse« sehr wohl unterscheiden.

Die außerordentliche Empfänglichkeit des Pferdes für Lob beruht auf seinem relativ hohen Maß an Dienstbereitschaft und seiner Eigenschaft, sich selbst unter Stress zu setzen. Das Bemühen des Pferdes, den Anforderungen des Ausbilders gerecht zu werden, ist sehr groß und macht den Umgang mit diesen großen Tieren und ihre vielfältige Ausbildung überhaupt erst möglich.

> Will man einem Pferd etwas Neues beibringen, dann versucht es immer, das Verlangte nach bestem Wissen und Gewissen auszuführen. Wird diese Anstrengung nicht durch ein Lob belohnt, folgert das leistungsbereite Pferd daraus, dass es sich mehr bemühen muss. Sind auch weitere Versuche nicht von Erfolg gekrönt und das Lob bleibt aus, können sensible oder sehr leistungsbereite Pferde massive Anzeichen von Stress zeigen. In solchen Fällen wird besonders deutlich, wie sehr das Pferd auf das situationsentspannende Lob und die Bestätigung durch den Ausbilder fixiert ist.

Hänge den Korb mit Lob immer höher

Auch in stressfreien Situationen genießt ein Pferd ein hin und wieder ausgesprochenes Lob sehr. Die dadurch kundgetane Bestätigung entspannt das Pferd und erhöht gleichzeitig seine Motivation. Aber plappern Sie nicht permanent lobend auf ihr Pferd ein (oft zu beobachten bei verunsicherten Reitern, die eigentlich sich selbst Mut zusprechen wollen), da auch hier die Gefahr der Abstumpfung besteht. Sie haben als Ausbilder nur begrenzte Möglichkeiten, einem Pferd Ihr Wohlwollen in Form eines Lobes zukommen zu lassen, und sollten deshalb damit haushalten.

> Loben Sie Ihr Pferd nicht überschwänglich für jeden Schritt, den es tut. Sparen Sie sich das Lob und zumal das überschwängliche Lob für entsprechende Leistungen auf. Welchen Ansporn wollen Sie dem Pferd sonst bieten, um einen Lernfortschritt zu erzielen?

Der natürliche Gang der Dinge ist sowieso der, dass im Laufe der Ausbildung die Anforderungen an die lobenswerten Tätigkeiten steigen. In niedereren Ausbildungsstufen erworbene einfache Kenntnisse und Fähigkeiten werden in höheren Stufen nur noch selten mit Lob bedacht. Wenn diese Kenntnisse in der entsprechenden Ausbildungsstufe durch intensives Loben der richtigen Ausführung entsprechend gefestigt wurden, ist das auch nicht nötig. Hängen Sie also zwischen den Ausbildungsstufen das Lob ruhig höher, aber geizen Sie innerhalb einer Stufe nicht mit Lob!

Lob motiviert

Ein Lob hat bei einem Pferd manchmal geradezu erstaunliche Wirkung. Oft fällt durch ein Lob von einem Moment zum anderen die gesamte Anspannung, in der sich ein Pferd befindet, von ihm ab. Die dem Lob folgende innere Entspannung des Pferdes macht das Pferd wieder ansprechbar und konzentrationsfähig. Dies ist von unschätzbarem Wert, wenn man sich in einer für das Pferd beängstigenden Situation den Zugriff auf das Pferd erhalten will. Scheut ein Pferd zum Beispiel

mitten in einer Prüfung auf dem Turnier, dann bremst man den Fluchtversuch ab, lobt kurz das erfolgreiche Bremsmanöver des Pferdes und reitet dann weiter, als sei nichts gewesen. Loben Sie das Pferd zwischendrin nicht, dann trägt es die entstandene Angst während der gesamten Prüfung mit sich herum und kann sich dadurch schlechter konzentrieren. Natürlich sollen Sie Ihr Pferd nicht grundsätzlich loben, wenn es scheut, aber wenn die Situation eine schnelle Entspannung nötig macht, dann greifen Sie zum Lob, denn ein besseres Mittel gibt es nicht. Oft reicht dabei das Vorgehen einer Hand zum Mähnenkamm und eine kurze Berührung des Pferdes am Hals aus, um die Spannung aus dem Pferd herauszubekommen.

Oftmals ist es in der Pferdeausbildung auch hilfreich, Lob als Vorschusslorbeeren zu verteilen. Merken Sie, dass ein Pferd sich mit einer Lektion schwer tut und immer wieder im Ansatz der Lektion stecken bleibt, dann versuchen Sie, es durch Lob zum Weitermachen zu ermutigen. Spornen Sie das Pferd mit Lob in seinem Bemühen an. Wie kleine Kinder kann man manchmal auch Pferde in Dinge förmlich »hineinloben«. Das gelingt oftmals sogar, wenn Sie als Ausbilder des Pferdes nur in der Reitbahn stehen und ein Anfänger mit seiner ungeübten Hilfengebung dem Pferd nicht klar machen kann, was es tun soll. Wenn Sie von unten sehen, dass das Pferd zu ahnen beginnt, was es machen soll, und Sie loben daraufhin das Pferd, dann bringt es oft selbsttätig zu Ende, was der ungeübte Reiter allein dem Pferd nicht zu vermitteln vermochte. Dem Reitanfänger und dem Pferd haben Sie so auf ganz einfache Art und Weise zu einem positiven Erlebnis verholfen. Lob kann Wunder wirken – also loben Sie öfter!

Kann man das Pferd zur Mitarbeit zwingen?

Der Irrtum aller Tierschützer, die bei Pferdesportveranstaltungen gegen den Pferdesport demonstrieren, beruht auf der falschen Annahme, dass man ein Pferd (nur) durch Gewalt beherrschen und zu Höchstleistungen bringen kann. Das Gegenteil ist aber der Fall: Man kann ein Pferd nur durch die Erlangung seines Vertrauens (weitestgehend, aber nie vollständig) beherrschen und Höchstleistungen mit ihm erbringen. Das Pferd meistert dabei unter Umständen auch beängstigende Situationen im Vertrauen auf seinen Reiter (sein Leittier), was diesen verpflichtet, das Pferd vorausschauend vor Schaden zu bewahren.

Es gibt unter den Reitern wie überall im Leben auch einzelne schwarze Schafe, die sich diesbezüglich durch eine gewisse Verantwortungslosigkeit auszeichnen, doch die Masse der Reiter ist sich ihrer Verantwortung für das Pferd durchaus bewusst und handelt dementsprechend.

Zwang und Überredung

Um es gleich vorwegzunehmen: Letzten Endes kann man kein Pferd zu etwas zwingen, was es absolut nicht tun will! Also versuchen Sie es gar nicht erst. Man kann ein Pferd höchstens überreden beziehungsweise dazu ermuntern, dass es etwas, das es zuerst nicht tun wollte, doch tut. Ob es sich bei einer Verweigerung oder einem Entzug des Pferdes, einer Aufforderung durch den Reiter nachzukommen, im gegebenen Fall um ein absolutes Nein (keine Chance zur Überredung) oder ein Eher-Nein-als-Ja (Chance zur Überredung) handelt, ist aber sowohl für den Reiter als auch für den unten stehenden Zuschauer oft schwer zu beurteilen.

Es gibt sowohl bei Leistungsveranstaltungen als auch bei der täglichen Ausbildung und Arbeit mit dem Pferd verschiedene Formen der Überredung, die manchmal vom Reiter mit Nachdruck ausgeübt werden und deshalb dem Zuschauer den Anschein von Zwang vermitteln. Der Unterschied zwischen Zwang und Überredung ist dabei folgender: Wenn Sie jemanden zwingen, etwas zu tun, dann impliziert das automatisch, dass derjenige aus Angst – meistens aus körperlicher Unterlegenheit heraus – etwas tut, das er sonst nicht getan hätte. Wenn Sie hingegen jemanden überreden, dann fordern Sie ihn dazu auf, im Vertrauen auf Sie etwas zu tun, das er eigentlich nicht tun will. Das soll nicht heißen, dass sich selbst überlassene Pferde vielleicht auch von sich aus über zwei Meter hohe Hindernisse springen oder einhundert Meter am Stück passagieren würden. Denn von dem, was ein Pferd von Natur aus tut, entfernen wir uns mit der Ausbildung eines Pferdes in einer Spezialdisziplin dann doch erheblich. Da hilft auch die Argumentation, dass vor allem die Dressurlektionen dem natürlichen Imponiergehabe von Pferden entlehnt sind, nicht viel weiter, denn auch ein S-Dressurpferd spult auf der Koppel freiwillig keine Lektionen aus einem Grand Prix ab. Ein gut ausgebildetes, körperlich ausreichend trainiertes Pferd hat aber dennoch Spaß an seiner Arbeit, wenn man bedenkt, mit wie viel Eifer viele Pferde bis in die schweren Klassen unter dem Reiter arbeiten.

Mit den Anforderungen, die an ein Pferd gestellt werden, verhält es sich genauso wie bei uns Menschen auch. Das, was man in seiner Ausbildung gelernt hat und nachweislich imstande war auszuführen, wird auch später von einem gefordert. Weigert man sich aus einer spontanen Eingebung, Angst oder Unmut heraus, einer Aufforderung, etwas Gelerntes zu tun, nachzukommen, dann gerät man unter Druck – als Mensch und als Pferd. Man wird auf nette oder weniger nette Art und Weise dazu überredet, das Verlangte doch zu tun. Bevor man im Zuge der Überredung bei roher Gewalt anlangt, gibt es vielfältige Abstufungen des Drucks, der auf ein Pferd ausgeübt werden kann. Immer zu verurteilen ist auf jeden Fall, wenn von einem Pferd etwas mit drastischen Mitteln verlangt wird, das es nachweislich nicht kann oder nicht gelernt hat.

Jedoch auch bei der Einforderung von zumutbarer Leistung sind ab einem gewissen Stadium der Auseinandersetzung die Grenzen zwischen Überredung und Zwang beziehungsweise Gewaltanwendung tatsächlich fließend. Der Zwang ist, was die Pferdeausbildung anbelangt, letztendlich immer zum Scheitern verurteilt. Wir können ein gesundes, gut genährtes Pferd nämlich beim Reiten nicht dauerhaft zum körperlich unterlegenen Gegner machen, denn kein Mensch kann im Ernstfall 600 Kilogramm entfesselte tierische Gewalt unter Kontrolle bringen!

Kein Ausbildungskonzept, das auf der Anwendung von Gewalt beruht, ist auf lange Sicht erfolgreich oder macht gar Spaß.

> Man kann ein Pferd zur Mitarbeit überreden, aber nicht zwingen. Ein Pferd erbringt im Vertrauen auf den Reiter Höchstleistungen, nicht aufgrund von Zwang.

3. Die *Skala der Ausbildung*

Kenntnisse über die Psyche des Pferdes, wie sie in den ersten beiden Kapiteln dargestellt wurden, sind nur eine der zwei Säulen, auf denen harmonisches und erfolgreiches Reiten ruht. Die zweite Säule ist das vertiefte Wissen über die so genannte *Skala der Ausbildung*, den für alle Reiter verbindlichen Leitfaden der Pferdeausbildung. Die *Skala der Ausbildung* orientiert sich an der körperlichen Beschaffenheit des Pferdes und ist deshalb logisch und nicht umkehrbar. Sie müssen nicht nur Kenntnisse über das Verhalten des Pferdes haben, sondern für eine erfolgreiche Ausbildung auch so viel wie möglich über die Anatomie, die für das Reiten notwendige systematische Formung des Pferdekörpers und die kontinuierliche Entwicklung des Bewegungspotenzials des Pferdes unter dem Reiter wissen, damit ein Pferd beim Reiten erfolgreich lernt.

Keine Ausbildung ohne Konzept!

Machen Sie sich ein Ausbildungskonzept, das vor allem auf Verständnis für die Bedürfnisse des Pferdes, gegenseitiger Zusammenarbeit, Geduld, Freundlichkeit und Konsequenz beruht. Das bedeutet, dass Sie sich auch einen inhaltlich *für das Pferd* logischen sowie bezüglich der psychischen *und* physischen Anforderungen an das Pferd aufeinander aufbauenden Plan machen. Wie lange es dauert, bis Sie das Ausbildungsziel erreicht haben, hängt von Ihren und von des Pferdes Fähigkeiten ab. Wählen Sie die Zeiträume groß genug, damit Sie sich und das Pferd nicht unter Zeitdruck setzen.

Gehen Sie bei der gesamten Pferdeausbildung immer konsequent Schritt für Schritt voran. Lassen Sie nichts aus und überspringen Sie nichts, denn dann sind Verständigungsprobleme vorprogrammiert.

Gibt es in einer Ausbildungsstufe Schwierigkeiten, dann gehen Sie eine Stufe zurück. Meistens liegt in der Festigung der dort erarbeiteten Grundlagen für die nächste Ausbildungsstufe der Schlüssel zur Problemlösung. Stellen Sie sicher, dass das Pferd und Sie nicht zwischenzeitlich den »roten Faden« der Ausbildung verloren haben. Wenn sich über längere Zeit bei einem Ausbildungsschritt kein Erfolg einstellt, dann suchen Sie sich kompetente Hilfe. Gehen Sie nie davon aus, dass sich irgendetwas später schon von allein einstellen wird. Nur wer sich Schritt für Schritt ein solides Fundament der Ausbildung bei einem Pferd schafft, wird später – viel später – in der Ausbildung manches vom Pferd geschenkt bekommen.

Was beinhaltet die *Skala der Ausbildung*?

Folgen Sie bei der Ausbildung des Pferdes – egal wie weit und in welcher Disziplin Sie es ausbilden wollen – unbedingt der *Skala der Ausbildung* (Abb. 6). Weichen Sie in keinem Punkt davon ab! Bei aller Individualität, mit der man jedes einzelne Pferd in Abhängigkeit von seinem Naturell, seiner körperlichen Veranlagung und seiner Auffassungsgabe ausbil-

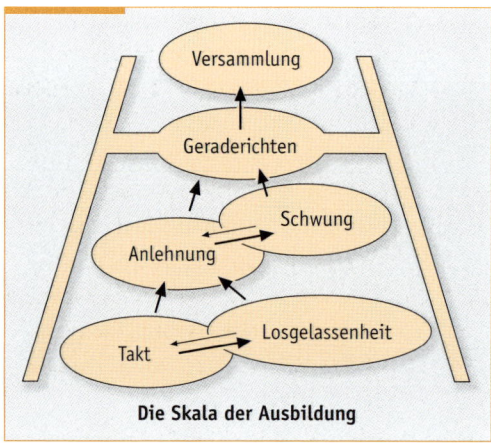

Die Skala der Ausbildung

Abbildung 6
Schema der *Skala der Ausbildung*. Die Problematik des Geraderichtens zieht sich durch alle Stufen.

den sollte, gilt übergreifend ausnahmslos die *Skala der Ausbildung* (siehe auch Abb. 6).
Das Erreichen von
1. Takt
2. Losgelassenheit
3. Anlehnung
4. Schwung
5. Geraderichten
6. Versammlung
in genau dieser Reihenfolge ist unabdingbar. Das gilt nicht nur für die langfristige Pferdeausbildung, sondern auch für den Aufbau jeder Arbeitsstunde mit dem Pferd – ob beim Longieren oder unter dem Reiter.
Über die *Skala der Ausbildung* wurde schon viel geschrieben. Da ihre Beachtung für eine erfolgreiche und pferdegerechte Ausbildung so essenziell ist, soll sie auch hier besprochen werden. Damit wird beabsichtigt, vor allem das Auge und das Gespür des Anfängers unter den Pferdeausbildern und Reitern für ihre Inhalte zu sensibilisieren sowie dem Leser wertvolle Tipps zum Erreichen, Erfühlen und Beurteilen der einzelnen Stufen geben zu können.

Takt und Losgelassenheit

Die ersten zwei Stufen – Takt und Losgelassenheit – sind sehr eng miteinander verknüpft und bedingen sich in gewissem Maß gegenseitig. Nur ein Pferd, das im Takt geht, ist wirklich losgelassen, und nur ein Pferd, das losgelassen ist, kann letztendlich im Takt gehen. Dies bedeutet, dass man die ersten zwei Ausbildungsstufen nahezu gleichzeitig erreicht. Die Beurteilung und Erlangung des passenden Taktmaßes für ein Pferd erfordern bereits einiges reiterliches Können und Wissen. Wichtig für das Erreichen von Takt und Losgelassenheit ist beim gerittenen Pferd ein im Gleichgewicht mit dem Pferd sitzender Reiter (siehe Kapitel 9), der mit allen Körperteilen unabhängig von seiner Hand agieren kann. Schwierig für den Anfänger ist, dass die allerwenigsten Pferde dem Reiter oder Longenführer von sich aus das für sie zur Losgelassenheit führende Taktmaß anbieten und auch nicht gleichmäßig im Takt gehen. Entweder ist das Taktmaß zu hoch und man muss das Pferd bremsen, oder es ist zu gering und man muss das Pferd antreiben. Als grobe Hilfestellung kann man sagen, dass das richtige Taktmaß von eher ruhigen bis faulen Pferden immer über dem Taktmaß liegt, das sie freiwillig bei der Arbeit anbieten. Genau anders herum verhält es sich mit sehr gehfreudigen bis nervösen Pferden, die fast immer ein zu hohes Taktmaß zeigen und demzufolge beruhigt werden müssen.
Innerhalb von einer Arbeitseinheit mit dem Pferd kann sich das Taktmaß auch durchaus ändern. Oft fällt ein zu schnelles Pferd im Lauf einer Arbeitseinheit, wenn die erste Luft raus ist, unter sein optimales Taktmaß ab und muss treibend motiviert werden, obwohl es zu Anfang gebremst werden musste. Auch in den

einzelnen Gangarten des Pferdes können sich Unterschiede bezüglich des Takts ergeben. Oft muss das Pferd zur Erhaltung des optimalen Takts im Schritt beruhigt, im Trab und Galopp hingegen treibend motiviert werden.

Taktstörungen

Wichtig zur Erreichung eines gleich bleibenden Takts beim Pferd ist die konsequente Einhaltung des Takts durch den Reiter oder Longenführer, der Taktstörungen entgegenwirken muss. Pferde verlangsamen zum Beispiel beim Longieren meistens an der Tür der Reitbahn den Takt, beim Reiten vor allem an der Tür und in den Ecken. Auf der anderen Seite beschleunigen sie den Takt gern immer wieder an bestimmten Stellen in der Reitbahn, die sie sich, aus welchem Grund auch immer, dafür ausersehen haben, sowie auf den Geraden. Versuchen Sie als Reiter zu spüren und als Longenführer zu sehen, wo das Pferd von sich aus langsamer oder schneller wird. Streben Sie dann in allen Gangarten einen möglichst gleichmäßigen Takt an und achten Sie durch Feinregulierungen auf die strikte Einhaltung.

> Stellen Sie immer wiederkehrende Taktänderungen (beim Durchreiten der Ecken, Stocken an der Tür, Scheuen etc.) ab. Nehmen Sie nicht widerstandslos hin, dass das Pferd hier oder da eben schneller oder langsamer wird, sondern arbeiten Sie aktiv an der genauen Einhaltung des Takts.

Wie findet man das richtige Taktmaß und woran erkennt man die Losgelassenheit?

Als Anfänger können Sie das optimale Taktmaß eines Pferdes leichter beim Longieren erkennen als beim Reiten. Wenn Sie sich unsicher sind, dann treiben Sie das Pferd beim

Longieren jeweils unter Einhaltung eines gleichmäßigen Takts über mehrere Runden unterschiedlich stark vorwärts. Beobachten Sie nun, wie sich das von Ihnen gewählte Taktmaß jeweils auf das Pferd auswirkt. Ziel des richtigen Taktmaßes ist die Losgelassenheit. Erste Anzeichen von Losgelassenheit sind eine gute, freiwillige Einhaltung des geforderten Takts, ein Ruhe ausstrahlendes Pferd (ohne gespannte Tritte, Rumbeißen auf dem Gebiss, Wehren gegen den Ausbinder etc.) und ein frei und ungezwungen pendelnder Schweif.

In der nächsten Stufe ist die Absenkung der Nase und die damit einhergehende Entspannung der Hals- und Rückenmuskulatur (oft verbunden mit einem Abkauen am Gebiss) festzustellen. Diese Anzeichen der Losgelassenheit sind auch für den Anfänger leicht zu erkennen. Befindet man sich nahe am oder bereits im optimalen Taktmaß, dann wird das Pferd dauerhaft über Runden (und nicht nur ruckhaft und kurz) an der Longe oder unter dem Reiter die Nase herunternehmen und in die Dehnungshaltung gehen (Abb. 7). Mit dieser Entspannung von Hals- und Rückenmuskulatur geht immer auch ein freieres, ungezwungeneres Vorführen der Beine (vor allem der Hinterbeine) einher. Die Schritte werden größer und dadurch erkennbar raumgreifender und schwungvoller als vorher. Die Hinterbeine fußen weiter unter den Schwerpunkt des Pferdes, was erst durch die Entspannung der Rücken- und Kruppenmuskulatur möglich wird (Abb. 7).

In diesem Stadium beginnt das Pferd, die Schubkraft der Hinterhand ansatzweise in Tragkraft umzusetzen, was zu einer Verringerung der Vorwärtsbewegung führt. Das wiederum resultiert in einer Taktreduzierung, die durch stetiges, wohl dosiertes Vortreiben vom Longenführer/Reiter wieder kompensiert wer-

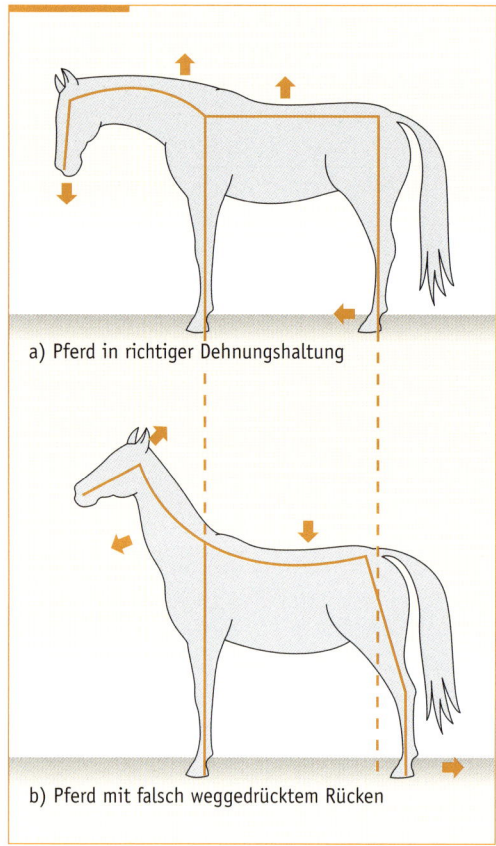

a) Pferd in richtiger Dehnungshaltung

b) Pferd mit falsch weggedrücktem Rücken

Abbildung 7
Vergleich eines losgelassenen Pferdes in Dehnungshaltung mit einem verspannten Pferd mit weggedrücktem Rücken.
a) Das richtig gerittene Pferd dehnt den Kopf/Hals-
bereich in die Anlehnung an die Reiterhand. Die
entspannte Rücken- und Kruppenmuskulatur lässt
das Hinterbein weit unter den Körper fußen. Das
Reitergewicht kann in dieser Haltung gut vom
Pferd getragen werden.
b) Beim verspannten Pferd führt die verkrampfte
Rückenmuskulatur zu einer Verkürzung des Rückens, die das Anheben von Kopf und Hals aus
der Anlehnung heraus bedingt. Eine weitere
Folge ist das Herausstellen der Hinterhand mit
hoher Kruppe. Beachten Sie, wie viel Raum der
Körper des Pferdes »überbrückt« und welche
Konsequenz das für die Stabilität der Hänge-
brücke, auf der das Reitergewicht ruht, hat.

den muss. Treiben Sie genau so viel vor, dass
Sie die Harmonie des mit pendelndem Kopf-
/Halsbereich losgelassen schreitenden Pferdes
nicht stören, aber ein maximales Vorführen der
Hinterbeine unter den Pferdekörper erreichen.
Jetzt haben Sie das für dieses Pferd optimale
Taktmaß gefunden und sind auf dem besten
Weg, das Gleichgewicht des Pferdes in der Be-
wegung zu erlangen und die Tragkraft seiner
Hinterhand zu fördern.

Gezielte Förderung der Losgelassenheit
Wenn Sie das richtige Taktmaß für Ihr Pferd
gefunden haben und das Pferd dadurch zur
Losgelassenheit bringen konnten, dann ist ab
sofort die möglichst rasche Erlangung der Losgelassenheit des Pferdes Ihr erstes tägliches
Ziel beim Reiten. Dazu prägen Sie sich beim
Longieren den Rhythmus des zur Losgelassenheit führenden Takts ein und versuchen sich
vorzustellen, wie sich dieser Takt auf dem
Pferd anfühlt. Zählen Sie (wie in der Tanz-
schule) laut mit, um die Regelmäßigkeit des
Takts zu überprüfen und ihn sich nachhaltig
einzuprägen.
Lassen Sie sich beim Reiten von erfahrenen
Reitern bei der Findung des richtigen Taktmaßes helfen. Die Erfahrung lehrt, dass Anfänger das optimale Taktmaß beim Reiten
meistens falsch einschätzen. Je schneller Sie

Losgelassenheit ist gekennzeichnet von
• Einhaltung des Takts,
• Ruhe ausstrahlendes Pferd mit frei getragenem
  Schweif und entspannter Hals- und Rücken-
  muskulatur,
• Dehnungshaltung,
• Abkauen am Gebiss,
• schwungvollem Vorfußen des Hinterbeine.

mit fortschreitendem Üben das Pferd zur Losgelassenheit bringen, desto mehr können Sie das Treiben im Stadium der Losgelassenheit verstärken. Sie regen das Pferd damit zu immer größeren Schritten mit gesteigerter Hankenbeugung (Beugung von Hüft- und Kniegelenk) an, ohne dadurch eine Änderung des Taktmaßes oder eine Störung des körperlichen Gleichgewichts und der entspannten Losgelassenheit hervorzurufen. Das entspannte, die Hinterbeine weit vorführende Schreiten des Pferdes stärkt (auch im Schritt) die Hinterhand- und Rückenmuskulatur des Pferdes ungemein und dient als Vorbereitung der nächsten Ausbildungsstufen, in denen die mit der Hankenbeugung einhergehende Tragkraft der Hinterhand an Bedeutung gewinnt. Außerdem trainiert das Pferd die Erhaltung des Gleichgewichts in der getragenen Bewegung. Beides ist für die gesamte Ausbildung *sehr* wichtig.

Bis dahin treiben Sie immer vorsichtig, aber nachdrücklich vor, wenn das Pferd das in entspannten Situationen zulässt, und halten Sie mit dem Treiben inne, wenn Anzeichen für den Verlust von Losgelassenheit und Takt – und damit auch des körperlichen Gleichgewichts – im Verzug sind. Schulen Sie so das Pferd im losgelassenen, taktmäßigen Schreiten mit großen Schritten im getragenen Gleichgewicht. Anfangs werden Sie beim Longieren oder Reiten oft damit zufrieden sein müssen, wenn das Pferd überhaupt mit dem hin und wieder kurzzeitigen Herunternehmen der Nase Anzeichen von Entspannung und Losgelassenheit zeigt, den Takt leidlich gut einhält und sein Taktmaß mehr oder weniger gut von Ihnen regulieren lässt. Doch konsequentes Arbeiten führt meist relativ schnell zum Erreichen der unersetzlichen Basis für all Ihre weiteren Ausbildungsbemühungen.

Die Anlehnung

Viele Reitanfänger und auch solche, die sich schon lange nicht mehr dafür halten, irritiert, dass die Anlehnung in der *Skala der Ausbildung* erst an dritter Stelle kommt. Wo man doch auf den ersten Blick anzunehmen geneigt ist, dass die Zügelhilfen die wichtigste Einwirkung des Reiters auf das Pferd darstellen. Der Irrtum ist darin begründet, dass Zügelhilfen mit der Anlehnung wenig, oder man könnte beinahe sagen, gar nichts zu tun haben.

Was ist Anlehnung?

Die Aussage, dass man einem Pferd zwar den Kopf »runterziehen« kann, das mit Anlehnung aber nichts zu tun hat, stiftet oft komplette Verwirrung beim Zuhörer. Dieser sollte sich aber merken: Nur ein losgelassen und im Takt gehendes Pferd kann sich stetig und weich an die Reiterhand anlehnen. Wichtig dabei ist, dass das Pferd sich aktiv mit den Laden (zahnlose Stellen, an denen im Maul rechts und links das Gebiss aufliegt) an das Gebiss in der Reiterhand anlehnt und nicht die Anlehnung passiv durch die Einwirkung der Reiterhand über das Gebiss auf die Laden erzeugt wird. Letzteres ist nämlich keine echte Anlehnung, wie sie in der *Skala der Ausbildung* verstanden wird.

Vorsicht bei der Einwirkung der Hand!

Im ersten Stadium der Anlehnung dehnt das losgelassene Pferd durch das Entspannen der Hals- und Rückenmuskulatur den Hals samt Kopf nach vorwärts-abwärts. Bis zu diesem Stadium verhindert eine Zügeleinwirkung, die über das einfühlsame Hinhalten des Gebisses am langen Zügel bei praktisch regungslosen Händen hinausgeht, das Erreichen der Losgelassenheit und Taktreinheit. Dies bedeutet, dass man mit zu viel Handeinwirkung nicht nur keine echte Anlehnung erreicht, sondern sich auch die Ausgangsbasis, bestehend aus den ersten zwei Ausbildungsstufen, für die Anlehnung verbaut.

Die Hände soll man beim Reiten also stehen lassen und möglichst wenig bewegen? Wie das gehen soll, wird sich jetzt so mancher Leser fragen. Immerhin hört man doch landauf landab in jeder Reitstunde, dass man sein Pferd an den äußeren Zügel stellen oder außen führen soll und am inneren Zügel dem Pferd seine Stellung geben soll, dass man vorn gegenhalten soll, dass man mit der Hand nachgeben soll etc. Was so viele Reitlehrer unterrichten, das kann doch nicht falsch sein, oder? Es ist auch nicht falsch! Es wird aber so ziemlich jedem Reitschüler viel zu früh Handeinwirkung gepredigt, wodurch der Eindruck entsteht, dass er zur Beherrschung des Pferdes beim Reiten permanent viel und noch dazu sehr schwierige Sachen mit den Händen machen soll. Immer getreu dem alten Motto: »Viel hilft auch viel!«, versuchen es die meisten Reitschüler, besonders gut zu machen, und ziehen und zerren ihren armen Pferden viel zu viel im Maul herum.

Sitzt ein Reitschüler in allen drei Gangarten halbwegs, aber eben meistens doch noch nicht vollkommen im Gleichgewicht und gelingen ihm bereits einfache Lektionen, dann kommt eines Tages im Reitunterricht die große Hürde, in der das Pferd an den Zügel geritten werden soll. Der Reitschüler soll zum ersten Mal das beim Pferd erzeugen, was gemeinhin als Anlehnung bezeichnet wird. Bis zu diesem Stadium der Reitausbildung wurde meistens stillschweigend hingenommen, dass der Reitschüler viel zu viel mit den Händen einwirkt und dabei die übrigen Hilfen (Kreuz, Schenkel, Gewicht) zu wenig einsetzt. Ein Pferd ist so

durchaus reitbar, aber es ist *nicht* vollkommen losgelassen, geht (mehr oder weniger) *nicht* im Takt, befindet sich *nicht* im Gleichgewicht und kann demzufolge auch keine echte Anlehnung aufbauen. An dieser Hürde scheitern deshalb viele Reitschüler nachhaltig und lebenslang. Den feinfühligeren unter ihnen (vielleicht auch aufgrund der gutmütigeren Pferde) gelingt es jedoch zumindest, dass das Pferd auf ihre Bemühungen (vor allem mit der Hand) hin den Kopf herunternimmt, sich beizäumt, wenn auch nicht in der oben definierten Anlehnung geht. Dass diese Reiter nachfolgend förmlich auf ihren Pferden verhungern (Taktmaß zu gering und oft holperig), ist ein sicheres Zeichen dafür, dass sie mit zu großer Handeinwirkung und zu wenig nachtreibenden Hilfen eine Beizäumung hergestellt haben und nicht das Pferd von hinten nach vorn in einer echten Anlehnung an die Hand herangeritten haben.

Lernt der Reiter, seine Handeinwirkung zu reduzieren und gleichzeitig sein Pferd ausreichend von hinten nach vorn an die ruhige Hand heranzutreiben (und genau das ist mit An-den-Zügel-Reiten gemeint), dann ist er auf dem besten Weg, eine echte, aktive Anlehnung des Pferdes an seine Hand zu erreichen.

Bei vorsichtiger Handeinwirkung, begleitet von dosiertem Treiben, entspannt sich ein in der Beizäumung gehendes Pferd zunehmend, ist leichter im Takt zu halten und geht im Idealfall irgendwann zu einer echten Anlehnung an die Reiterhand über. Der Reiter lernt so nach und nach, mit immer weniger Handeinwirkung immer harmonischer und leichter mit seinem Pferd beim Reiten zu kommunizieren.

Das Beibehalten von Losgelassenheit und Takt und ein Strecken des Pferdes nach vorwärts-abwärts beim Zügel-aus-der-Hand-kauen-Lassen im Trab zeigen dem Reitschüler, dass er nun auf dem richtigen Weg zur Anlehnung ist. Ein mit der Hand beigezäumtes Pferd geht dabei nach oben oder streckt sich gar nicht. Von da an ist es nicht mehr weit zu der Erkenntnis, dass nach der Phase des Lernens, in welcher der Reitschüler die mühevolle Umkehrung des Weges gegangen ist, der pferdeschonendere, einfachere und einzig wahre Weg über Takt und Losgelassenheit zur Anlehnung führt und nicht umgekehrt.

Wie fühlt sich Anlehnung an?

Wie fühlt sich eine aktive, vertrauensvolle Anlehnung des Pferdes an die Reiterhand nun an? Wer eine echte Anlehnung bei seinem Pferd erreicht hat, der weiß schlagartig von einem Moment zum anderen, dass alles vorher Dagewesene falsch war. Echte Anlehnung spürt man nicht nur in den Händen, sondern im ganzen Körper. Sie vermittelt einem das Gefühl, nicht mehr *auf* dem Pferd, sondern vielmehr *im* Pferd zu sitzen. Dieses Gefühl verstärkt sich im Laufe der Ausbildung eines Pferdes mit jeder weiteren erreichten Stufe immer mehr, ist aber gerade am Anfang am deutlichsten zu spüren.

Das viel zitierte »Gummiband-Gefühl«, das die Hand mit dem Gebiss auf den Laden des Pferdes verbindet, wenn die Anlehnung stimmt, kann das Gefühl der Anlehnung in der Hand vielleicht am besten beschreiben. Stellen Sie sich einen großen Luftballon oder Gummisack vor, dessen Öffnung Sie mit beiden Händen oben aufhalten, und den Sie Ihrem Gegenüber mit ausgestreckten Händen (als ob Sie ein Buch beim Lesen halten) präsentieren. Das entspricht dem Stadium, in dem Sie dem unter

Ihnen losgelassen und sicher im Takt gehenden Pferd mit ruhigen Händen das Gebiss hinhalten. Gießt Ihr Gegenüber nun Wasser in den von Ihnen gehaltenen Luftballon, dann spüren Sie, wie der federleichte Luftballon (das nicht vom Pferd angenommene Gebiss) langsam Gewicht bekommt. Die Gummihaut in Ihren Händen beginnt nach vorwärts-abwärts zu ziehen, wenn das Pferd anfängt sich anzulehnen. Gießt man nach und nach immer mehr Wasser in den Luftballon, nimmt der Zug auf die Hände zu, und Sie müssen gegenhalten, um das einwirkende Gewicht abzufangen. Erhöhen Sie nun die vortreibenden Hilfen leicht, dann werden Sie spüren, wie das Gewicht in den Händen wieder abnimmt. Das Pferd tritt in dem Moment etwas weiter unter den Körperschwerpunkt, übernimmt kurzzeitig mehr Last auf die Hinterhand und kann sich dann für einen kurzen Moment (kaum sichtbar, aber fühlbar) von der gegenhaltenden Hand nach hinten-oben abstoßen und selbst tragen. Das Pferd knickt dabei im Genick mehr ab und richtet sich vorn geringfügig auf. Vermindern Sie nun die vortreibenden Hilfen wieder, dann nimmt das Gewicht im Gummiballon beziehungsweise Ihrer Hand wieder zu. Das Pferd lehnt sich wieder stärker an, verlagert das Körpergewicht wieder mehr auf die Vorhand. Dies alles geschieht bei relativ langem Zügelmaß, und die auf Ihre Hände einwirkenden Kräfte sind im Idealfall wesentlich geringer als bei einem ganz mit Wasser gefüllten Luftballon.

Die Stabilisierung der Anlehnung

Nach und nach gilt es nun, die Anlehnung des Pferdes zu vervollkommnen: Das Genick ist höchster Punkt, die Nase ist knapp vor der Senkrechten. Dazu soll sich das Pferd durch vermehrt vortreibende Hilfen und zusätzlich unterstützende halbe Paraden (siehe S. 128)

immer öfter vom Gebiss nach hinten-oben, nicht nach vorn-oben abstoßen. Folgt es dieser Aufforderung willig und wird leichter in der Hand, dann können Sie das Zügelmaß etwas verkürzen. Das schränkt aber die Fähigkeit des Pferdes, den Hals als Balancierstange zu nutzen, nach und nach stark ein. Außerdem ist zu diesem Zeitpunkt die Hinterhandmuskulatur für ihre tragende Funktion (Gewichtsaufnahme) noch nicht ausreichend gestärkt und die vermehrte Beugung der Ganaschen für das Pferd ungewohnt, so dass man in diesem Stadium der Anlehnung sehr vorsichtig zu Werke gehen muss. Man riskiert sonst die Störung des körperlichen Gleichgewichts und nachfolgend das Herausheben des Pferdes vom Gebiss nach vorn-oben oder das Verkriechen hinter dem Gebiss durch Engmachen des Halses und Taktstörungen. Durch das Verkürzen des Zügelmaßes folgt man nach dem Abstoßen dem Pferdemaul bei seiner Bewegung nach hinten-oben, bis man wieder den Gummizug spürt. Der Hals des Pferdes wird dabei kürzer, das Genick runder und die Nase nähert sich der Senkrechten.

Anlehnung erfolgt von hinten nach vorn

Beim Herstellen der Anlehnung ist immer zu beachten, dass die erste aktive Hilfe des Reiters *nicht* eine Handeinwirkung, sondern eine treibende Hilfe ist. Genau das ist gemeint, wenn man sein Pferd an den Zügel reiten soll.

> Bieten Sie dem Pferd das Gebiss in Ihren Händen an und reiten Sie dann mit treibenden Hilfen von hinten nach vorn. Die Hand braucht man außer zum Gegenhalten, damit das Pferd sich nicht nach vorn-oben abstoßen kann, zur Erreichung der Anlehnung eigentlich gar nicht.

Treten während der Herstellung der Anlehnung Takt- und Losgelassenheitsstörungen oder sonstige Probleme auf, ist immer durch energisches Vorwärtstreiben und ruhiges Hinhalten des Gebisses am langen Zügel zuerst das körperliche Gleichgewicht des Pferdes wiederherzustellen, bevor man sich wieder dem Erreichen der Anlehnung widmet.

Der Schwung

Die Entwicklung des Schwungs eines Pferdes hängt sowohl von Takt und Losgelassenheit als auch von einer korrekten Anlehnung ab. Irrtümliche Ansichten, die den Schwung anbelangen, gehen bei Anfängern meistens dahin, dass sie Schwung mit Tempo verwechseln. Nicht jedes Pferd, das schneller geht, geht auch schwungvoller.

Was schwingt an einem Pferd?

An einem Pferd können vor allem die Beine und der Rücken schwingen. Im Abschnitt über Takt und Losgelassenheit stand bereits, dass ein losgelassener Rücken durch die Entspannung der Muskulatur schwingt. Meistens gilt dabei, dass ein längerer Rücken besser schwingt als ein kurzer. Bei Pferden mit einem langen Rücken, die eine schwach ausgeprägte Rückenmuskulatur haben, schwingt der Rücken jedoch unter der Belastung durch das Reitergewicht oft schlecht oder gar nicht. Eher kurze Rücken sind in ihrer Schwingungsfähigkeit zwar begrenzt, stecken aber das Reitergewicht und Anfängerfehler bezüglich Handeinwirkung (zu viel) und Gewichtsverlagerung (zu weit hinten) leichter weg, weil sie sich nicht so leicht verkrampfen.

Ein Verkrampfen und Zusammenziehen der Rückenmuskulatur führt zu einem Durchhängen des nicht schwingenden Rückens nach unten (Abb. 7). Dies zieht das Herausstellen der Hinterhand bei hoher Kruppe, das Herausdrücken des Unterhalses nach vorn sowie den Verlust des Gleichgewichts nach sich. Dies ist die häufigste Ursache für Probleme, die Reiter mit ihren Pferden haben. Die Schwungentfaltung ist einem so gerittenen Pferd unmöglich. Ein entspannter Rücken bewirkt beim Pferd jedoch, dass sich neben der Rücken- auch die Kruppenmuskulatur entspannt. Sie wird länger und elastischer, wodurch sich die Fähigkeit des Pferdes zum Senken der Kruppe in vermehrter Hankenbeugung (Beugung von Hüft- und Kniegelenk) erhöht. Das Pferd kann dadurch mit den Hinterbeinen weiter unter den Körper fußen, die Hinterbeine schwingen weiter vor. Irgendwann lässt sich dann auch die gestärkte, für die Entwicklung von Schwung benötigte Beinmuskulatur an der Bildung der so genannten »Hosen« (sicht- und fühlbarer Muskelzuwachs hinten am Oberschenkel des Pferdes) an der Hinterhand leicht erkennen. Auch die Vorderbeine schwingen bei entspanntem Rücken und gesenkter Kruppe (Lastaufnahme auf die Hinterhand) und entspannter Halsmuskulatur freier aus der Schulter nach vorn.

Im Abschnitt über die Losgelassenheit klang bereits an, dass man den Schwung des Pferdes im Vortritt der Beine systematisch trainieren und erhöhen kann. Wenn man bei jedem Schritt immer den maximalen Vortritt – ohne eine Störung der Losgelassenheit oder des Takts zu riskieren – des Pferdes anregt und fordert, dann stärken sich im Laufe der Zeit Rücken-, Kruppen- und Beinmuskulatur und lassen immer größere, schwungvollere Schritte unter Beibehaltung des Gleichgewichts zu. Dieses Maß an Schwung können Sie bereits durch gekonntes Longieren erreichen.

Maximale Schwungentfaltung

Wollen Sie den Schwung des Pferdes noch weiter erhöhen, wie es zum Beispiel in Dressurprüfungen in den höheren Tempi verlangt wird, dann kommt jetzt die Anlehnung als dafür nötige Voraussetzung ins Spiel. Sie können versuchen, den Schwung ohne Anlehnung durch vermehrtes Vortreiben des Pferdes zu erhöhen. Dies führt aber dadurch, dass das Pferd dabei ins Laufen kommt (also schneller wird, ohne den Schwung zu erhöhen) und das Gewicht auf die Vorhand verlagert, letztendlich zu einem Schwungverlust.

Wollen Sie also nicht alle treibende Energie bei der Schwungentwicklung nutzlos nach vorn verpuffen lassen, dann brauchen Sie etwas zum Gegenhalten. Die korrekte Anlehnung des Pferdes (Genick höchster Punkt, Nase an oder vor der Senkrechten) gibt Ihnen nun aber die Möglichkeit, einen elastischen Bogen für die Schwungentwicklung über das ganze Pferd zu spannen. Hinten (Hinterhand und Rücken) drücken Sie den Bogen mit Hilfe der vortreibenden Schenkel- und Kreuzhilfen zusammen, und vorn (Laden, Genick, Hals) halten Sie mit den Händen dagegen (Abb. 8). Dadurch baut sich Spannung im Pferd auf, wie wenn Sie einen Bogen spannen. Diese positive und für die Schwungentwicklung nötige Spannung hat nichts mit Verspannung zu tun.

Bedacht werden sollte dabei, dass diese bewusst erzeugte Spannung einen äußerst labilen Zustand darstellt, welcher sich nicht zu jedem Zeitpunkt immer gleich gut erreichen

---

Erst wenn Sie dazu in der Lage sind, ein verspanntes Pferd zur vollkommenen Losgelassenheit zu bringen, sollten Sie sich an das aktive Spannen eines Pferdes zur Schwungentfaltung wagen.

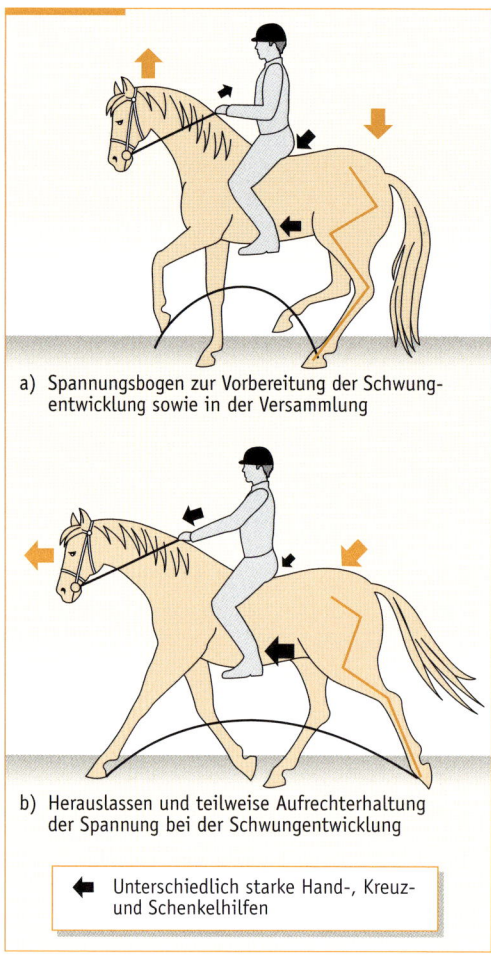

a) Spannungsbogen zur Vorbereitung der Schwungentwicklung sowie in der Versammlung

b) Herauslassen und teilweise Aufrechterhaltung
der Spannung bei der Schwungentwicklung

← Unterschiedlich starke Hand-, Kreuz-
und Schenkelhilfen

Abbildung 8
Zur Entwicklung von Schwung müssen Sie zuerst
einen Bogen über das Pferd spannen. Die Durchlässigkeit des Pferdes für alle Hilfen garantiert,
dass das Pferd die Hinterhand senkt, indem es die
Hanken beugt (a). Hier sitzt die gespannte Feder,
die beim teilweisen Herauslassen der Spannung
den vermehrten Schwung und Schub nach vorn
bedingt (b).

lässt. Sie wird erzeugt durch das sehr störan-
fällige Zusammenspiel treibender und verhal-
tender Kräfte des Reiters und der feinfühligen
Reaktion des Pferdes auf diese Kräfte. Dazu

muss das Pferd bereits über ein gewisses Maß
an Durchlässigkeit verfügen.

> Unter Durchlässigkeit versteht man zum einen den
> reibungslosen Durchgang der Handeinwirkung
> über die Laden, das Genick, den Hals und den
> Rücken des Pferdes bis in die Beine und zum
> anderen das ungestörte Durchkommen der treiben-
> den Hilfen durch den Pferdekörper bis zum Maul.

Beides ist wichtig, um Schwung aufzubauen,
zu halten und wieder zurückzunehmen. Gibt
es irgendwo im Pferdekörper eine Barriere,
welche die Durchlässigkeit der Hilfen behindert, dann werden Sie diese spätestens bei dem
Versuch, Schwung zu entfalten, bemerken, da
sich der oben angesprochene Bogen nicht über
das Pferd spannen lässt. Ihre treibenden
und/oder verhaltenden Hilfen zeigen dann
nicht die optimale Wirkung.

Das Geraderichten und die natürliche Schiefe des Pferdes

Wie erkennt man die natürliche Schiefe des Pferdes?

Beobachten Sie das Pferd einmal beim Freilaufen in der Halle oder auf dem Platz. Stellen Sie
sich hinter das Pferd und beurteilen Sie dann,
ob es beim Hinunterlaufen der langen Seite in
sich gerade ist. Treten die Hinterhufe genau in
oder vor die Spuren der Vorderhufe oder daneben? Auch wenn Sie im Schritt und Trab
noch nichts bemerken, werden Sie im Galopp
die natürliche Schiefe eines jeden Pferdes entdecken. Dazu ist es hilfreich, das Pferd auf beiden Händen vergleichend zu beobachten. Auch
wenn Sie auf der linken Hand vielleicht keine

Unregelmäßigkeit entdecken können (weil die Reitbahnumrandung das Pferd auf der rechten Seite begrenzt), werden Sie feststellen, dass bei den meisten Pferden auf der rechten Hand im Galopp die Hinterhand rechts neben der Vorhand läuft. Oft wird diese Schiefe mit der Rechts- und Linkshändigkeit der Menschen verglichen. Von sehr wenigen Ausnahmen abgesehen, kann das Pferd aber im Vergleich zur einseitigen Rechts- und Linkshändigkeit des Menschen seine Beine auf beiden Händen annähernd gleich gut koordinieren. Das Pferd entspricht also eher einem Beidhänder (umerzogene Linkshänder sind auch oft ähnlich geschickt mit beiden Händen), der in seiner Körperhaltung und damit in seinem gesamten Bewegungsablauf mehr oder weniger schief orientiert ist. Das bedeutet, dass auch die Muskulatur auf beiden Seiten des Pferdes etwas ungleich ausgeprägt ist.

Wie spürt man die körperliche Schiefe beim Reiten?

Wenn Sie vom Boden aus nicht sehen können, ob und wie das Pferd schief ist, dann setzen Sie sich drauf. Nur auf bereits sehr weit und gut ausgebildeten Pferden merkt man kaum mehr, dass sie schief sind oder es einmal waren. Auf allen anderen Pferden brauchen Sie nur im Schritt am hingegebenen Zügel um eine Reitbahn herumzureiten. Setzen Sie sich selbst gerade hin und lassen Sie Ihre Beine am Pferd herunterhängen. Es kann auch hier sein, dass Sie auf der linken Hand noch meinen, dass das Pferd in sich gerade ist. Auf der rechten Hand werden Sie aber bereits im Schritt in vielen Fällen registrieren, dass das Pferd mit dem Kopf näher an der Reitbahnbegrenzung läuft als linksherum. Traben Sie nun am hingegebenen Zügel an, dann werden Sie bemerken, dass Sie auf der rechten Hand spätestens beim

Durchreiten der Ecken versucht sind, den inneren Zügel anzunehmen, um den Pferdekopf auf den Hufschlag auszurichten und dem Pferd damit gleichsam durch die Ecke zu helfen. Linksherum ist das meistens aber nicht nötig. Wenn Sie sich zusätzlich noch auf Ihre Beine konzentrieren, dann werden Sie an der Innenseite der linken Wade mehr Druck durch den Pferdekörper spüren als an der rechten, da die rechte Seite des Pferdes im Vergleich zur linken hohl ist. Das Pferd weicht also vorn nach links und hinten nach rechts von der Geraden ab, die Sie entlangreiten, und sein Rumpf weist dabei eine leichte Rechtskrümmung auf.

Warum muss man die körperliche Schiefe verringern?

Da das Pferd mit seiner natürlichen Schiefe ohne Reiter ganz gut zurechtkommt, könnte man sich nun auf den Standpunkt stellen, dass es das Beste ist, das Pferd schief weiterlaufen zu lassen. Dem steht entgegen, dass ein gerade gerichtetes Pferd sein eigenes und das Reitergewicht besser ausbalancieren kann. Diese Erhöhung des Gleichgewichts in der Bewegung führt dazu, dass das Pferd die Reiterhilfen zum Richtungs-, Gangart- oder Tempowechsel schneller umsetzen kann. Gleichzeitig schont die gleichmäßige Belastung aller Gliedmaßen des gerade gerichteten Pferdes Sehnen und Gelenke.

Das Geraderichten des Pferdes zieht sich durch alle Ausbildungsstufen des Pferdes hindurch (Abb. 6) und ist ein sehr lang andauernder körperlicher Umformungsprozess, in den die Muskulatur des gesamten Pferdekörpers einbezogen ist. Dass das Geraderichten vor allem auf gebogenen Linien stattfindet, mag auf den ersten Blick paradox erscheinen. Doch bei einem nach rechts gekrümmten Pferd müssen Rücken-, Bauch-, Hals- und Schultermuskulatur der rechten Seite gedehnt werden. Das erfolgt insbesondere durch das Reiten gebogener Linien auf der linken Hand, was das Pferd dazu anregt, die Muskulatur der außen liegenden, rechten Seite zu dehnen und sich gleichzeitig innen besser zu biegen. Die das Pferd auf gebogenen Linien nach außen treibende Fliehkraft unterstützt diesen Prozess.

Das schließlich gerade gerichtete, gleichmäßig an beiden Zügeln und Schenkeln stehende Pferd (siehe dazu auch Text und Abbildungen in Kapitel 10) erlaubt dem Reiter, auf beiden Händen gleich gut mit dem inneren Schenkel schräg durch das Pferd gegen den äußeren Zügel zu treiben. Das regt das Pferd dazu an, das innere Hinterbein mehr in Richtung der Körpermitte unter den Schwerpunkt zu führen, und befähigt es so zur Entwicklung von Tragkraft.

> **Das Geraderichten dient letztendlich zwei Zielen:**
> - Man bringt das Pferd ins Gleichgewicht, indem man seine natürliche Schiefe vermindert.
> - Man ermöglicht dem Pferd, einen Teil der Schubkraft der Hinterhand in Tragkraft umzusetzen, indem man die Hinterbeine dazu anregt, auf beiden Händen möglichst nah mittig unter den Körperschwerpunkt zu fußen.

Die Versammlung

Die Versammlung eines Pferdes ist nur auf der Grundlage der vorher erreichten Stufen der Ausbildungsskala möglich. Für die versammelnde Arbeit mit einem Pferd ist außerdem ein Höchstmaß an Durchlässigkeit erforderlich. Die Durchlässigkeit gewährleistet, dass das Pferd feinfühlig und ohne Zeitverzögerung auf jede treibende und jede verhaltende Hilfe reagiert, wie es für das Erreichen und die Erhaltung der Versammlung nötig ist.

> **Was ist Versammlung?**
> Versammlung bedeutet das Zurücknehmen des Pferdes bei gleich bleibenden vortreibenden Hilfen, was zum Aufrichten der Vorhand, zum Senken der Hinterhand unter das Körpergewicht und damit zu erhabeneren und kadenzierteren Schritten, Tritten oder Sprüngen führt.

Takt und Versammlung

Wichtig ist, dass das Pferd in diesem Stadium der Ausbildung in allen drei Gangarten bereits taktsicher ist. Das Pferd muss sich aus den sich zu Anfang der Versammlung zuweilen ergebenden Taktstörungen immer wieder sofort zum regelmäßigen Takt zurückführen lassen und von sich aus an der Einhaltung des gewohnten Takts festhalten. Die ersten versammelnden Tritte führen beim Pferd aufgrund der (nicht wie beim Geraderichten seitwärts, sondern hier horizontal) veränderten Gleichgewichtsbedingungen und der ungewohnten Kraftanstrengung für die Hinterhand leicht zu Taktstörungen, oft begleitet von Tempoänderungen. Das Pferd versucht dabei, sich durch Erhöhung oder Verringerung des Tempos der ungewohnten Belastung der Hinterhandmuskulatur zu entziehen und wieder in sein gewohntes (horizontales) körperliches Gleichgewicht zu kommen.

Die Taktstörungen resultieren daraus, dass der Reiter aufgrund der zu Beginn dieser Ausbildungsstufe noch nicht vollkommenen Durchlässigkeit des Pferdes und den anfänglichen Versuchen des Pferdes, sich der ungewohnten Belastung zu entziehen, oftmals zu verhaltend oder zu stark treibend einwirken muss. Ein bereits taktsicheres Pferd lässt sich durch diese Störungen aber nicht nachhaltig irritieren und findet meist ziemlich schnell wieder in sein geregeltes Taktmaß zurück.

Anlehnung und Versammlung

Die feinfühlige konstante Anlehnung ist eine Grundvoraussetzung für die Versammlung, weil nur sie die Durchlässigkeit der Handeinwirkung des Reiters auf die Hinterhand des Pferdes garantiert. Funktioniert die Anlehnung an die Hand nach dem oben geschilderten Gummibandprinzip, dann kann der Reiter über einseitig halbe Paraden (siehe Kapitel 10) und das beidseitige Zurücknehmen beziehungsweise Vorführen der Hände die Rahmenerweiterung des Pferdes dem gewählten Tempo anpassen. In der Versammlung ist der Rahmen enger, also das Genick höher und die Stirn nahe der Senkrechten. In der Verstärkung ist der Rahmen weiter, das Genick tiefer und die Nase etwas deutlicher vor der Senkrechten. Damit das Pferd also mit Maul und Kopf sowie Hals- und Rückenmuskulatur den Bewegungen der Hände folgt, was letztendlich dann die Rahmenveränderung bedingt, muss die Anlehnung des Pferdes an die Reiterhand sehr stabil sein.

Geraderichten und Versammlung

Das Geraderichten des schiefen Pferdekörpers muss vor der Versammlung weitgehend abgeschlossen sein.

Ein gerade gerichtetes Pferd erlangt man, wie bereits dargelegt (siehe S. 51), nur über eine Streckung der kürzeren Seite und nicht über ein Zusammenziehen der längeren Seite des Pferdes. Man kann mit den menschlichen Kräften nur eine Entspannung der kurzen und festgehaltenen rechten Seite des Pferdes bewirken und die zu Anfang längere, steifere linke Seite

des Pferdes dadurch biegsamer und nachgiebiger machen. Das bessere Biegen um den linken Schenkel funktioniert nur, wenn die rechte Seite des Pferdes sich gleichzeitig dehnt. Aus all dem folgt, dass nur ein in sich lang gestrecktes Pferd gerade gerichtet werden kann. In der Versammlung verkürzt sich jedoch durch die Aufrichtung der Vorhand und das Absenken der Hinterhand der gesamte Pferdekörper vom Kopf bis zum Schweif. In dieser Haltung sind deshalb nur noch geringfügige Korrekturen der Schiefe möglich.

Wurde ein Pferd bereits gerade gerichtet, dann führt die Versammlung im Idealfall auf beiden Seiten zu einer gleichmäßigen Verkürzung des Pferdekörpers. Dies ist die unabdingbare Voraussetzung dafür, dass das Pferd die Schubkraft der Hinterhand in die für die Versammlung benötigte Tragkraft umwandeln kann und in versammelnden Übungen auf beiden Händen den letzten Schliff im Geraderichten erhält.

Die Logik der *Skala der Ausbildung*

In der Hoffnung, dass Sie spätestens jetzt davon überzeugt sind, dass die Logik der *Skala der Ausbildung* offensichtlich und – da sie sich an der natürlichen körperlichen Beschaffenheit des Pferdes orientiert – auch unumkehrbar ist, soll dieses Kapitel beendet werden.

> Beschreiten Sie – unabhängig davon, wie weit und in was Sie das Pferd ausbilden wollen – den Weg, der durch die *Skala der Ausbildung* vorgegeben ist! Mit steigendem Fortschritt und geringer werdenden Problemen wird der Spaß für Pferd und Reiter am Reiten zunehmen!

4. Mehr Ausbildung für Pferd und Reiter!

Der Spaß am Reiten

Die folgenden Praxiskapitel über das Reiten und damit über die Pferde- und Reiterausbildung sind von 25-jährig praktizierter englischer Reitweise geprägt. Dies bedeutet nicht, wie oft kundgetan und gehört, dass das vermittelte Wissen deshalb für jeden nicht turnierambitionierten Freizeitreiter beziehungsweise Reiter anderer Reitweisen uninteressant, weil generell ungeeignet ist.

Pferdeleute, die diese Meinung vertreten, negieren die Tatsache, dass die Pferdeausbildung, egal in welcher Spezialdisziplin, auf vielen allgemein gültigen Fakten und Prinzipien beruht, und um eben diese soll es hier vornehmlich gehen. Sie gelten für jeden Reiter, der ein Pferd reiten und ausbilden möchte. Sehr viele Reiter lehnen jedoch sehr schnell jede systematische Ausbildung für sich und ihr Pferd als unnötig ab, da sie ja »nur Spaß am Reiten« haben wollen. Ausbildung hört sich für sie nach Kontrolle und Zwang an, riecht nach Mühe und Schweiß und erfordert Energie und Durchhaltevermögen. Da winkt manch einer ab, weil er sich Entspannung und Freizeitvergnügen nach einem langen Arbeitstag so nicht vorstellt. In der Annahme, dass auch Pferde es am schönsten finden, unausgebildet zu bleiben und möglichst wenig geistig und körperlich gefordert zu werden, meint der passionierte Nichtausbilder, für sich und sein Pferd das Ideal gefunden zu haben. Aber damit hat er weit gefehlt, denn der Spaß am Reiten beginnt erst richtig mit der qualifizierten Ausbildung von Reiter und Pferd!

Pferde wollen beschäftigt und ausgebildet werden

Faulheit ist im Tierreich in freier Natur ein weit verbreitetes und durchaus sinnvolles Lebensprinzip, womit im Alltag Energie gespart wird, die für gefährliche Situationen oder Kraft zehrende Aktionen für den Nahrungserwerb (bei Raubtieren zum Beispiel) als körperliche und geistige Kraftreserve benötigt wird. Aber der mit permanenter Faulheit in reizarmer Umgebung einhergehende Verlust an geistiger und körperlicher Fitness kann bei Mensch und Tier auch durchaus negative Auswirkungen haben. Wann brauchen wir und unsere Pferde heute schon Kraftreserven für die Flucht aus lebensgefährlichen Situationen?

Im Gegensatz zu uns Menschen, die wir durch Beruf, Medien, technischen Fortschritt und mannigfache Freizeitgestaltungsmöglichkeiten heutzutage zum Teil unter einer enormen Reizbelastung stehen, leiden unsere Pferde oft unter Reizarmut in höchstem Maße. Und dies gilt für in Einzelhaft gehaltene Boxenpferde ohne Koppelgang wie für im Offenstall gehaltene Pferdegruppen. Letzteren geht es meistens durchaus besser, was Bewegungsmöglichkeit, soziale Kontakte und Hautreize durch die Witterung betrifft, doch viele Stunden des Tages langweilen sie sich auf dem ihnen zur Verfügung stehenden, oft eng begrenzten Terrain auch. So genannte Unarten in Form von Koppen, Weben und andere stereotype Handlungsweisen sind eindeutige Indizien dafür. Das einzig Interessante am Tag ist deshalb für das Pferd neben dem Fressen oft nur die Beschäftigung mit dem Halter, Reiter oder Fahrer.

Ein zur Begrüßung freudig wieherndes Pferd will wohl weniger seiner uneingeschränkten Sympathie für den Besitzer Ausdruck verleihen als ihm vielmehr ein »Endlich holt mich einer hier raus!« entgegenschmettern.

Dem unter den heutigen Haltungsbedingungen größtenteils ungestillten Bedürfnis des Pferdes nach Beschäftigung, nach Anregung und Befriedigung des Bewegungsdrangs muss der Pferdehalter in pferdegerechter Weise Rechnung tragen. Und das gelingt nur in Form einer konsequenten, systematischen Ausbildung von Pferd und Reiter!

Der Irrtum vom braven und vom bösen Pferd
Wie bei uns Menschen gibt es auch unter den Pferden welche mit mehr, welche mit weniger und ein paar wenige mit gar keinem Bewegungs- und Beschäftigungsbedürfnis. Für den passionierten Reiter steigt der Wert eines Pferdes, gemessen an der Freude, die er während der Ausbildung am Pferd hat, meistens mit zunehmendem Bewegungswillen und geistiger Flexibilität des Pferdes. Der Reitanfänger (nicht allein an Jahren des Reitens, sondern an seinen Reitkenntnissen und seinem Pferdeausbildungswissen gemessen) oder überzeugte Nichtausbilder wird jedoch immer lieber auf ein Pferd mit geringem Bewegungsbedürfnis zurückgreifen. Oft wird ein solches Pferd verkannt und betitelt als eines mit bravem Charakter; das eine hat mit dem anderen jedoch gar nichts zu tun. Der Reitanfänger fühlt sich nicht dazu imstande oder hat keine Lust dazu, durch intensive Schulung von Reiter und Pferd ein für den Reiter ungefährliches Ventil für das hohe Bewegungsbedürfnis eines Pferdes zu schaffen und das ängstigt ihn. Deshalb wird

das ausgeprägte Bewegungsbedürfnis mancher Pferde oft mit einem bösartigen Charakter verwechselt. Nie war deshalb die Zahl der Pferdekäufer, die ein »braves« Pferd suchen – richtig müsste es bewegungsunfreudiges Pferd heißen – größer als heute.
Die meisten Pferde der weltweiten Warmblutpferdezucht verfügen heute jedoch über ein mittleres Bewegungsbedürfnis gepaart mit einem klaren, wachen Kopf und stellen deshalb durchaus machbare Anforderungen an den Reiter. Wer also nach angstfreier Harmonie mit dem Pferd strebt, der sollte lieber mehr Zeit in Reitstunden als in die Suche nach einem (vermeintlich) braven Pferd investieren.

Appell für mehr Ausbildung

Nun hört man immer wieder vor allem von Reitern, die sich vom Turnierreiten bewusst distanzieren, dass das Reiten auch ohne große Ausbildungsbemühungen Pferd und Reiter betreffend sehr harmonisch sein kann. Doch es ist eine Tatsache, dass von denen, die das behaupten, nur äußerst wenige optisch so ansprechend und – was viel wichtiger ist – so pferdegerecht und pferdeschonend, was Maul und Rücken anbelangt, reiten wie ein nachweislich gut ausgebildeter Reiter. Da gute Reitlehrer im Vergleich zur in den letzten Jahren sprunghaft vermehrten Zahl der Reitanfänger rar sind, muss man im Moment vor allem als Reitanfänger mit zum Teil erheblichen Kosten und Mühen rechnen, um eine gute Grundausbildung zu erhalten. Dennoch sollte man diese Investition tätigen, denn meistens sind die Ursachen für Probleme mit dem Pferd in einer mangelhaften oder nicht vorhandenen Grundausbildung des Reiters begründet und nicht im derzeit vorhandenen Pferdematerial.

Der Mensch hat zwar nun einmal die Eigenschaft, dass er immer versucht, seine Umwelt und demzufolge auch die Pferde seinen eigenen Möglichkeiten und Vorstellungen anzupassen; doch im vorliegenden Fall ist er besser beraten, wenn er sich an die natürlichen Gegebenheiten und an das Naturell der Tierart Pferd, mit der er sich ja freiwillig auseinander setzt, anpasst.

Es soll der Appell an alle Leser ergehen, zum motivierten Reiter und Pferdeausbilder zu werden, insofern Sie das nicht sowieso schon sind. Werden Sie zum aktiven Ausbilder Ihres Pferdes, in welchem Reitkenntnisstadium Sie sich derzeit auch immer befinden! Das Pferd betrachtet auch den Reitanfänger aufgrund seiner natürlichen, herdentierbedingten Veranlagung als Leittier. Es orientiert sich deshalb immer am Tun des Reiters, ob dieser ihm bewusst ein Ausbilder sein will oder nicht. Jeder, der sich mit einem Pferd beschäftigt, wird automatisch auch zu seinem Ausbilder. Auch ein erfahrenes, von einem guten Reiter ausgebildetes Pferd (dessen Kauf dem Reitanfänger hier ans Herz gelegt werden soll) muss tagtäglich immer wieder richtig angeleitet werden, um es auf seinem Ausbildungsstand zu halten. Lassen Sie sich also auch als Reitanfänger nie einfach nur von einem Pferd spazieren tragen, sondern versuchen Sie, ihm ein guter Ausbilder zu sein, egal was Sie dem Pferd in welcher Disziplin auch immer beibringen möchten.

Teil 2: Praxis

5. Begrüßen und Einfangen des Pferdes

Die pferdefreundliche Begrüßung

Pferde sind grundsätzlich freundliche, soziale und neugierige Wesen. Wenn Sie auf ein Pferd zugehen, vor ihm stehen bleiben und abwarten, wie es reagiert, wird es in den meisten Fällen auf Sie zukommen und Kontakt zu Ihnen aufnehmen. Da Ihre Hände den Kontakt zum Pferd herstellen, wird das Pferd versuchen, an Ihrer Hand zu schnuppern, und nicht an Ihrer Nase wie bei einem anderen Pferd. Halten Sie also die Hände an oder vor Ihrem Körper (jedoch nicht in sehr offensiver Art und Weise am ausgestreckten Arm), so dass sie für das Pferd erreichbar sind. Diese eher geschlossen als offen wirkende Körperhaltung wird vom Pferd als nicht bedrohlich eingestuft; sie wirkt wartend und zurückhaltend und damit für das Pferd Vertrauen erweckend. Sie fordert es dazu auf, sich Ihnen zu nähern. Auch der Moment des Verharrens, den Pferde sich gegenseitig bei der Begrüßung zur Einschätzung des Gegenübers zugestehen, ist gegeben.

> Auch wenn Sie gehetzt aus dem Büro kommen, sollten Sie sich die Zeit für eine rituelle Begrüßung nehmen. Der erste Eindruck voneinander prägt das Tagesgeschehen intensiv – nicht nur im Büro, sondern auch im Umgang mit dem Pferd.

Begrüßen Sie das Pferd schweigend oder mit leisen Worten, und unterhalten Sie sich nicht gleichzeitig laut mit jemand anderem. Widmen Sie ihm Ihre ganze Aufmerksamkeit und vermeiden Sie es, Unruhe zu erzeugen. Fassen Sie das Pferd nach der ersten Kontaktaufnahme nicht gleich oben am Kopf an, sondern berühren Sie es am Maul, am Halsansatz oder an der Schulter. Diesen Kontakt empfindet es als ungefährlich und angenehm, der sofortige Griff an den Kopf oder das Halfter wirkt hingegen sehr offensiv und beängstigend. Während man das Pferd so tätschelt und mit ihm spricht, hat man gleich die Gelegenheit, einen ersten intensiven Blick auf das Tier zu werfen. Wie sieht das Fell aus, schwitzt das Pferd oder friert es vielleicht? Hat es irgendwelche Verletzungen? Sind alle Beine klar? Auch die Tagesverfassung und der aktuelle Gemütszustand des Pferdes können von Ihnen in diesem Moment schon registriert und überdacht werden. Das Pferd wird sich Ihnen den ganzen Tag über nicht noch einmal so unverfälscht – was in diesem Fall von Ihrer Anwesenheit unbeeinflusst bedeutet – präsentieren wie in diesem Moment. Deshalb sollten Sie in diesem Augenblick nicht nur die Augen offen haben, sondern Ihr Pferd damit auch bewusst sehen. Wollen Sie, weil von Ihrem Job total geschafft, nur eine Stunde gemütlich im Schritt spazieren reiten, und Ihr Pferd sprüht förmlich vor Energie? Dann sollten

Sie gegebenenfalls erst ein Ventil für dessen überschüssige Energie finden, sonst ist der Verdruss bei der Schrittrunde bereits vorprogrammiert. Wollen Sie mit Ihrem Pferd Tempoverstärkungen üben, und es lässt jetzt schon schlapp Unterlippe und Augenlider hängen? Dann üben Sie vielleicht lieber Lektionen, von denen Sie wissen, dass sie sonst manchmal Unruhe bei Ihrem Pferd erzeugen, die heute aber vielleicht vermieden werden kann. Oder legen Sie einen Entspannungstag ein.

Bei Ihnen unbekannten Pferden, die Sie nachfolgend reiten wollen, erhalten Sie in diesen Sekunden oder Minuten der Begrüßung bereits wichtige Hinweise auf den Charakter des Pferdes. Ist es zutraulich oder ängstlich, uninteressiert oder vielleicht sogar abweisend? Ist es aufdringlich oder zurückhaltend, lebhaft oder ruhig? So eine Einschätzung lässt nur eine Begrüßung zu, die Vertrautheit aufkommen lässt und das Pferd dazu ermutigt, als Erster zu agieren. Reißen Sie aber die Tür auf und unterhalten sich nebenbei mit jemand anderem, während Sie das Pferd am Kopf nehmen und hinausführen – und wie oft läuft das so ab –, dann haben Sie schon viel vom Pferd an Sie ausgehende Information verpasst. Eine freundliche Begrüßung durch das Pferd wurde verhindert, und als laut und hektisch agierende Person haben Sie ängstliche Pferde bereits vor dem Reiten verschreckt und in ihrer persönlichen Entfaltung beschnitten.

> Nach einer ruhigen und freundlichen Begrüßung haben Sie bei Ihrem Pferd die besten Chancen für das weitere Geschehen! Kaum ein Pferd weigert sich dann noch, sich das Halfter anlegen zu lassen oder die Box beziehungsweise die Koppel willig an der Hand zu verlassen.

Was tun, wenn sich das Pferd nicht einfangen lässt?

Selbst sonst gutmütige, brave Pferde lassen sich vor allem bei zeitlich begrenztem Koppelgang (zumindest kurz nach dem Rauslassen) zuweilen nicht wieder einfangen. Hartnäckige Kandidaten unterscheiden dabei durchaus, ob der Einfänger Reithosen und Stiefel anhat oder in Badelatschen nur mal vorbeischaut.

Hier ist nun besonderes Fingerspitzengefühl Ihrerseits gefragt. Betreten Sie die Koppel und nähern Sie sich langsam schlendernd dem Pferd. Tun Sie so, als ob Sie nur zufällig da sind, als ob Sie ein Hufeisen suchen oder den Zaun inspizieren. Beobachten Sie das Pferd dabei aus den Augenwinkeln, ohne es direkt anzusehen. Verringern Sie den Abstand zwischen sich und dem Pferd langsam, solange es weitergrast oder stehen bleibt. Wechselt es die Richtung oder weicht es Ihnen aus, entfernen Sie sich wieder ein bisschen oder bleiben stehen, bis das Pferd wieder innehält und den Abstand zu Ihnen toleriert. Oft hilft es auch, mit der Stiefelspitze im Gras zu scharren, als ob man etwas Interessantes gefunden hätte, oder sich für einen Moment hinzuhocken und mit der Hand durchs Gras zu streifen.

Wie schon gesagt, sind die meisten Pferde sehr neugierige Wesen und kommen dann von allein auf einen zu. Das gilt in besonderem Maße für die Pferde, die uns Menschen intelligenter erscheinen und uns damit oft auch mehr Geschick im Umgang abfordern (das sind die, die zwischen Reitstiefeln und Badelatschen unterscheiden können). Sind noch andere Pferde auf der Koppel, kann man so tun, als ob man eigentlich ein anderes Pferd einfangen will. Die intensive Beschäftigung mit dem Koppelkameraden und eine eventuelle Verabreichung von »Leckerli« führt oft recht schnell zu einem eifersüchtigen Herannahen des eigentlich einzufangenden Pferdes. Ist das Pferd allein auf der Koppel, hilft es manchmal, ihm den Rücken zuzudrehen und sich so zu nähern.

> Lassen Sie sich beim Einfangen nie zu hektischen oder zornigen Reaktionen provozieren.

Versuchen Sie, den Akt des Einfangens zu einer beiläufigen Handlung werden zu lassen, getreu dem Motto: »Da ich sowieso zur Gänseblümchenbetrachtung hier bin, nehme ich dich gleich mit.« Sprechen Sie mit dem Pferd, ohne den Eindruck zu erwecken, dass Sie es holen wollen, und entfernen Sie sich wieder. Beim nächsten Annäherungsversuch lässt es Sie dann meistens schon näher heran, da Sie vorher ja auch nichts von ihm wollten.

Versuchen Sie dem Einfangen den Ernst und jegliche Hektik zu nehmen. Beherrschen Sie sich beim Einfangen, selbst wenn Sie schon ganz nah am Pferd dran sind. Machen Sie keine rasche Bewegung in Richtung Kopf oder Halfter, sondern versuchen Sie, die Begrüßung wie oben beschrieben ablaufen zu lassen. Gestalten Sie darüber hinaus den Umgang mit Ihnen und Ihre Arbeit mit dem Pferd für das Pferd so angenehm und interessant wie möglich, dann kommt es in Zukunft vielleicht auch gleich zu Ihnen.

Haben Sie bezüglich des Einfangens Schwierigkeiten, dann üben Sie mit dem Pferd! Holen Sie es von der Weide, gehen Sie eine Runde um den Hof und stellen Sie es wieder raus. Wenn es nicht nur zur Arbeit von der Koppel geholt wird, entspannt das die Situation, und das Pferd lässt sich nachfolgend meistens besser einfangen. Machen Sie das Drama des

Einfangens zur stressfreien Normalität, indem Sie die Spannung aus der Situation herausnehmen.

Mit Konsequenz zum Erfolg

Es gibt nur wenige Pferde, bei denen auf die Dauer beim Einfangen nichts vom vorher Gesagten hilft. Da ist dann die Intuition des einzelnen Menschen gefragt, wie er dem Problem des Einfangens beikommt. Eines sei hierzu noch angemerkt: Neben Geduld, Einfühlungsvermögen und Freundlichkeit ist Konsequenz das wichtigste und erfolgreichste Erziehungsmittel.

> Bringen Sie auf alle Fälle immer – und wirklich immer! – genug Zeit mit, damit Sie es jedes Mal schaffen, das Pferd einzufangen, wie lange es auch dauert!

Vergessen Sie, wenn Sie das Pferd schließlich erwischt haben, über Ihren Blasen in den Stiefeln nicht, dem ganzen Geschehen den Anschein von Normalität zu geben. Schreien Sie das Pferd nicht an, zerren Sie nicht an ihm herum und strafen Sie es nicht, sondern begnügen Sie sich mit einem: »Zeit wurde es jetzt aber!«, auch wenn Sie innerlich kochen. Lassen Sie sich vom Pferd nicht provozieren. Lassen Sie das Einfangen nicht zum für das Pferd vergnüglichen Zeitvertreib werden, sondern machen Sie ihm ruhig und konsequent die Ausweglosigkeit seines Ausweichens klar. Das immer gleiche, sichere Erreichen Ihrer Absicht und das Wissen des Pferdes um die dadurch jedes Mal von Ihnen ausgeübte Dominanz bleiben in seinem Gedächtnis haften (und das gilt nicht nur für das Einfangen) und helfen ihm, in Zukunft den richtigen (d.h. den von uns gewünschten) Weg einzuschlagen. Wieso aber ist das so?

Beim Menschen wurde wissenschaftlich nachgewiesen, dass nicht nur motorische Handlungen, die sich oft wiederholen (z. B. bei Fließbandarbeit), irgendwann unbewusst und automatisch vom Körper ausgeführt werden, sondern dass auch oft Gedachtes nach einer gewissen Zeit im Gehirn über breitere »Straßen« (Denk-Highways) läuft als das, worüber man weniger oft nachdenkt. Bildhaft gesprochen fährt oft Gedachtes oder immer gleich Erlebtes im Gehirn auf der Autobahn (schneller und direkter), während hin und wieder Bedachtes sich bestenfalls auf der Kreisstraße bewegt. Die Reizleitung und -weitergabe im Gehirn funktioniert in oft benutzten Richtungen also besser. Grenzt die konsequente Erziehung des Pferdes durch den Menschen deshalb an die bewusste Gedankenleitung (den Autobahnbau im Gehirn) beim Pferd? Vielleicht nutzt sie auch einfach nur die Faulheit des Gewohnheitstieres, das weniger Energie für die Bewältigung einer bereits bekannten Lebenssituation aufwenden muss und sich deshalb immer gleich verhält, wenn es vom Menschen in bestimmter Art und Weise dazu angeregt wird. Das gereicht ihm in freier Natur zum Vorteil, weil Energiesparen (auch beim Denken) ein natürliches Lebensprinzip ist. Auch wenn Ihnen diese theoretischen Ausführungen zu kompliziert erscheinen – bleiben Sie konsequent!

> Die Erfahrung lehrt, dass Konsequenz in den meisten Fällen zum Ziel führt – und das nicht nur bei der Erziehung von Pferden.

Pro und kontra »Leckerli«

Bezüglich der Fütterung von Pferden aus der Hand zur Begrüßung oder Belohnung gehen die Meinungen stark auseinander. Manche halten die täglichen Leckerli – seien es nun Äpfel, Karotten, trockenes Brot oder Futtermittel – für unverzichtbar, andere hingegen lehnen das Leckerli-Füttern als Verziehen der Pferde generell ab. Beide Seiten haben Recht, denn der goldene Weg liegt in der Mitte!

Soll man das Pferd aus der Hand füttern?

Bei vielen Lebewesen (gleich ob Mensch oder Tier) hat das Überreichen von Geschenken beim Zusammentreffen mit Artgenossen eine entspannende, beschwichtigende Funktion. Man erfreut das Gegenüber mit irgendetwas, um von eigenen potenziellen Unzulänglichkeiten abzulenken und die Situation zu entschärfen. Aber nicht nur zwischen Artgenossen, sondern auch zwischen Mensch und Tier finden solche Interaktionen statt. So legen Katzen zum Beispiel ihre Mäuse gern an vom Menschen gut einsehbaren Orten ab oder führen ihn, von offensichtlichem Stolz erfüllt, in Erwartung eines dicken Lobes direkt zum Gemetzel hin (und überbringen damit dem Menschen symbolhaft die toten Mäuse). Auch Hunde fegen oft, nachdem sie eines nach Hause zurückgekehrten Familienmitglieds (Rudelgenossens) ansichtig geworden sind, auf der Suche nach einem Spielzeug, das sie zur Begrüßung präsentieren können, über Minuten wie irr durch die Wohnung.

Von Pferden ist Ähnliches nicht bekannt, aber die Tatsache, dass sie es trotzdem genießen, wenn man ihnen etwas Fressbares mitbringt, ist nicht zu verleugnen. Dass die meisten Pferde so an Ergänzungen ihres Speiseplans interessiert sind, mag durch die Einseitigkeit der Fütterung, die bei Boxenhaltung oft zu kurzen Fresszeiten (unbefriedigter Fresstrieb) oder nur durch die leichte Verfügbarkeit der Nahrung bedingt sein. Je nach Fütterungszustand, Geschlecht und persönlichen Vorlieben sind manche Pferde dabei wählerischer als andere, aber letztlich kann keines widerstehen. Und das hat Vorteile! So zum Beispiel, wenn der Mensch eine spannungsgeladene Situation zwischen sich und dem Pferd entspannen möchte. Bei Pferden auf der Koppel, die sich noch überlegen, ob sie sich nun fangen lassen oder nicht, bewirkt das Rascheln in der Tasche oft einen enormen Sinneswandel. Soll ein frei laufendes oder entkommenes Pferd wieder eingefangen werden, hat die Hand mit der dargebotenen Karotte schon manches zum Stehen gebracht. Auch als Lockmittel zur Überwindung von Situationen, die das Pferd ängstigen oder seinen Unwillen hervorrufen, wie zum Beispiel in den Hänger einzusteigen, wird das Leckerli oft mit Erfolg eingesetzt.

Alles in Maßen!

Bei der Begrüßung des Pferdes will sich der Mensch durch einen wohlschmeckenden Leckerbissen gleich ins rechte Licht rücken – das ist mit dem Blumenstrauß für die Schwiegermutter ja nicht anders! Wir wollen zum einen dem Pferd eine Freude machen, zum anderen selbst mit dem positiven Geschmackserlebnis in Verbindung gebracht werden und nachfolgend beim Pferd positiv belegt sein. Und genau hierin liegt auch die Crux der Geschichte! Wir biedern uns dem Pferd in gewissem Sinne an, bitten um gutes Wetter und begeben uns mit dieser Unterlegenheitsgeste freiwillig in die schwächere Position. Das Pferd spürt das instinktiv und versucht meistens sofort, seinen Einfluss auf uns auszubauen und nachdrücklich noch weitere Leckerli einzufordern. Gibt man dem nach, hat man schnell ein verzogenes Pferd, das permanent alle Taschen durchsucht, an der Jacke kaut oder sogar gierig nach den Fingern schnappt. Diese Sucherei bestimmt dann oft nicht nur die Begrüßungszeremonie, sondern den gesamten Umgang des Pferdes mit seinem Halter am Boden. Solche Pferde konzentrieren sich nie auf das, was man von ihnen will, sondern sind nur auf die Futtersuche fixiert. Solange ein Mensch in ihrer Nähe ist, stehen sie, angebunden oder frei, nie ruhig, weil sie immer versuchen, die günstigste räumliche Position zur Leckerli-Tasche des Menschen einzunehmen. Sie unterschreiten bei ihrer Bettelei oft den Sicherheitsabstand, den ein Mensch zum Schutz vor Verletzungen im Allgemeinen zum Pferd wahrt. Sie treten ihm aus Unachtsamkeit, oder weil sie erschrecken, auf die Füße, hauen ihm den Kopf ins Gesicht oder rempeln ihn an. Das alles verhindert man, wenn man dem Pferd einmalig eine definierte Zahl an Leckerlis zur Begrüßung zukommen lässt und dann höchstens noch einmal nach getaner Arbeit. Bereits nach wenigen Tagen kann man so auch verzogenen Pferden klar machen, dass man nicht mehr Fressbares herausrückt und Betteleien keinen Erfolg haben. Dieses Verhalten trägt dazu bei, die körperliche Sicherheitsdistanz im Umgang mit dem Pferd zu wahren und gefährliche, stressbeladene Situationen, die durch das Betteln des Pferdes und die dadurch bedingte körperliche Nähe zum Menschen hervorgerufen werden können, zu vermeiden. Das Pferd, das sich uns zu sehr nähert, weiß nämlich nicht, wie weh es uns tun kann, wenn es uns auch nur aus Unachtsamkeit tritt oder stößt. Und es weiß auch nicht, dass unser menschliches Reaktionsvermögen auf schnelle Bewegungen seitlich von uns im Vergleich zu dem des Pferdes durch unseren viel engeren

Gesichtskreis (bedingt durch die Lage und Konstruktion unserer Augen) wesentlich eingeschränkter ist (Abb. 9).

Überdenken Sie also Ihr Tun und vermeiden Sie so Konfliktsituationen im Umgang mit dem Pferd. Natürlich steht es Ihnen frei, Ihr Pferd weiter mit Leckerli zu verziehen und sich dafür von ihm treten und schubsen zu lassen, weil es den Sicherheitsabstand unterschreitet. Aber schreien Sie das Pferd dann nicht an, wenn es Ihnen wehtut, und heben Sie nicht die Hand gegen das Pferd, denn Sie sind selber schuld an seinem Verhalten!

Arbeitet man mit einem Pferd an der Hand, kann man zur Belohnung dem Pferd nach jeder gelungenen Lektion etwas zu fressen geben. Man sollte aber auch hier darauf achten, dass das Pferd nicht eilig bei der Arbeit schlampt, um möglichst schnell an die Belohnung zu

> Das Pferd geht davon aus, dass wir körperlich genauso robust sind wie seine Artgenossen und uns auch genauso schnell vor ihm in Sicherheit bringen können. Da dem aber nicht so ist, müssen wir durch vorausschauendes Verhalten für unsere Sicherheit im Umgang mit dem Pferd sorgen.

gelangen. Meistens lernen die Pferde, die bei der Arbeit gefüttert werden, jedoch recht schnell, dass es ohne Leistung auch kein Leckerli gibt.

Von der Belohnung des Pferdes vom Sattel aus, nach gelungenen Lektionen oder dem Aufsteigen, ist generell abzuraten, da das Gebiss oft verhindert, dass die Belohnung gleich an ihren Bestimmungsort gelangt. Das Pferd ist daraufhin noch längere Zeit von der Arbeit abgelenkt,

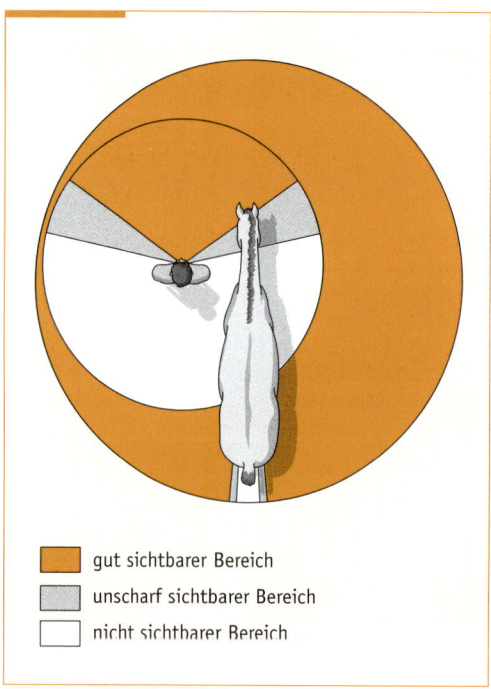

gut sichtbarer Bereich
unscharf sichtbarer Bereich
nicht sichtbarer Bereich

Abbildung 9

Gesichtsfelder von Mensch und Pferd beim Halten oder Führen eines Pferdes (Lage und Größe der dargestellten Kreise zur Begrenzung der Gesichtsfelder haben nichts mit einer unterschiedlichen Sehfähigkeit von Mensch und Pferd in die Ferne zu tun, sondern sind rein abbildungstechnisch bedingt). Das sog. Gesichtsfeld (der Bereich, in dem eine optische Wahrnehmung erfolgt) setzt sich aus den gut sichtbaren und den unscharf sichtbaren Bereichen, die sich am Rand der gut sichtbaren befinden, zusammen. Das Gesichtsfeld des Pferdes erstreckt sich durch die seitliche Lage der Augen am Kopf und ihre Konstruktion um fast 360° ganz um das Pferd herum.

Das Gesichtsfeld des Menschen ist durch die vorn am Kopf befindlichen Augen wesentlich eingeschränkter als das des Pferdes. Der Mensch kann deshalb im Gegensatz zum Pferd Bewegungen, die direkt seitlich oder hinter ihm ausgeführt werden, nicht sehen. Beachten Sie, wie wenig die Führperson mit gerade nach vorn gerichtetem Blick beim Führen vom Pferd eigentlich (und das meiste davon auch noch unscharf) sieht.

weil es versucht, den Brocken trotz des Gebisses im Maul doch noch runterzuschlucken. Das Lob per Stimme, das Abklopfen des Halses, eine Pause oder die Beendigung der Arbeit sind nach gelungenen Lektionen durchaus ausreichend, um dem Pferd zu verstehen zu geben, dass man mit seiner Leistung zufrieden ist. Grundsätzlich sollten Sie dafür sorgen, dass Ihr Pferd Sie am Boden nicht nur als Überbringer von Leckerli wahrnimmt, sondern sich darüber hinaus bewusst mit Ihrer Person auseinander setzt. Letzteres schafft ein wesentlich innigeres und verlässlicheres Verhältnis zueinander, was Ihre Einflussnahme auf das Pferd und damit

den Lernerfolg deutlich erhöht. Und das liegt schlicht und ergreifend daran, dass Ihr Pferd sich auf Sie konzentriert und nicht auf das, was Sie in der Hand halten.

Der Appell, nach Möglichkeit dafür zu sorgen, dass das Pferd sich auf Ihre Person konzentriert, könnte am Anfang aller folgenden Kapitel stehen. Die Konzentration ist das A und O dafür, dass Sie erfolgreich mit einem Pferd kommunizieren. Und die erfolgreiche Kommunikation ist in jeder Situation die Grundlage für ein harmonisches Miteinander, erfolgreiche Pferdeausbildung und Sicherheit für Leib und Leben.

6. Das Führen des Pferdes

Wenn Sie von einem Pferd akzeptiert werden, ihm als Orientierung für sein eigenes Verhalten dienen und es ausbilden wollen, dann müssen Sie bestimmte Führungsqualitäten haben oder sich für die Zusammenarbeit mit dem Pferd aneignen. Jemanden zu führen bedeutet, dass der Führende weiß, wo es hingeht, und dass der Geführte dem anderen willig folgt. So ist der Idealfall. Wenn Sie ein anderer im wahrsten Sinne des Wortes irgendwo hinführen will, dann lassen Sie das nur zu, wenn Sie Vertrauen zu ihm haben. Wie lange Sie in unsicheren Situationen das Vertrauen zu dem Führenden behalten, hängt davon ab, wie gut Sie den Führenden kennen, sowie von seiner Erfahrung und seinem Rang. Und genau so ist es bei Pferden auch!

Ein Pferd wird Ihnen umso williger in allen Dingen folgen, je besser es Sie kennt. Je mehr Erfahrung – die sich hauptsächlich in Gelassenheit, Zielstrebigkeit und Konsequenz äußert –, Sie beim Umgang mit dem Pferd durch Ihre Körperhaltung und Ihre Bewegungen erahnen lassen, und je ranghöher Sie im Vergleich zum Pferd sind, desto leichter wird sich das Pferd von Ihnen führen lassen. Leittiere einer Herde haben meistens einen im positiven Sinne starken Charakter, der sich durch *Vorsicht, Mut* und *Entschlusskraft* auszeichnet. Sie müssen zudem *Ruhe* und *Zuversicht* ausstrahlen, sonst vertraut i(I)hnen keines von den übrigen Herdenmitgliedern. Sind Sie eher tollpatschig, ängstlich und unentschlossen, oder neigen Sie zu Hektik und Mutlosigkeit, dann sind Sie keine geborene Führungspersönlichkeit, sollten das Ihr Pferd aber nicht unbedingt merken lassen!

Wie führt man das Pferd am sichersten?

Ein Pferd führt man so, dass man als Führender die beste körperliche Einwirkung auf das Pferd hat, es immer im Blickfeld hat und möglichst nicht von ihm getreten wird. Führen Sie ein Pferd nie ohne Führstrick oder Zügel am blanken Halfter! Pferde, die in der Vergangenheit wiederholt beim Führen weggestürmt oder gestiegen sind (lassen Sie sich das »unbewaffnet« höchstens zwei bis drei Mal bieten und nicht öfter, da die Erziehung des Pferdes zu kontrolliertem Führen sonst immer schwieriger wird), sollten nur mit Gebiss im Maul oder Führkette über der Nase geführt werden. Nur so können Sie effektvoll durchgreifen, wenn das Pferd einen weiteren Versuch der Widersetzlichkeit startet.

Ein Pferd soll am durchhängenden Strick im von Ihnen gewünschten Tempo neben Ihnen hergehen. Der Führstrick garantiert Ihnen zum einen den nötigen Sicherheitsabstand zum Pferd, da es, wenn es erschrickt, nicht sofort auf Ihren Zehen steht. Zum anderen haben Sie über den Führstrick eine bessere Einwirkungsmöglichkeit auf das Pferd (siehe dazu »Stotterbremse« S. 66) und können kritische Führsituationen durch das Längerlassen des Stricks entschärfen, ohne das Pferd gleich ganz loslassen zu müssen.

Die beste Kontrolle über das Pferd haben Sie, wenn Sie sich auf der Höhe zwischen Kopf und Schulter des Pferdes befinden – und nur dort! Das erklärt sich zum einen so, dass der Führende im Allgemeinen ein Zehntel des Pferdes auf die Waage bringt und damit seine eigene Kraft in einem ähnlichen Verhältnis zu der des Pferdes stehen dürfte. Wenn Sie auf Höhe des Pferdekopfes oder etwas davor gehen, können Sie mit der Kraft des führenden Armes relativ gut bremsend und richtungsweisend auf Kopf und Hals des Pferdes einwirken. Sollte es nötig sein, können Sie Ihr gesamtes Körpergewicht über diesen Arm auf Kopf und Hals des Pferdes einwirken lassen. Zum anderen garantiert Ihnen die Position vor der Schulter des Pferdes, dass Sie das Pferd immer im Blick haben und so schnell auf sein Tun reagieren können (Abb. 9). Läuft das Pferd zu weit hinter Ihnen, sehen Sie es nicht, und erst das Brennen des durchgezogenen Stricks in der Hand signalisiert Ihnen, dass das Pferd andere Wege geht. Außerdem spielt bei der Bedeutung der Führposition eine Rolle, dass das Leittier einer Pferdeherde kein anderes Tier auf derselben Höhe neben sich duldet. Wollen Sie also dem Pferd ein Leittier sein, dann müssen Sie ihm seinen Platz – hinter Ihnen – zeigen.

Wie bremst man das an der Hand stürmische Pferd?

Die meisten Pferde werden mit der rechten Hand an der (vom Pferd aus gesehen) linken Seite geführt. Wenn ein Pferd nach vorn drängt oder heftig wird, ist die einfachste und wirkungsvollste Methode, es wieder unter Kontrolle zu bekommen, das Pferd nach links abzuwenden. Da das Pferd dabei außen läuft, muss es einen größeren Weg zurücklegen als der Führende. Der behält so die Chance, weiterhin vor dem Pferd zu bleiben, wo er die beste Einwirkungsmöglichkeit hat.
Können Sie aus irgendwelchen Gründen nicht nach links abwenden (weil ein Auto kommt oder der Raum beengt ist), ist darauf zu achten,

dass das Pferd Ihnen zumindest den Kopf nach links zuwendet. Gelingt es ihm, den Kopf nach rechts zu drehen, wird es nachfolgend versuchen, Sie mit der linken Schulter aus dem Weg zu drängen, was höchste Gefahr für Ihre Füße bedeutet. Um nicht getreten zu werden, müssen Sie den Abstand zum Kopf und Pferdekörper vergrößern, und Sie fallen hinter die linke Schulter des Pferdes zurück. Damit hat das Pferd dann den größten Teil seines Gewichts vor Ihnen und kann ziehend gegen Ihr Gewicht einwirken. Dreht es dann noch nach rechts ab, so dass Sie den weiteren Bogen laufen müssen, ist Ihr Pferd meist weg! Bevor es soweit kommt, sollte man alle zur Verfügung stehenden Mittel einsetzen.

Grundsätzlich gilt: Versuchen Sie, beim Führen Ihre Position leicht vor der linken Schulter des Pferdes auf alle Fälle zu halten!

Können Sie mit dem vorwärts stürmenden Pferd nicht nach links abwenden, dann erhöhen Sie Ihre Geschwindigkeit, indem Sie größere Schritte machen. Fangen Sie nicht an zu laufen, denn das wirkt in den meisten Fällen ansteckend auf das Pferd, noch schneller zu laufen. Behalten Sie die Nerven und versuchen Sie, möglichst unauffällig wieder vor das Pferd zu kommen. Richten Sie Ihren Oberkörper auf und machen Sie sich groß. Versuchen Sie durch Ihre Körperhaltung überlegen und größer zu wirken. Die Haare stehen Ihnen in einer kritischen Situation vor Angst vielleicht sowieso schon zu Berge. Es ist ein im Tierreich weit verbreitetes Prinzip, sich durch das Vortäuschen von körperlicher Größe (denken Sie an den Katzenbuckel oder das Imponiergehabe von Hengsten) Respekt zu verschaffen. Strahlen Sie dabei gleichzeitig Ruhe und Überlegenheit aus. Wenn Sie anfangen, zu laufen oder hektisch zu werden, dann signalisieren Sie dem Pferd, dass Sie beunruhigt sind, und das lässt das Vertrauen des Pferdes in Sie sofort auf Null schwinden.

> Denken Sie daran, dass Sie für das Pferd das Leittier sind! An Ihrem Tun orientiert sich das Pferd, auch wenn Sie meinen, dass es Sie aus Angst oder Übermut nicht mehr wahrnimmt.

Versuchen Sie beim Bremsen eines Pferdes nie, einfach am Strick zu ziehen, denn Druck erzeugt in dem Fall Gegendruck, und das Pferd stemmt sich dagegen. Kurze ruckende Handeinwirkungen am Führstrick sind das Mittel der Wahl. Lassen Sie den Führstrick oder die über die Nase gelegte Führkette dabei immer für einen kurzen Augenblick wieder durchhängen und rucken Sie dann erneut daran (Vorsicht bei Panikhaken, die springen dabei leicht auf). Das funktioniert wie die »Stotterbremse« beim Autofahren. Wer sich traut, die Bremse zwischendrin immer wieder loszulassen, obwohl ihm das alles im Augenblick viel zu schnell geht, hat größere Chancen, vor dem Graben zum Stillstand zu kommen, weil die Bremswirkung größer ist.

Flucht aus Angst oder Übermut – was tun?

Schauen Sie einem an der Hand vorwärts drängenden Pferd ins Gesicht und versuchen Sie sofort zu erfassen, weshalb es sich beim Führen nach vorn entziehen will. Hat es Angst oder versucht es aus Übermut die führende

Position einzunehmen? Dies in einer kritischen Situation oft nur in Sekundenbruchteilen zu beurteilen ist wichtig, denn nur wer weiß, was die Handlung des Pferdes motiviert, hat die Chance, richtig und wirkungsvoll zu reagieren. Stürmt das Pferd aus Angst und Panik vorwärts, versuchen Sie anfangs, es zu beruhigen und nicht durch heftige Einwirkung Ihrerseits noch mehr aufzuregen. Bemühen Sie sich, es zuerst mit der Stimme und der vor dem Kopf erhobenen Hand zu beruhigen, und greifen Sie nur als letztes Mittel der Wahl zum Anschreien des Pferdes, um sich Gehör zu verschaffen. Rucken Sie zuerst nur leicht und nur langsam energischer werdend am Führstrick. Die wohlüberlegte Dosierung Ihrer Hand- und Stimmeinwirkung ist in diesem Fall von erheblicher Bedeutung, damit Sie effektvoll einwirken (kommunizieren). Vergrößern Sie nicht durch Grobheit den Stress und die Angst des Pferdes, da sich das immer kontraproduktiv auswirkt. Sie müssen versuchen, sich selbst, die Situation und das Pferd zu entspannen und dabei dennoch wieder richtungs- und tempoangebend zu werden.

Im Unterschied zum ängstlichen Tier, das Sie durch Ruhe und dosiertes Einwirken ohne zusätzlichen Stress zu erzeugen, am ehesten zum Anhalten bewegen, verlangt das übermütige Pferd sofort eine scharfe und wirkungsvolle Reaktion des Führenden. Bevor Sie heftig reagieren, sollten Sie jedoch auch dem übermütigen Pferd in jedem Fall eine Chance zur gütlichen Einigung einräumen. Das bedeutet, dass Sie es zuerst mit einer dosierten, aber energischen Hilfengebung konfrontieren. Lässt es diese Chance, ohne sich zurückzunehmen, ungenutzt verstreichen, dann greifen Sie so wirkungsvoll wie möglich durch (siehe S. 71 ff. über die ernsthafte Zurechtweisung des Pferdes an der Hand).

Was tun, wenn das Pferd beim Führen bummelt, bremst oder steigt?

Richtige Bummler, die man beim Führen regelrecht vorwärts ziehen muss, gibt es unter den Pferden nur wenige. Dagegen tritt das Zögern beim Führen oft auf, wenn das Pferd von Artgenossen oder Futter nicht weg oder aber das vor ihm liegende Terrain (Waschbox, Hänger etc.) nicht betreten will.

Das Steigen an der Hand resultiert meistens aus Übermut und dem Unmut des Pferdes, vom Führenden festgehalten zu werden und im gewünschten Tempo mitgehen zu müssen. Hier gilt ganz generell, dass Sie es umso leichter haben, je besser das Pferd von Ihnen tagtäglich zum flotten Mitschreiten beim Führen erzogen worden ist. Achten Sie immer darauf, dass das Pferd sich in der optimalen Führposition (siehe S. 64) befindet. Bummelt es beim Gehen, dann fordern Sie es möglichst immer mit dem gleichen Stimmkommando und leicht vorwärts ruckenden Handbewegungen am Führstrick dazu auf zu Ihnen aufzuschließen. Machen Sie das immer konsequent und loben Sie – auch mit einem Leckerli – das Pferd, wenn es die optimale Führposition wieder einnimmt. Das Pferd soll sich an seine Führposition neben Ihnen gewöhnen und wissen, dass es genau da richtig aufgehoben ist. Es nimmt diese dann in kritischen Situationen auch leichter wieder ein – immer getreu dem Motto: »Was sonst richtig ist, kann heute nicht falsch sein!«. Wenden Sie sich dem Pferd nie mit dem ganzen Körper (höchstens mit dem Kopf) zu, wenn Sie es zur Tempoerhöhung auffordern, da Ihre Frontansicht auf das Pferd bremsend wirkt. Eher erreicht man noch mit einer eigenen Tempoerhöhung, dass einem das Pferd williger folgt. Auch ein Pferd fordert schließ-

lich ein anderes Pferd dadurch zum Mitkommen auf, dass es vorbildhaft flott vorausmarschiert oder das Tempo beschleunigt, nie jedoch indem es sich frontal dem Gegenüber präsentiert. Dass der Zug am Führstrick, also am Kopf des Pferdes, eine Aufforderung zur Tempoerhöhung ist, muss das Pferd erst lernen, da es nicht seinem angeborenen Verhalten entspricht. Will nämlich ein Pferd ein anderes Pferd dazu zwingen, sich schneller nach vorn zu bewegen, nimmt es eine Position hinter dem Pferd ein und traktiert es mit Bissen in die Hinterhand. Druckvolle Motivation zum Vorwärtsgehen geht beim Pferd demzufolge immer von hinten aus.

Helfen Ihre ganzen wohlmeinenden Motivationsversuche vorn also nichts, dann geben Sie nicht auf, denn es ist aus Sicherheitsgründen wichtig, dass das Pferd seine Führposition einhält. Bewaffnen Sie sich beim Führen in der freien Hand mit einer langen Gerte und versuchen Sie, diese nach jeder nicht befolgten Aufforderung mitzukommen oder das Tempo zu erhöhen, möglichst weit hinten an der Hinterhand des Pferdes mit einem leichten Klaps einzusetzen (ohne sich selbst umzudrehen oder langsamer zu gehen). Dies hat oft zur Folge, dass sich faule oder widersetzliche Pferde dadurch zu entziehen versuchen, dass sie nach dem Klaps mit der Gerte stehen bleiben, steigen oder sich zur Seite drehen.

Da diese Versuche meistens von Erfolg gekrönt sind, sollten Sie sich nun für ein paar Tage von jemandem beim Führen helfen lassen. Der Helfer geht hinter dem Pferd und Ihnen her und versetzt dem Pferd nach jeder unbefolgten Aufforderung, zu Ihnen aufzuschließen, mit der Gerte einen kleinen Klaps auf die Hinterhand. Erfolgt immer noch keine Reaktion, bleibt das Pferd sogar stehen, steigt oder keilt nach dem Helfer aus, dann gibt es einen energischeren Schlag, der auch mal weh-tun darf. Sie bestimmen, wo es in welchem Tempo hingeht. Das muss nicht nur beim Füh-ren klar sein!

Was tun, wenn das Pferd einen zur Seite drängt?

Manche Pferde neigen dazu, dem Führenden förmlich auf die Pelle zu rücken. Macht man einen halben Schritt zur Seite, um das Pferd wieder in sicheren Abstand (ca. eine halbe Armlänge) von sich selbst zu bringen, folgt es einem sofort und klebt wie festgewachsen an einem. Nun mag die Sympathie füreinander ja durchaus auf Gegenseitigkeit beruhen, aber die Gefahr getreten oder angerempelt zu werden, ist hierbei sehr hoch. Weiterhin ist das Ver-halten solcher Pferde meistens ein Indiz dafür, dass das Pferd den Führenden nicht als rang-höher erachtet und aus diesem Grund den Sicherheitsabstand nicht wahrt.

> Drängt sich ein Pferd beim Führen immer wieder zu nah an Sie heran, dann können Sie sicher sein, dass es Sie in kritischen Situationen rücksichtslos umrempelt. Solche Pferde haben nicht gelernt, die Intimsphäre des Führenden zu wahren.

Wollen Sie ein solches Pferd auf seiner linken Seite gehend an einem gefährlich erscheinen-den Gegenstand auf der rechten Seite des Pferdes vorbeiführen, dann haben Ihre Zehen schlechte Karten. Nun sollten Sie aber nicht Ihren Füßen zuliebe vom geraden Weg abwei-chen und dem Pferd erlauben, auf Ihre Seite auszuweichen. Das weist Sie für das Pferd sofort als Rangniedereren aus. Sie sollten Ihren

Weg der Erziehung des Pferdes zur Über-windung seiner Angst vor gefährlich erschei-nenden Gegenständen und der Wahrung Ihrer ranghöheren Position zuliebe so gerade wie möglich fortsetzen (festes Schuhwerk zum Führen eines Pferdes anzuhaben sollte eine Selbstverständlichkeit sein – wie gesagt, nicht nur Ihren Füßen, sondern auch der Erziehung des Pferdes zuliebe).

Kommt Ihnen ein Pferd beim Führen zu nahe, dann bringen Sie es wieder auf Abstand, indem Sie immer wieder abwehrend schlackernde Handbewegungen mit der Führhand in Rich-tung Hals und Kopf des Pferdes machen. Stoßen Sie das Pferd immer wieder mit dem Ellbogen oder dem ganzen Unterarm der Führ-hand an Hals und Brustansatz, eventuell unter-stützt von immer demselben Stimmkommando. Treten Sie nur, wenn es unvermeidlich ist, den Füßen zuliebe zur Seite, um aus sicherer Position heraus das Pferd sofort wieder dahin zurückzudrängen, wo es herkam. Bei hart-näckiger Zuwiderhandlung des Pferdes (das sind zum Beispiel oft verzogene Pferde, die nach Leckerli suchen), sollten Sie es ernsthaft zurechtweisen (siehe S. 71 ff.) und dabei darauf bestehen, dass das Pferd von Ihnen weg zur Seite tritt.

Das Pferd muss sich beim Führen immer Ihrer Anwesenheit bewusst sein, muss Ihren Sicher-heitsabstand respektieren und muss wissen, dass es unbedacht überall hintreten darf, nur nicht auf Sie zu. Natürlich wird dies nicht nur durch eine gewisse Härte dem Pferd gegenüber erreicht, sondern auch durch die konsequente Erziehung des Pferdes zur Beachtung des Füh-renden. Dabei kommt es darauf an, in poten-ziell kritischen Führsituationen *vorausschau-end* die Aufmerksamkeit des Pferdes auf den Führenden zu lenken. Machen Sie sich durch Stimmsignale, Aufrichten des Oberkörpers,

Handbewegungen und Einwirkung über den Führstrick beim Pferd bemerkbar, *bevor* es seine Aufmerksamkeit voll einem irritierenden Umstand widmet. Bringen Sie sich rechtzeitig beim Pferd in Erinnerung, dann werden Sie nicht so leicht von ihm vergessen. So können Sie sich manch eine Auseinandersetzung mit dem Pferd beim Führen ersparen.

> Denken Sie immer daran, Konflikte mit dem Pferd soweit als möglich zu vermeiden, ohne dabei durch Ihr Verhalten Ihre eigene Position dem Pferd gegenüber zu schwächen. Stärken Sie vielmehr durch geschicktes Eingehen auf das spezifische Verhalten des Pferdes Ihre eigene Position.

Wenn am Boden beim Führen klare Verhältnisse darüber herrschen, wer tonangebend ist, dann ist das meistens auch in der sonstigen Beziehung zueinander und der Beschäftigung miteinander klar. Die eindeutig geklärte Rangfolge erspart Mensch und Pferd den Stress fortwährender Auseinandersetzungen miteinander.

Über die Verpflichtung zu Erziehung und maximaler Kontrolle

Bevor Sie ein Pferd loslassen, das aus Angst oder aus Übermut nicht mehr auf Sie hört, sollten Sie erst unter Aufbietung Ihrer gesamten Intelligenz und dann erst Kraft versuchen, es zum Stillstand zu bringen. Das gilt übrigens auch für den täglichen Gang zur Koppel. Lassen Sie ein Pferd niemals von der Hand ab, bevor Sie den Koppeleingang geschlossen haben. Auch wenn niemand Schaden zugefügt

wurde, wenn Ihnen ein Pferd ungewollt entkommen ist, haben Sie sich bei diesem Ereignis vom Pferd in die Position des Unterlegenen manövrieren lassen. Das führt zu einem Verlust Ihrer Leittierfunktion und sollte deshalb so selten wie möglich passieren. Für Ihre eigene, des Pferdes und Dritter Sicherheit ist es wichtig, das Pferd in dem Glauben zu halten, dass es rangniederer ist als Sie und sich demzufolge an Ihre Weisungen halten muss. Je öfter es ihm gelingt, Ihre Anweisungen zu ignorieren, umso stärker wird seine Position, und umso öfter wird es versuchen, sich Ihnen zu widersetzen. Das kann dann sehr gefährlich werden und kostet Sie und das Pferd unnötige Kräfte in Auseinandersetzungen.

Klar ist jedoch Folgendes: Wenn ein ansonsten braves Pferd, das sich immer einwandfrei und leicht an der Hand dirigieren lässt, einmal panisch vor Angst wegläuft, dann empfindet es das nicht als Triumph, sondern ist nach Klärung der Situation erleichtert, dass alles wieder seinen normalen Gang geht. Aber es gibt auch Pferde, die machen öfter oder generell nicht gern das, was sie sollen, und testen immer wieder einmal ihre Grenzen aus. Das ist keine Bosheit, sondern entspricht ihrem natürlichen Verhalten. Nur so kann ein nach Ranghoheit strebendes Pferd testen, ob sich an der sozialen Rangfolge etwas ändern lässt, ob sich der andere unterordnet und es selbst in der Hierarchie vielleicht aufsteigen kann. Es klärt auf diese Art und Weise seinen sozialen Status in der Gemeinschaft – auch Ihnen gegenüber. Darum sollten Sie übermütige Flegeleien beim Führen möglichst im Keim ersticken, um die Hoffnungen des Pferdes auf einen sozialen Aufstieg so klein wie möglich zu halten. Immer wiederkehrende Widersetzlichkeiten beim Führen sind letztendlich ein Dominanzproblem, das es zu klären gilt.

Grundsätzlich sollten Sie immer versuchen, gewaltlos durch geschicktes, vorausschauendes Verhalten die Dominanz über ein Pferd zu erlangen.

Nachdem Sie einem Pferd mehrmals erfolglos ruhig gedroht haben, müssen Sie es zurechtweisen – daran führt kein Weg vorbei, das nimmt Ihnen niemand ab und das können Sie auch nicht verschieben. Wenn das Pferd Sie als Ranghöheren ernsthaft in Frage stellt – die meisten tun es ja Gott sei Dank nicht –, dann müssen Sie bekennen, wo Sie stehen. Das ist ein *Muss* und kein Kann, denn 600 Kilogramm entfesselte Masse können zu viel Schaden anrichten, als dass man sie ungehindert auf die Menschheit loslassen kann. Es soll hier als letztes die Anwendung körperlicher Gewalt gegen Pferde angeregt werden, denn sie soll durch gekonntes Eingehen auf das Pferd verhindert werden.

Die Vermeidung sowie die erfolgreiche und gewaltfreie Bewältigung von kritischen Situationen ist natürlich das Ziel. Es muss sich aber jeder, der ein domestiziertes Tier in unserer heutigen Zeit hält, darüber im Klaren sein, dass er die Verantwortung für das Tier und das, was es anzurichten imstande ist, trägt und sich deshalb hin und wieder gegen es durchsetzen muss.

Wer sich davor fürchtet, sich im Fall des Falles als Ranghöherer beweisen zu müssen, darf sich kein Pferd oder anderes Haustier halten. Sie sind Ihren Mitmenschen gegenüber dazu verpflichtet, die größtmögliche Kontrolle über das Pferd zu haben, denn ein Restrisiko bleibt beim Umgang mit Tieren sowieso immer bestehen.

Dominanz am Boden

Wie also macht man einem übermütigen Pferd am besten klar, dass es beim Führen Ihren Anweisungen folgen muss? Wenn Sie schon einmal ein Pferd geritten haben, das beim Ausritt mit anderen Pferden nicht gern hinten geht, dann konnten Sie bereits beobachten, wie es versucht, die anderen Pferde durch Überholen, plötzliche drohende Kopfbewegungen oder schnelles seitliches Auskeilen hinter sich zu halten. Auch das Leittier der Koppelgemeinschaft verschafft sich auf diese Weise Respekt, wobei es durchaus den Überraschungseffekt einer plötzlichen, sehr heftigen Aggression nutzt. Mit gebleckten Zähnen und angelegten Ohren schießt der Kopf beißend herum, nicht selten unterstützt von einer schnellen 180°-Drehung und einem beidseitigen heftigen Auskeilen, um dem anderen mit Nachdruck noch eine ordentliche Breitseite zu verpassen. Dem Angriff ist meistens stunden-, tage- oder wochenlanges Geplänkel vorausgegangen, während dem der Ranghöhere versucht hat, den Rangniedereren durch Drohgebärden (Anlegen der Ohren, Blecken der Zähne, Drehen der Hinterhand, Heben des Hinterbeines) auf seinen Platz in der Hierarchie zu verweisen. Also müssen wir als Führender genau dieses Spiel mit einem übermütigen Pferd treiben.

Das Vorgeplänkel sieht so aus, dass Sie das Pferd mehrmals während der gegebenen Führaktion oder über mehrere Tage oder sogar Wochen hinweg immer wieder ruhig und beherrscht darauf hingewiesen haben, dass es beim Führen mit seiner Schulter hinter Ihnen bleiben soll. Dosierte Handeinwirkung (Rucken mit der Führhand, Heben der anderen Hand), beruhigendes, aber ernstes bis energisches Ermahnen mit der Stimme und mehrmaliges Abwenden oder Anhalten müssen dem Pferd eindeutig klar gemacht haben, was Sie von ihm wollen. Seien Sie diesbezüglich konsequent – immer und bei jeder Gelegenheit! Weisen Sie das Pferd mehrmals ruhig in der immer gleichen Art und Weise in seine Schranken. Wenn Sie das jedes Mal auf eine für das Pferd nachvollziehbare Weise konsequent bei jeder Gelegenheit durchführen, weiß das Pferd genau, was es tun soll. Das wiederum ist die *unerlässliche* Voraussetzung für die Wirkung einer Erziehungsmaßnahme. Das Pferd kann nur richtig machen, was es wirklich begriffen hat. Die Tatsache, dass es nach mehrmaliger Aufforderung dennoch nicht an seinem zugewiesenen Platz bleibt, stellt dann eine vielleicht nicht unbedingt bewusste, aber instinktive Herausforderung des Ranghöheren (und das sollten Sie sein!) dar. Die Situation schaukelt sich durch die mehrmaligen Ermahnungen also auf. Es kommt wie bei zwei Koppelgenossen auch zu einem gegenseitigen Belauern, was Spannung in die Situation bringt. Lassen Sie sich die Situation bewusst zuspitzen, damit das Pferd sich auf die Situation konzentriert und begreift, worum es Ihnen in der nachfolgenden Auseinandersetzung geht. Reagieren Sie dabei jedesmal wohl dosiert, aber mit Nachdruck etwas energischer. Oft reicht es schon aus, dreimal vorher auf diese zunehmend verstärkende Art und Weise zu drohen, bevor man das Pferd ernsthaft zurechtweist, um effektvoll zu sein. Wichtig ist dabei, dass Sie nicht bei jeder Ermahnung schreien, sich aufregen, hektisch agieren, aber letztendlich damit nichts bewirken. Weisen Sie das Pferd vielmehr ruhig und ernst in seine Schranken. Das Pferd gewöhnt sich nämlich sonst an Ihre laute, aber nutzlose Agitation, und der Effekt einer wirklich ernsthaften Auseinandersetzung fällt wesentlich geringer aus.

Wie weist man das Pferd gleichzeitig schonend und effektvoll an der Hand zurecht?

Ziel der hier beispielhaft beschriebenen Zurechtweisung und Erziehungsmaßnahme ist es, mit so wenig Gewalt wie möglich beim Pferd einen möglichst nachhaltigen Effekt zu erreichen (Abb. 10). Das gilt sowohl in einer gefährlichen Führsituation, wenn Sie versuchen, Ihr Pferd wieder unter Kontrolle zu bekommen, als auch bei der Erziehung zu kontrolliertem Führen im heimischen Bereich oder bei jeder anderen Auseinandersetzung. Wenn schon, dann sollten Sie vom Boden aus das Pferd immer ohne Gerte in der Hand strafen, da Sie dann selber spüren, wie weh Sie dem Pferd tun. Wenn Sie den Schmerz ertragen können, dann kann es ein Pferd auch. Und wenn Ihnen hinterher die Hand wehtut,

---

Für eine Disziplinierung zu beachtende Grundsätze

Zurechtweisungen – so schonend wie möglich, so effektiv wie möglich:

- Gestalten Sie die Zurechtweisung möglichst pferdegerecht, indem Sie sich überlegen, wie ein ranghöheres Pferd die Angelegenheit lösen würde.
- Arbeiten Sie mit dem Überraschungseffekt, indem Sie in einer Situation, in der Sie vorher nur ruhig gedroht haben, unvermittelt heftig – für das Pferd aber trotzdem noch nachvollziehbar – reagieren.
- Setzen Sie sich immer selbst und allein mit dem Pferd auseinander.
- Lassen Sie sich nie vom Zorn hinreißen, wenn Sie sich mit einem Pferd auseinander setzen, sondern bleiben Sie fair!

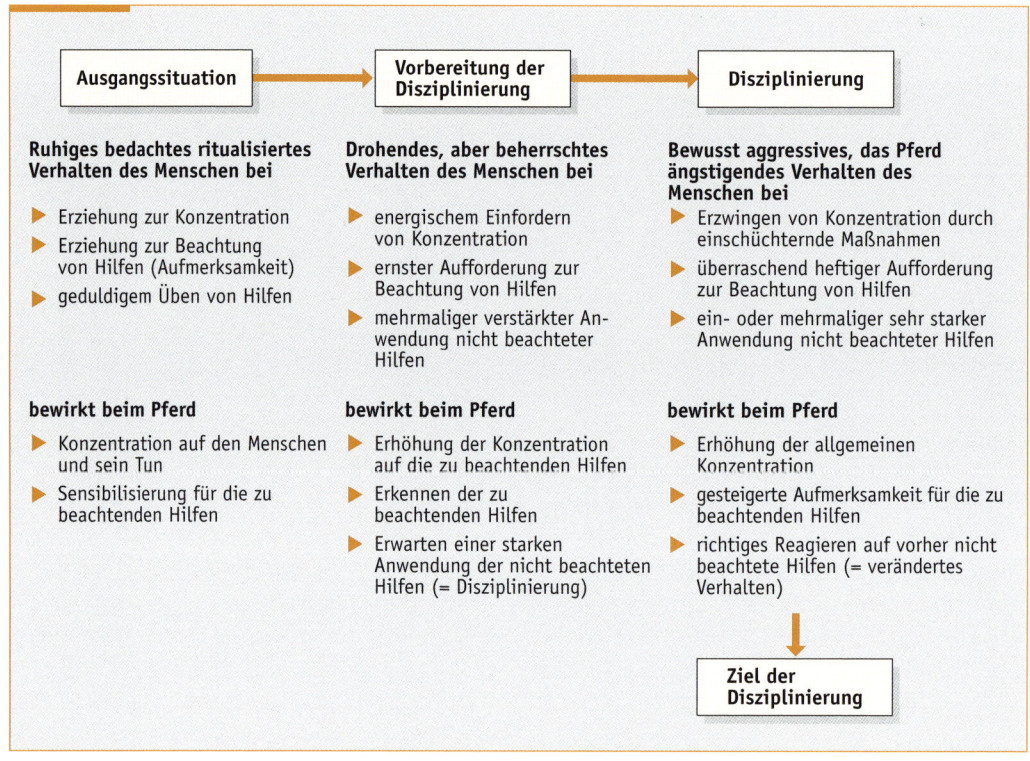

Abbildung 10
Schema einer erfolgreichen Disziplinierungsmaßnahme eines Pferdes.

dann ist das gleichsam die Vergeltung dafür, dass Sie sich ein Tier untertan machen. Hinzu kommt, dass das Pferd die Auseinandersetzung ohne Hilfsmittel direkter erfährt und gegebenenfalls Ihnen und nicht der Gerte Respekt zollt. Müssen Sie die Gerte gar erst noch holen, hat das Pferd längst vergessen, weshalb es von Ihnen gemaßregelt wird, und der Erziehungseffekt ist gleich Null.

Im vorliegenden Fall hatten wir das Pferd immer wieder eindeutig auf seinen Platz verwiesen, und es hatte diesen immer wieder verlassen. Nun warten Sie bitte mit der Disziplinierungsmaßnahme nicht, bis das Pferd bereits mit Ihnen im Schlepptau auf einer Schnellstraße unterwegs ist, die Situation brandgefährlich ist, und es sowieso zu spät ist. Wenn im heimischen Bereich beim täglichen Umgang die Situation wieder einmal eine Ermahnung erforderlich macht, dann entscheiden Sie eines Tages, dass heute das Maß voll ist. Machen Sie das möglichst auf einer für das Pferd rutschfesten Unterlage, damit es nicht vor Schreck ausgleitet. Halten Sie sich weit entfernt von Gegenständen, die das Pferd bei seiner Reaktion verletzen oder vom Pferd beschädigt werden könnten, und führen Sie die Disziplinierung wenn möglich nicht unbedingt vor den Augen Dritter, insbesondere Kindern, durch.

Der beispielhafte Ablauf einer Zurechtweisung

Geben Sie bei der Zurechtweisung eines Pferdes dieselben Hilfen, die Sie sonst auch geben (Hände, Stimme, Körperhaltung), um das Pferd ruhig zu ermahnen und seine Aufmerksamkeit auf die Beachtung der eingesetzten Hilfen zu lenken. Ist der Erfolg genauso zweifelhaft wie immer – und das Pferd nimmt sich zum Beispiel beim Führen gar nicht oder nur unwesentlich zurück –, dann lassen Sie ein Donnerwetter los, indem Sie alle vorher nicht beachteten Hilfen in scharfer Form anwenden. Versuchen Sie, das Pferd durch die Heftigkeit des Einsatzes der Hilfen (Kommunikationsmittel) zu erschrecken. Nehmen Sie dabei auch in Kauf, dass Sie dem Pferd etwas wehtun. Bauen Sie sich vor dem Pferd auf, machen Sie sich groß, schreien Sie das Pferd an (und wenn es nur dem Abbau Ihrer eigenen Aggression dient). Rucken Sie zwei- oder dreimal heftig am Führstrick, machen Sie hektische Bewegungen, bedrängen Sie das Pferd, und zwingen Sie es, vor Ihnen rückwärts zu gehen. Schlagen Sie es ruhig, wenn es nicht sofort zurückgeht, mit der flachen Hand an Schulter, Brust oder Halsansatz (nie an den Kopf!), dass es laut klatscht. Machen Sie für zwei bis drei Sekunden (nicht länger) ein Getöse, dass die Wände wackeln. Bestehen Sie dabei darauf, dass das Pferd Ihnen rückwärts ausweicht. Ist es ein bis drei Schritte zurückgetreten, geben Sie sofort Ruhe. Macht es ohne Ihre Aufforderung wieder einen Schritt auf Sie zu (und nur dann, nicht wenn es weiter zurück oder zur Seite geht), dann wiederholen Sie das Ganze noch einmal für drei Sekunden (das war dann die Breitseite nach der 180°-Drehung des Leittieres (siehe S. 70). Bestehen Sie darauf, dass das Pferd sich erst wieder vorwärts rührt, wenn Sie es dazu auffordern. Nur dann begreift das Pferd, dass

es um sein unkontrolliertes Vorpreschen geht und dass mit der durchgeführten Maßnahme genau das abgestellt werden soll. Bleiben Sie auch nachfolgend auf der Hut. Meistens reicht nach so einer Auseinandersetzung aber ein energischer Fingerzeig aus, um die gewünschte Reaktion zu erzielen.

Wichtig ist auch, dass Sie Ruhe geben und nicht weiter auf das Pferd einwirken, wenn es dann nicht stehen bleibt, sondern weiter zurückweicht oder zur Seite geht. Das Pferd versucht in dem Moment, sich als Reaktion auf Ihr heftiges Auftreten Ihrer Einwirkung zu entziehen, was bedeutet, dass es Ihnen den Raum einräumt, den Sie von ihm eingefordert haben. Empfindsame Pferde »robben« vor Schreck oft ein ganzes Stück rückwärts vom Menschen weg. Das ist, wie bereits gesagt, nicht als Versuch, sich der Zurechtweisung zu entziehen, sondern als Geste der Unterwürfigkeit zu werten. In so einem Fall folgen Sie dem Pferd ruhig, bis es stehen bleibt. Sprechen Sie dann mit ihm, oder berühren Sie es zur Entspannung am Hals. Es soll wieder Vertrauen fassen, denn Sie wollen ja nicht erreichen, dass Ihr Pferd Sie fürchtet, sondern es soll Sie vertrauensvoll respektieren.

Tun Sie allerdings nicht so, als wenn das alles ja gar nicht so gewollt war. Machen Sie sich nicht gleich wieder allzu gemein mit dem Pferd, und loben Sie es nicht, um damit alle Spannung aus der Situation herauszulassen. Schaffen Sie nur so viel vertraute Gemeinsamkeit, wie nötig ist, damit das Pferd wieder willig im gewünschten Tempo mit Ihnen mitkommt, aber die von Ihnen verlangte Zurückhaltung bewahrt. Die hierbei aufrechterhaltene Spannung dient dazu, dass das Pferd in Zukunft beim Führen nicht so sorglos wie vorher mit Ihnen umgeht. Das ist so zu verstehen, dass das Pferd ein ranghöheres Individuum (aber nur eines, das auch auf seiner Ranghoheit besteht) immer im Blick behält, damit es nicht aus Versehen dessen Intimsphäre verletzt und sich damit dessen Zorn zuzieht. Das wiederum bedeutet, dass Sie beim Führen das Pferd leichter beherrschen und nicht so leicht aus Versehen getreten werden, weil das Pferd Abstand zu Ihnen hält. Auch wenn es gerade abgelenkt ist, behält es Ihren Aufenthaltsort im Gedächtnis und ist sich Ihrer Anwesenheit bewusst. Es versucht daraufhin, Ihnen in den meisten Situationen auszuweichen, während es ein rangniedereres Individuum rücksichtslos zur Seite rempelt, da dieses selbst aufzupassen hat, dass es nicht getreten wird.

Warum respektiert das Pferd die Zurechtweisung des Menschen?

Verglichen mit den Bissen und Schlägen eines Pferdes haben Sie dem Pferd bei der geschilderten Disziplinierungsmaßnahme mit Sicherheit wesentlich weniger wehgetan.

> Bei einer Erziehungsmaßnahme geht es nicht darum, dem Pferd wehzutun, sondern eine Erziehungsmaßnahme zu spielen und dabei vornehmlich auf den Schrecken des Pferdes und nicht auf die eingesetzte Gewalt zu setzen. Der Schreck des Pferdes ist dabei umso größer, je ruhiger und verständiger Sie sonst mit dem Pferd umgehen.

Ist ein Pferd an einen ruhigen Umgang und einen sich mit Bedacht bewegenden Menschen gewöhnt, ist ihm sofort klar, was das veränderte Verhalten zu bedeuten hat. Die offensichtliche Verhaltensänderung bewirkt beim Pferd eine intensive Konzentration auf die Situation, und genau diese Konzentration ist nötig, damit sich das Pferd die Diszipli-

nierungsmaßnahme einprägen kann. Sie müssen dem Pferd mit der Erziehungsmaßnahme glaubhaft versichern, dass Sie ihm wie ein Pferd wirklich richtig wehtun könnten, wenn Sie es nur wollten. Das Pferd respektiert in der Natur vielleicht nicht nur, aber vor allem die Kraft des Überlegenen.

Besser sollte man vielleicht sagen, dass ein Pferd die Kraft respektiert, die es hinter dem anderen vermutet, denn in den seltensten Fällen kommt es ja zu ernsten Auseinandersetzungen zwischen Pferden. Vielleicht ist es letztendlich sogar nur das mit gering dosierter Gewalteinwirkung erreichte geistige und charakterliche Durchsetzungsvermögen, das Pferde untereinander und auch dem Menschen gegenüber respektieren.

Eine Zurechtweisung gut vorbereiten und beenden

Was ist nun eigentlich bei der Disziplinierung passiert? Auch das geduldigste Leittier und der langmütigste Chef im Büro beschließen eines Tages, dass es ihnen jetzt reicht. Je unvorbereiteter so ein Angriff kommt, umso nachhaltigere Wirkung hat er. Die Voraussetzung dafür ist immer, dass für das Pferd nachvollziehbar ist, wieso es diszipliniert wird. Weil dies oft nicht der Fall ist, verpuffen so viele Auseinandersetzungen, die man bei Pferden und Haltern beobachten kann, erfolglos im Sand. Das Pferd muss vorher durch langsam steigende Einwirkung aller Hilfen (Zügelrucken, Stimme, Körperhaltung) wissen, welche Hilfen es beachten soll, und was für einen Zweck diese Hilfen haben (das gilt übrigens auch für die Beachtung von Hilfen beim Reiten). Nur dann hat die heftige Ausführung dieser Hilfen verbunden mit ein bisschen »Show« den gewünschten Effekt, dass das Pferd die Hilfen in Zukunft beachtet. Es muss dem Pferd glasklar sein, um was es geht, sonst hat eine Disziplinierung keine Wirkung. Denken Sie daran, Sie sollten nicht nur meinen, dass das Pferd schon weiß, weshalb es gemaßregelt wird, sondern Sie sollten die Disziplinierungsmaßnahme in diesem Sinne ausreichend vorbereitet haben!

Die der Zurechtweisung folgenden Tage sollten Sie nicht in Scham und Mitleid darüber versinken, dass Sie das Pferd geschlagen haben, denn damit gestehen Sie sich höchstens ein, dass die Maßnahme vielleicht doch nicht nötig war oder Sie ohne entsprechenden Hintergrund emotional überreagiert haben, was nicht vorkommen sollte. Bringen Sie nun besser auf den Weg, was Sie gut vorbereitet begonnen haben. Nutzen Sie die erhöhte Aufmerksamkeit des Pferdes, um das Problem endgültig aus der Welt zu schaffen. Sie müssen dem Pferd Ihre Bereitschaft signalisieren (und das reicht in den meisten Fällen aus), im Fall eines wiederholten Fehlverhaltens das Gewitter sofort wieder über das Pferd hereinbrechen zu lassen. Nur sehr hartnäckige Kandidaten geben nach so einer einmaligen Zurechtweisung ihre Flegeleien nicht auf. In den meisten Fällen müssen Sie das Pferd gar nicht oder für lange Zeit nicht wieder maßregeln (und bei vielen Pferden ist so etwas nie nötig). Dies gilt übrigens nicht für Pferde, mit denen Sie nicht regelmäßig umgehen. Was andere Halter durchgehen lassen, wirkt sich auch negativ auf das Verhalten des Pferdes Ihnen gegenüber aus. In so einem Fall müssen alle am selben Strang ziehen, sonst erreicht man in der Erziehung des Pferdes nichts.

Wenn nun oben steht, dass Sie bei der Zurechtweisung eines Pferdes Zuschauer möglichst ausschließen sollten, dann geschah das nicht in der Absicht, Sie zur Vertuschung unangebrachter Strafaktionen aufzufordern.

> Unüberlegtes, unmäßiges oder häufiges Strafen eines Pferdes darf nicht vorkommen – bei Ihnen nicht und bei anderen auch nicht – und sollte in jedem Fall unterbunden werden!

Da aber erstens Außenstehende, zumal Kinder, nicht erkennen können, dass Sie bei der oben geschilderten Zurechtweisung (auch wenn es sich laut anhört) das Pferd mehr erschrecken als ihm wehtun, außerdem diese zweitens nicht wissen, dass Sie die Erziehungsmaßnahme vorbereitet haben, und drittens darüber hinaus Ihre Gewalteinwirkung auf das Pferd nicht in Relation zur möglichen Gewalteinwirkung durch ein anderes Pferd setzen können, sollte die Zurechtweisung nicht vor Zuschauern erfolgen, die falsche Schlüsse daraus ziehen könnten. Wenn doch Zuschauer anwesend sind, dann erklären Sie mit ein paar ruhigen Worten die Situation. Denken Sie immer im Umgang mit einem Pferd daran, dass Sie Vorbildfunktion für Kinder oder andere Pferdehalter haben, die Sie eventuell in Unkenntnis der wahren Situation nachahmen, und damit einem Pferd schaden können. Wenn Sie einmal bewusst beobachten, wie viele Halter Ihr Pferd schlagen oder anders strafen, ohne genau zu wissen, was Sie damit eigentlich erreichen wollen, und wie viele keine Antwort auf die Frage haben, warum Sie das Pferd genau so und nicht anders strafen, dann wissen Sie, wie viel hier im Argen liegt!

7. Das Longieren

Mit dem Longieren von Pferden ist es ein bisschen so wie mit dem »Leckerli«-Geben (siehe Kapitel 5). Die einen schwören darauf und machen dabei leicht einmal des Guten zu viel. Die anderen lehnen es ab und verschenken damit viele effiziente Möglichkeiten der Pferdeausbildung. Der goldene Weg liegt auch hier in der Mitte.

Gute Ergebnisse zeitigt das regelmäßige Longieren eines Pferdes vor allem in drei Situationen:

• bei der Grundausbildung von jungen Pferden,
• bei der Korrektur von verrittenen Pferden,
• bei der Stärkung der Muskulatur von im Rücken schwach bemuskelten Pferden.

Was braucht man zum Longieren?

An Ausrüstungsgegenständen sollten Sie zum Longieren immer haben:
• Gamaschen für die Vorderbeine,
• einen Kappzaum oder eine Trense,
• eine 8–10 Meter lange Longierleine,
• und unbedingt eine Longierpeitsche (nie ohne!) mit ausreichend langem Schlag.

Später kommen dann Longiergurt, Ausbinder (besser noch Dreieckszügel) und Cavaletti hinzu. Longieren Sie nie ohne ausreichend lange Peitsche, da nur sie garantiert (ohne das Pferd damit zu schlagen), dass Ihre Richtungs- und Gangartangaben vom Pferd verstanden werden. Longieren Sie möglichst nicht am Stallhalfter, da beim Longieren in kritischen Situationen durch die räumliche Distanz Ihre Einwirkungsmöglichkeiten auf das Pferd

sowieso stark beschränkt sind, durch ein Stallhalfter im Vergleich zum Kappzaum und der Trense aber noch weiter verringert werden. Longieren Sie nie ohne Gamaschen an den Vorderbeinen, da auf gebogenen Linien die Gefahr des Anschlagens des Röhrbeins – das gilt besonders bei beschlagenen Vorderhufen – besonders groß ist. Dadurch können vor allem bei jungen, noch im Wachstum befindlichen Pferden schmerzhafte Knochenfellentzündungen mit nachfolgend verknöcherndem Überbein am Röhrbein hervorgerufen werden.

Wie verhält man sich als Longenführer richtig?

Als Longenführer hält man die Longe (sauber in Schlaufen gelegt und wegen der Verletzungsgefahr niemals mit einem Ende auf dem Boden oder mit Knoten in der Longe!) auf der linken Hand in der linken, auf der rechten Hand am besten in der rechten Hand. Die Longierpeitsche hält man in der jeweils anderen Hand und rahmt mit Longe, Pferd und Peitsche immer ein geschlossenes Dreieck vor sich ein. Stehen Sie gerade und halten Sie die Hände mit Longe und Peitsche ca. auf Hüfthöhe und die Ellbogen auf der Hüfte am Körper. Wenden Sie in einer treibenden Situation immer Ihre Vorderfront der inneren Pferdeseite voll zu und richten Sie den Blick dabei auf das Pferd. Diese aufrechte, dem Pferd offen präsentierte Haltung signalisiert Ihren Anspruch auf Konzentration, Respekt und Vortrieb.
Sie glauben nicht, dass Ihre Position so viel ausmacht? Dann testen Sie es an Ihrem Pferd,

und Sie werden sehen, wie es reagiert! In der geschilderten Körperhaltung wirken Sie immer so, als wenn Sie jeden Moment nach vorn auf das Pferd zutreten würden. Das Pferd muss damit rechnen, dass Sie Ihre Position verändern, folglich konzentriert es sich auf Sie. Die offensive Haltung signalisiert zudem Stärke sowie Selbstvertrauen und erhöht den Anspruch, dass den Aufforderungen des Longenführers unverzüglich nachzukommen ist. Ist außerdem die Longierpeitsche, die als verlängerter Arm des Longenführers und nicht als Schlaginstrument anzusehen ist, auf oder kurz hinter die Hinterhand des Pferdes gerichtet, hat dies einen stark vortreibenden Effekt.

Der einzige direkte Kontakt zum Pferd ist beim Longieren die Longe; diese sollte deshalb nie verdreht sein, weil das den feinfühligen Kontakt zwischen der Hand des Longenführers und dem Kopf des Pferdes stört und Ihre Einwirkungsmöglichkeit vermindert.

> Wichtig ist, dass Sie beim Longieren im Zirkelmittelpunkt stehen bleiben und nicht mit dem Pferd mitlaufen, da der Longierzirkel sonst nicht rund wird, was die gymnastizierende Wirkung stark beeinträchtigt. Das Mitlaufen mit dem Pferd beim Longieren erzeugt außerdem Unruhe, wodurch eine fein abgestimmte Hilfengebung aller zur Verfügung stehenden Einwirkungsmöglichkeiten unmöglich wird.

Insgesamt sollten Sie ein Pferd wegen der hohen Belastung seiner Beine, der eintönigen Tätigkeit und der Starrheit der Ausbinder nicht länger als eine halbe Stunde longieren, jüngere Pferde sogar wesentlich kürzer. Ansonsten laufen Sie Gefahr, dass das Pferd das Longieren nicht als willkommene Abwechslung und leichte, weil kurze und den Rücken nicht be-

lastende Arbeitseinheit empfindet, sondern eine ausgeprägte Abneigung gegen das Longieren entwickelt. Gegen Langeweile beim Longieren helfen zum Beispiel auch Cavaletti. Diese sind am Boden liegenden Stangen vorzuziehen, da sie beim Drauftreten nicht wegrollen. Außerdem fördert das regelmäßige Treten über drei bis sechs Cavaletti im Trab die Konzentration, den Takt, die Losgelassenheit und den Raumgriff des Pferdes.

Wie verständigt man sich beim Longieren mit dem Pferd?

Die Kommunikation mit dem Pferd verläuft beim Longieren über die Longe, die Stellung der Longierpeitsche, die Körperhaltung des Longenführers und die Stimme. All diese Kommunikationsmittel stehen gleichberechtigt nebeneinander, nur die sinnvolle Kombination und optimale Nutzung aller Mittel garantiert den maximalen Erfolg. Denken Sie beim Longieren daran, dass das Pferd *nicht* zu den Tierarten gehört, die in erheblichem Maße über Lautäußerungen miteinander kommunizieren (wie Vögel oder Wale zum Beispiel, die bedingt durch ihre Körperform nicht so gut über Mimik und Körperhaltung miteinander kommunizieren können wie Pferde).

Deshalb ist es wichtig, die unterschiedlichen Kommandos beim Longieren in deutlich unter-

> Das Pferd ist von seiner Natur her nicht dazu angelegt, auf verbale Reize (Wörter) oder Signale ohne die Unterstützung durch andere Kommunikationsmittel (Körperhaltung, Mimik) zu reagieren oder zwischen verschiedenen verbalen Reizen zu unterscheiden.

scheidbaren Wörtern zu geben und durch konsequentes Wiederholen desselben Wortes für ein und dasselbe Kommando in einem Lernprozess beim Pferd zu festigen. Unterscheiden Sie die Wörter zusätzlich durch eine differenzierte Betonung einzelner Silben und durch Ihren Tonfall. Wählen Sie lang gezogene, tief tönende Wörter, die beruhigend wirken, für Kommandos zur Tempoverringerung oder zum Stehenbleiben. Gebrauchen Sie kurze, hell tönende oder schnell ausgesprochene Wörter, die Aufmerksamkeit erregen, für die Tempoerhöhung. Ein Pferd lernt dabei durchaus, ein und dasselbe Wort in verschiedenen Tonlagen und Situationen richtig zu deuten. So bedeutet zum Beispiel das Kommando »Schritt«, ausgesprochen mit laut zischendem »sch« und hartem, nachhallendem »tt« (Zunge weit vorn am Gaumen knapp hinter den Zähnen anschlagen) aus dem Halten heraus die Aufforderung für das Pferd, sich in Bewegung zu setzen. Bei »Scheeerritt«, ausgesprochen mit leisem, kurzem »sch«, lang gezogenem »eri« und weichem, verstummendem »tt« wie »dt« (Zunge weiter hinten im Gaumen anschlagen) aus dem Trab heraus soll das Pferd in den Schritt wechseln und tut dies meist auch. Trabt es dagegen ohne Reaktion weiter, dann kommt wieder das kurze »Schritt!« mit Nachdruck ausgesprochen zum Einsatz. Sie bringen durch die höhere Tonlage und das kurze Hervorstoßen des Kommandos sofort zum Ausdruck, dass Sie vom Pferd nachdrücklich Konzentration und die Beachtung des Kommandos einfordern.

> Tonlage und Silbenbetonung verbessern die Unterscheidbarkeit der Kommandos für das Pferd und die Einflussnahme des Longenführers auf das Pferd.

Wie reagiert man, wenn sich das Pferd beim Longieren entzieht?

Der wirkungsvolle Entzug nach hinten

Kommt ein Pferd auf die Idee, sich nicht longieren zu lassen, dann entzieht es meistens seine Hinterhand der Einwirkung, indem es sie nach außen dreht und/oder rückwärts vom Longenführer weggeht. Den Versuch macht so manches Pferd meistens zu Beginn des Longierens oder beim Handwechsel aus spontaner Arbeitsunlust oder aus Übermut (Rangfolgeklärung) heraus.

Nun kommt es darauf an, die Diskussion über das Vorwärts oder nicht so schnell wie möglich zu Ihren Gunsten zu beenden. Wenn ein Pferd Ihnen nämlich die Vorderfront zudreht und dann rückwärts von Ihnen wegzieht, sind Sie im Ernstfall oft gezwungen loszulassen oder dem Pferd zu folgen, bis es von allein stehen bleibt, weil Sie in dieser Position vom Boden aus so gut wie keine Einwirkungsmöglichkeit auf das Pferd haben. Dieses Wissen über Ihre Hilflosigkeit in der geschilderten Situation haben Sie, wenn Sie Erfahrung mit Pferden haben. Das junge Pferd verfügt jedoch *noch nicht* über dieses Wissen. Das Pferd handelt instinktiv so, dass es sich, wenn es aus irgendeinem Grund verunsichert ist oder auf Konfrontationskurs geht, mit dem Kopf voran Ihnen zuwendet. Bei spielenden oder kämpfenden Pferden kann man dasselbe Verhalten beobachten, das in der Natur durchaus sinnvoll ist. Die wichtigsten Waffen des Pferdes sind seine Zähne und Vorderhufe, also müssen die bei Auseinandersetzungen nach vorn gebracht werden. Gleichzeitig bemüht sich das Pferd, dem Gegenüber so wenig Angriffsfläche wie möglich zu bieten, also wird der Körper hinter den Waffen gehalten. Nichts anderes macht das Pferd, wenn es sich beim Longieren zu entziehen versucht. Dazu ist für das junge Pferd die Erfahrung gar nicht nötig, dass es eventuell wegen seiner Widersetzlichkeit mit der Longierpeitsche auf die Hinterhand geschlagen werden könnte, sondern es schützt seinen Körper instinktiv hinter seinen Waffen.

Wie man den Entzug nach hinten abstellt

Es ist wichtig, aus der instinktiven Verhaltensweise des Pferdes beim Entzug nach hinten kein von ihm bewusst genutztes Wissen werden zu lassen. Also ist ein schnelles und effektvolles Eingreifen des Longenführers gefordert. Wenn man in solch einer Situation ein paarmal falsch oder gar nicht reagiert, hat man in der Zukunft schlechte Karten, denn die Erfahrung der Hilflosigkeit des Longenführers prägt sich beim Pferd schnell und nachhaltig ein. Zuallererst bewahren Sie in so einer Situation

die Ruhe! Folgen Sie ruhig dem Pferd, bis es stehen bleibt. Folgen Sie ihm, wenn es sein muss, bis es an eine Begrenzung stößt, an der es nicht mehr weiter zurück oder zur Seite ausweichen kann. Versuchen Sie, es zur nächsten Begrenzung zu dirigieren, wenn Sie bereits vermuten, dass es vorher nicht stehen bleibt und Sie an sich herantreten lässt. Haben Sie das Pferd zum Stillstand gebracht, dann nähern Sie sich ihm langsam und vorsichtig. Versuchen Sie dabei herauszufinden, wieso sich das Pferd dem Longieren zu entziehen versucht. Ist der Ausbinder zu kurz verschnallt, oder stimmt sonst irgendetwas nicht? Sieht das Pferd krank, müde oder übermütig aus? Egal zu welchem Schluss Sie auch kommen, Sie müssen darauf bestehen, dass es sich weiter von Ihnen longieren lässt (Krankheitsfall natürlich ausgenommen).

Abbildung 11
Verhindern eines Entzugs des Pferdes an der Longe nach hinten durch Zuhilfenahme einer feststehenden Begrenzung.

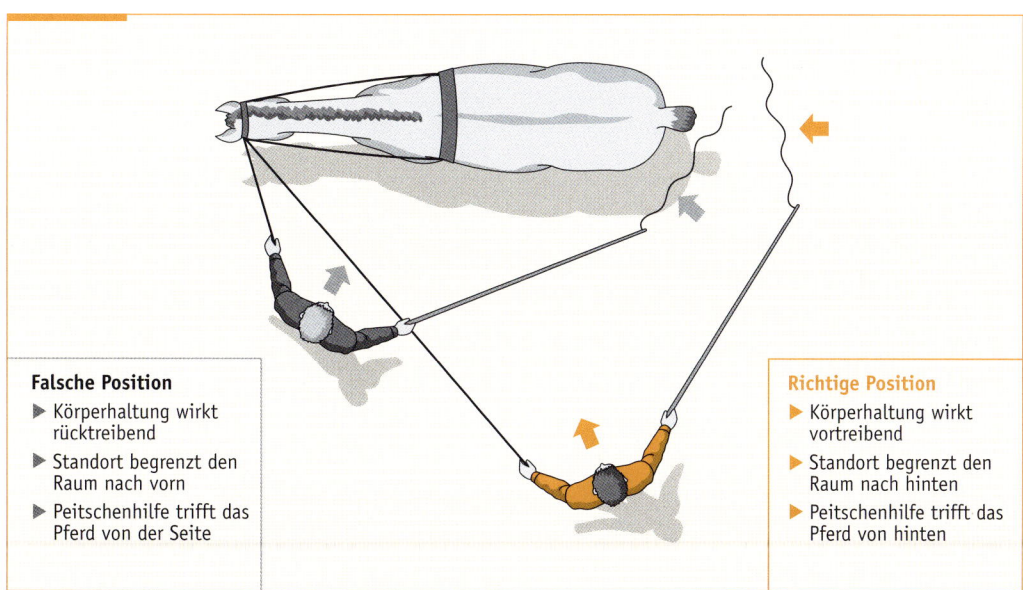

Falsche Position
▶ Körperhaltung wirkt rücktreibend
▶ Standort begrenzt den Raum nach vorn
▶ Peitschenhilfe trifft das Pferd von der Seite

Richtige Position
▶ Körperhaltung wirkt vortreibend
▶ Standort begrenzt den Raum nach hinten
▶ Peitschenhilfe trifft das Pferd von hinten

Der Neuanfang gestaltet sich nun meist etwas schwierig, da das Pferd eine erste Ahnung von Ihrer Hilflosigkeit bekommen hat. Tun Sie deshalb die nächsten Schritte wohl überlegt. Lassen Sie es möglichst nicht auf einen weiteren oder gar mehrere missglückte Versuche ankommen. Stehen Ihnen ein Longierzirkel oder ein kleinerer begrenzter Raum als der, auf dem Sie sich momentan befinden, zur Verfügung, dann suchen Sie diesen jetzt auf, da die Wand als Begrenzung das Pferd für Sie arbeitet (siehe auch Kapitel 10). Wenn dies nicht möglich ist, führen Sie das Pferd ruhig zu einer Wand oder anderen Platzbegrenzung und stellen es parallel zu dieser hin. Dann positionieren Sie sich seitlich mit etwas Abstand (Longierpeitsche hinter der Hinterhand des Pferdes) so hinter dem Pferd, dass es bei der Aufforderung, nach vorn zu treten, sich nicht weiter nach hinten entziehen kann (Abb. 11). Scheuen Sie sich nicht, einen entsprechenden Versuch sofort mit einem Klaps der Longierpeitsche hinter die Hinterhand zu unterbinden.

Dem Pferd ist in so einer Situation klar, dass die Begrenzung (am besten eine Wand) nicht nachgibt, es also keinen Zweck hat, auf diese Seite ausweichen zu wollen. Auf die Idee, Sie seitwärts direkt zu attackieren, kommt im Allgemeinen kein Pferd, denn sein Unmut ist ja nicht gegen Sie, sondern gegen das Longieren gerichtet. Schaffen Sie es nun, dem Pferd glaubhaft klar zu machen, dass Sie durch Ihren verlängerten Arm, die Peitsche, den Raum nach hinten begrenzen, dann bleibt dem Pferd gar nichts weiter übrig, als wieder nach vorn zu treten. Stellen Sie jetzt nachhaltig klar, dass ein weiterer Entzug nach hinten unmöglich ist und den Stress der Situation noch vergrößern würde. In den allermeisten Fällen reicht es aus, den Eindruck zu vermitteln, dass man im Fall

der Zuwiderhandlung von der Peitsche Gebrauch macht. Zusammen mit der Enge, die sich durch die Zuhilfenahme der Begrenzung ergibt, fügt sich das Pferd dann in die Situation. Auf diese Art und Weise lernt ein Pferd recht schnell, beim Longieren sein Heil im Vorwärts zu suchen und damit für uns wieder dirigierbar zu werden.

> Machen Sie auch beim Longieren den von Ihnen gewünschten zu dem für das Pferd einfachsten Weg. Dirigieren Sie das Pferd ruhig in eine Situation, in der keine Missverständnisse bezüglich der gewünschten Fortbewegungsrichtung mehr aufkommen können. Das Pferd wählt dann in den allermeisten Fällen den leichtesten Weg.

Erziehung zum Gehorsam hat manchmal eine gewisse Härte, erspart Ihnen und dem Pferd richtig angewendet aber viele weitere Ermahnungen und Auseinandersetzungen, und das nicht nur auf dem Gebiet, auf dem die Auseinandersetzung stattfand, sondern im gesamten Umgang mit dem Pferd. Genauso nachhaltig wie sich beim Pferd gegebenenfalls Ihre Hilflosigkeit einprägt, merkt sich das Pferd auch Ihre durch intelligentes Agieren untermauerte Dominanz.

Ausbinden – zum richtigen Zeitpunkt

Eine weit verbreitete Unsitte ist es, das Pferd bereits am Putzplatz vor dem Beginn des Longierens auszubinden und dann über glatte Hofflächen zum Longierplatz zu führen. Dies ist generell abzulehnen, da das Pferd sich mit durch Ausbinder fixiertem Hals und Kopf nicht

> Ein Pferd wird grundsätzlich nur auf weichem Untergrund ausgebunden!

ausbalancieren kann, wenn es erschrickt oder ausgleitet. Ebenso müssen Ausritte mit einem ausgebundenen Pferd auf Straßenpflaster auf jeden Fall unterlassen werden.

Viele Pferde haben verständlicherweise eine ziemlich ausgeprägte Abneigung gegen das Ausgebundenwerden. Bei jungen Pferden kann man anfangs zuweilen eine komplette Weigerung erleben, ausgebunden vorwärts zu gehen, weil sie das Gefühl haben, ohne Hals als Balancierstange nicht laufen zu können. Tatsache ist, dass das Ausbinden des Pferdes durch die Starrheit des Systems (trotz der Nachgiebigkeit des Leders und den oft integrierten Gummiringen) den Vorwärtsdrang in sehr starkem Maße bremst. Deshalb beginnt man das Longieren besser mit einem unausgebundenen oder sehr lang ausgebundenen Pferd, um zuerst einmal in Schritt und Trab die Freude am Vorwärtsgehen und der Bewegung zu fördern. Die schon etwas warme und gelockerte Halsmuskulatur fügt sich danach leichter in den Ausbinder. Die bereits erfolgte Gewöhnung an die Bodenverhältnisse und die Kreisbewegung kommt der Erhaltung des Gleichgewichts im ausgebundenen Zustand, in dem der Hals als Balancier-

> Binden Sie das Pferd immer lieber zu lang als zu kurz aus. Optimal ist es, wenn das ausgebundene Pferd im Trab die Nase leicht vor oder an der Senkrechten hält (auf keinen Fall dahinter). Dabei sollte Ihnen immer bewusst sein, dass der Ausbinder auch in diesem Fall für einen weit ausgreifenden, schreitenden Schritt dennoch zu kurz ist.

stange fehlt, zugute. Nicht zuletzt nimmt das zuerst unausgebundene Pferd die positive Erfahrung des vom Ausbinder unbehinderten Vortritts der Hinterbeine als Reaktion auf die treibenden Hilfen des Longenführers mit in die ausgebundene Longierphase und tritt deshalb da von Beginn an besser unter.

Wollen oder müssen Sie viel im Schritt longieren, dann machen Sie den Ausbinder entsprechend länger. Ansonsten longieren Sie ausgebunden im Schritt so wenig wie möglich, da das Pferd sich vor allem in dieser Gangart schnell an das verhaltene, durch den Ausbinder begrenzte Schrittmaß gewöhnt. Dies führt längerfristig zu einem Verlust an Gangvermögen oder unter Umständen sogar zum Passgehen. Gehen Sie also beim Longieren von Anfang an bedacht mit den Gangressourcen des Pferdes um.

Der (Anfangs-)Ton macht die Musik

Nun läuft das Pferd also auf der gewünschten Hand an der Longe um Sie herum. Auch hier gilt wie beim Reiten, dass man im Schritt anfängt, denn die Verletzungsgefahr für kalte Sehnen, Muskeln und schlecht geschmierte Gelenke ist in der Kreisbewegung beim Longieren besonders hoch. Das Pferd verliert auf dem mehr oder weniger engen Zirkel besonders leicht das Gleichgewicht, so dass es leicht ausgleiten und hinfallen kann. Bestehen Sie also zu Beginn des Longierens auf mindestens 5, besser noch 10 Minuten Schritt zum Aufwärmen des Pferdes.

Auch die ersten Trabrunden im unausgebundenen Zustand in gemäßigtem Tempo (ruhig sogar noch etwas untertourig) dienen der Entspannung sowie der Lockerung der Muskulatur, der Gewöhnung an Radius und Untergrund des Zirkels sowie einem stressfreien Beginn der Arbeit. Ist das Pferd entspannt, wird es hier schon Anzeichen von Losgelassenheit (siehe Kapitel 3) zeigen und ruhig im Takt um uns herum laufen.

Faule Pferde können, ohne die zusätzliche Behinderung durch den Ausbinder, bereits gut zum fleißigen Schreiten, gekennzeichnet durch ein ausdrucksvolles Abfußen und ein weites Untertreten der Hinterbeine, aufgefordert werden. Heftige oder nervöse Pferde haben die Gelegenheit, ihrem Unmut oder ihrer Unsicherheit (je nach Typ und Situation) in Maßen etwas Luft zu machen, ohne gleich die Behinderung durch den Ausbinder als weiteren Unmuts- und Stressfaktor zu empfinden. Ein Beginn des Longierens ohne Ausbinder und in ruhigem Tempo hat also immer etwas für sich!

Korrektur der natürlichen Schiefe an der Longe

Achten Sie darauf einen ausreichend großen Longierradius zu wählen. Je älter beziehungsweise ausgebildeter das Pferd ist, umso kleiner kann der Radius sein. Junge und/oder unerfahrene Pferde sollte man auf der ganzen Länge der Longierleine (mindestens 8 Meter) longieren. Diese Anforderung resultiert aus der körperlichen Steifheit, die bei ungeübten Pferden zu Gleichgewichtsproblemen bei der Bewegung auf Kreisbahnen führt.

Der Longierzirkel ist ein Vieleck

Das Pferd läuft anfangs an der Longe nie wirklich eine runde Kreisbahn, sondern ein Mehr- oder Vieleck (Abb. 12). Daraus folgt, dass die Winkel der Ecken der gelaufenen Bahn für das Pferd aufgrund seiner Körperlänge, die nur

eine begrenzte Biegsamkeit aufweist, umso kleiner werden und die Ecken umso häufiger aufeinander folgen, je kleiner der Kreisradius ist, auf dem wir longieren. Dies bedeutet, dass sich das Pferd an den Ecken des Zirkels öfter und härter an unserer Hand stößt als auf einem Zirkel mit großem Radius. Da die Ecken auf dem Zirkel der Erreichung von Takt und Losgelassenheit nicht dienlich sind, sollte man sie durch die Wahl eines großen Radius so gering wie möglich halten.

Korrektur der Schiefe auf der linken Hand

Auf der linken Hand fällt es dem meist nach rechts gekrümmten Pferd oft schwer, sich auf den durch die Longe vorgegebenen Raum zu begrenzen (Abb. 12), und es hält die Longe mehr oder weniger gleichmäßig gespannt. Der aufmerksame Longenführer spürt sehr schnell am vermehrten Zug in der Hand, an welchen Stellen des Zirkels das Pferd Ecken läuft. Da auf der linken Hand die natürliche Krümmung (Schiefheit) des Pferdes meistens der Krümmung des Zirkels entgegengerichtet ist, fällt dem Pferd dort die Biegung der eigenen Längsachse besonders schwer. Man tut deshalb anfangs gut daran, nicht sofort auf der korrekten Einhaltung der Kreisbahn zu bestehen und dem Pferd bei der Bewältigung derselben etwas entgegenzukommen. Dies will heißen, dass Sie über ein Strecken des abgewinkelten Arms der longenführenden Hand (Ellbogen ist normalerweise auf der Hüfte) oder in Einzelfällen sogar durch einen kleinen Schritt nach vorn (keine Regel ohne Ausnahme!) das Stoßen des Pferdes an Ihrer Hand etwas abmildern, indem Sie den Radius des Zirkels an den Ecken vergrößern. Gleichzeitig können Sie das Pferd bereits vor der Ecke, bevor sich der Zug auf die Longe in der Hand vergrößert, durch ein unauffälliges Zurücknehmen der

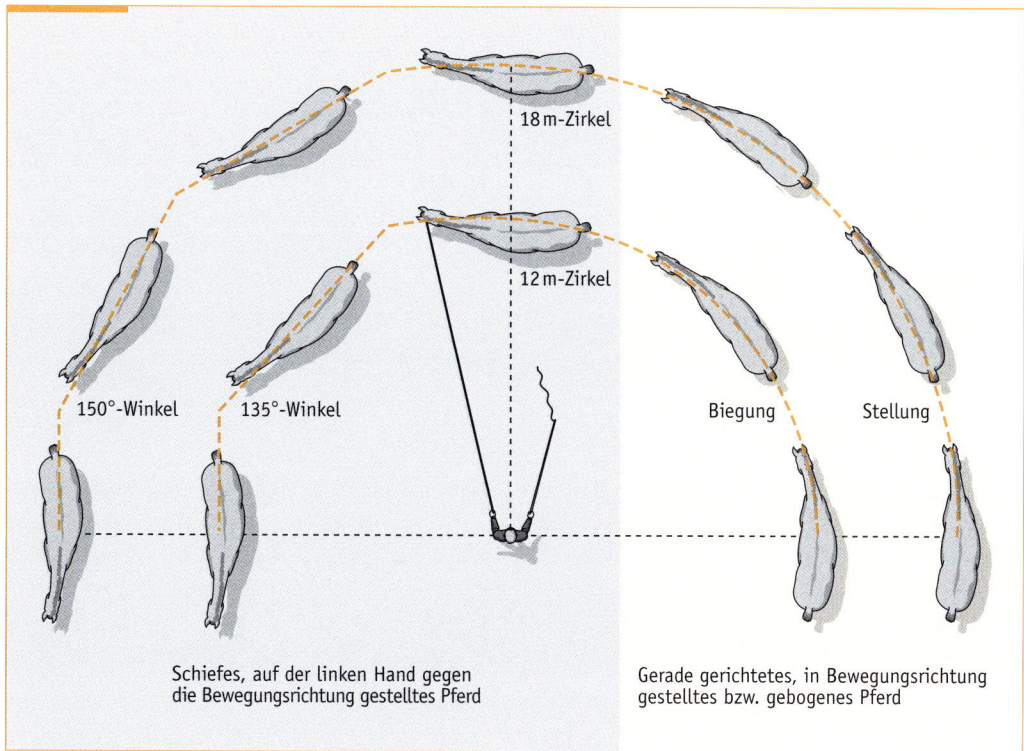

18 m-Zirkel

12 m-Zirkel

150°-Winkel   135°-Winkel

Biegung   Stellung

Schiefes, auf der linken Hand gegen
die Bewegungsrichtung gestelltes Pferd

Gerade gerichtetes, in Bewegungsrichtung
gestelltes bzw. gebogenes Pferd

Abbildung 12
Vergleich der Zirkellinien eines gerade gerichteten, beim Longieren in Bewegungsrichtung gestellten bzw. gebogenen Pferdes und eines stark rechts-schiefen, auf der linken Hand der Bewegungsrichtung entgegen gestellten Pferdes. Beachten Sie den mit abnehmendem Zirkeldurchmesser engeren Winkel, um den das rechts-schiefe Pferd laufen muss, und wie hart es sich deshalb beim Hineinlaufen in den Winkel an der Longenhand stößt.

longenführenden Hand bis zur Hüfte und den dadurch geringfügig verkleinerten Radius auf die kommende Ecke vorbereiten. Das Pferd kommt durch dieses Manöver leichter um die Ecken und wird bald eine annähernd runde Kreisbahn um Sie, den unbewegten Mittelpunkt, ziehen.
Diese Hilfe in den Ecken auf dem Zirkel dient zwei Zielen: Zum einen bleiben Takt und Losgelassenheit besser erhalten oder werden schneller erreicht. Zum anderen erfolgt hier bereits das erste gefühlvolle Geraderichten

der natürlichen Schiefe des Pferdes. Reißt man das Pferd an der Longe in jeder Ecke nur herum, dann ist die gymnastizierende, verlängernde Wirkung für die rechte Körperhälfte gleich Null. Weichen Sie hingegen dem Zug des Pferdes auf Ihre Hand permanent aus, indem Sie ihm hinterherlaufen und nicht in der Mitte des Zirkels stehen bleiben, dann kann keine konstante Verbindung zum Pferdekopf entstehen und es findet ebenfalls keine Gymnastizierung der rechtsseitigen Muskulatur statt.

Wie läuft das Pferd auf der rechten Hand den Zirkel voll aus?

Auf der rechten Hand nutzt das rechts-schiefe Pferd den auf dem Longierzirkel zur Verfügung stehenden Raum nicht aus und drängt immer wieder in den Kreis hinein. Damit das Pferd den Zirkel voll ausläuft, muss als Erstes die Longe auf das Maß verkürzt werden, mit dem das Pferd noch mit dem Schlag der Peitsche sicher erreicht werden kann. Verwenden Sie dann immer dasselbe, gut von anderen unterscheidbare Stimmkommando (zum Beispiel »rrraus«) und zeigen Sie mit der Peitsche auf die Schulter des Pferdes, wenn es in den Zirkel drängt. Erweitert es den Zirkel daraufhin nicht, dann versuchen Sie, zusammen mit dem Stimmkommando, das Pferd mit dem Schlag der Peitsche *sanft* an Schulter oder Vorderbauch zu treffen. Das Pferd soll sich von Ihrer Hand, verlängert über die Peitsche, an der Vorhand angestupst fühlen und nach außen ausweichen. Haben Sie das

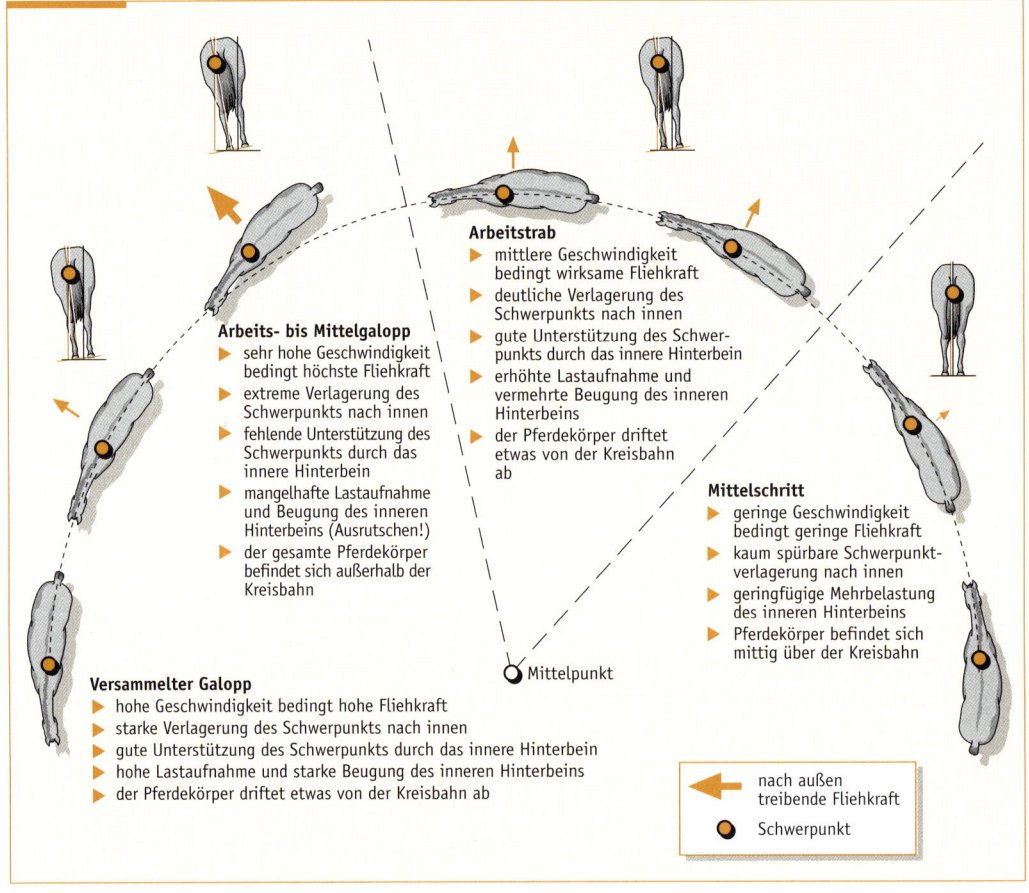

Arbeitstrab
▶ mittlere Geschwindigkeit bedingt wirksame Fliehkraft
▶ deutliche Verlagerung des Schwerpunkts nach innen
▶ gute Unterstützung des Schwerpunkts durch das innere Hinterbein
▶ erhöhte Lastaufnahme und vermehrte Beugung des inneren Hinterbeins
▶ der Pferdekörper driftet etwas von der Kreisbahn ab

Arbeits- bis Mittelgalopp
▶ sehr hohe Geschwindigkeit bedingt höchste Fliehkraft
▶ extreme Verlagerung des Schwerpunkts nach innen
▶ fehlende Unterstützung des Schwerpunkts durch das innere Hinterbein
▶ mangelhafte Lastaufnahme und Beugung des inneren Hinterbeins (Ausrutschen!)
▶ der gesamte Pferdekörper befindet sich außerhalb der Kreisbahn

Mittelschritt
▶ geringe Geschwindigkeit bedingt geringe Fliehkraft
▶ kaum spürbare Schwerpunktverlagerung nach innen
▶ geringfügige Mehrbelastung des inneren Hinterbeins
▶ Pferdekörper befindet sich mittig über der Kreisbahn

○ Mittelpunkt

Versammelter Galopp
▶ hohe Geschwindigkeit bedingt hohe Fliehkraft
▶ starke Verlagerung des Schwerpunkts nach innen
▶ gute Unterstützung des Schwerpunkts durch das innere Hinterbein
▶ hohe Lastaufnahme und starke Beugung des inneren Hinterbeins
▶ der Pferdekörper driftet etwas von der Kreisbahn ab

◀ nach außen treibende Fliehkraft
● Schwerpunkt

Abbildung 13
Nach außen treibende Fliehkräfte, die in Schritt, Trab und Galopp beim Longieren auf das Pferd einwirken, und Verlagerung des Körperschwerpunkts des Pferdes in Abhängigkeit von der Geschwindigkeit.

Pferd bereits beim Führen gut erzogen (siehe Kapitel 6), dann kennt es die Hilfe schon und weiß, was gemeint ist.

Kommt es Ihrer Aufforderung dennoch nicht nach, dann machen Sie zusätzlich einen schnellen Ausfallschritt nach vorn, unterstützt von einem Schlenker der longenführenden Hand auf den Kopf des Pferdes zu. Wenn Sie die weitere Kreisbahn konsequent mit dem Pferd üben, dann genügt bald die etwas angehobene Longenführhand sowie ein Stimmkommando, um das Pferd wieder auf die gewünschte Kreisbahn der straff gezogenen Longe zu bekommen.

In welcher Gangart longiert man das Pferd am besten?

Der Schritt

Im Schritt sollte man ausgebunden wegen der zu großen Einschränkung des Raumgriffs so gut wie gar nicht longieren, weil der Ausbinder die vom Pferd im Schritt für den maximalen Raumgriff benötigte lange Dehnung des Halses verwehrt. Unausgebunden kann man im Schritt auch länger longieren, aber der Gymnastizierungseffekt, vor allem was das Geraderichten angeht, ist im Schritt sehr gering, da die auf der Kreisbahn auf das Pferd nach außen wirkenden (biegenden) Fliehkräfte in dieser relativ schwunglosen Gangart nur sehr gering sind (Abb. 13). Eine Gymnastizierung der Hinterhandmuskulatur für ein besseres Untertreten (siehe Kapitel 3) ist im Schritt allerdings durchaus möglich.

Der Galopp

Vom Galoppieren an der Longe sollten Sie bei jungen und unerfahrenen Pferden generell Abstand nehmen. Ausgenommen sind Pferde, die sich von Natur aus in einem sehr hohen Maße im Gleichgewicht befinden und sich deshalb auf der relativ engen Kreisbahn des Longierzirkels problemlos ausbalancieren können, und das sind zu Beginn einer Ausbildung die wenigsten. Die meisten Pferde hingegen üben beim Galoppieren an der Longe einen starken Zug auf den Longenführer aus. Es fällt ihnen aufgrund der auf der Kreisbahn auf sie einwirkenden Fliehkräfte, die sich mit zunehmender Geschwindigkeit erhöhen, schwer, auf der Kreisbahn zu bleiben (Abb. 13). Dies führt zu einem von der Longe nach innen gezogenen Kopf- und Halsbereich des Pferdes, das mit dem restlichen Körper über die äußere Schulter nach außen ausfällt (Hinterhand fußt weit außen neben der Vorhand). In dieser Haltung fällt es dem Pferd sehr schwer, regelmäßig zu galoppieren, was im Allgemeinen in ein permanentes Zurückfallen in den Trab oder ein sehr unregelmäßiges Tempo mündet. Hinzu kommt, dass das Pferd anfangs auf der rechten Hand aufgrund seines noch ungeübten Gleichgewichts in der Kreisbewegung oft im Links- und nicht im Rechtsgalopp anspringt. Das mehrmals nötige Korrigieren des Außengalopps an der Longe ist durch die geringe Einwirkungsmöglichkeit auf das Pferd sehr schwer bis unmöglich und erzeugt ein erhebliches Maß an Stress und Unruhe bei beiden Beteiligten.

Wollen Sie das Pferd dennoch an der Longe galoppieren lassen, dann machen Sie das entweder auf einem abgeschlossenen, außen begrenzten Longierzirkel, auf dem die Wand das Pferd in hohem Maße mitarbeitet, oder fangen Sie auf einem Zirkel von mindestens 20 Metern Durchmesser an. Lassen Sie das Pferd immer nur kurze Reprisen galoppieren (1–2 Runden) und parieren Sie dann wieder zum Trab durch. Wenn das Galoppieren an der Longe überhaupt irgendeinen nützlichen Effekt hat, dann den, dass man durch Galopp-Trab-Übergänge die Rückenmuskulatur des Pferdes lockern und den Untertritt der Hinterbeine fördern kann. Das erreicht man durch Trab-Schritt-Übergänge aber ebenso gut und wesentlich stressfreier.

Bedenken Sie, dass der regelmäßige und ruhige Galopp auf einem 16-Meter-Zirkel vom Pferd bereits ein gewisses Maß an Biegsamkeit auf beiden Händen und eine zumindest im Ansatz vorhandene Tragkraft der Hinterhand erfordert. Um die Kreisbahn im Galopp korrekt einzuhalten, müssen die nach außen tragenden Fliehkräfte vermindert werden. Dazu ist eine Reduzierung des Tempos erforderlich, die das Pferd durch vermehrtes Unterspringen im Galopp und die dadurch erhöhte Lastaufnahme auf die Hinterhand bewerkstelligen muss. Grundsätzlich kommt hinzu, dass die Belastung für die Pferdebeine mit der Geschwindigkeit zunimmt und diese Belastung auf Kreisbahnen umso höher ist, je enger diese sind. Deshalb lassen Sie nicht zuletzt zur Schonung der Pferdebeine das Galoppieren mit einem durchschnittlich veranlagten Pferd an der Longe zumindest zu Anfang der Ausbildung, am besten aber ganz bleiben!

Der Trab

Aus den Nachteilen der anderen Gangarten ergeben sich zwangsläufig die Vorteile, die das Longieren im Trab mit sich bringt. Die Vorteile des Trabes gegenüber dem Schritt sind durch Schwung und Körperhaltung des Pferdes im Trab begründet. Indem sich das Pferd beim Traben vorn etwas aufrichtet und den Hals verkürzt, kann man es in dieser Haltung relativ problemlos durch einen richtig verschnallten Ausbinder (siehe S. 81) fixieren, ohne dass

dies wie im Schritt die Fähigkeit, den Rücken lang zu machen und mit der Hinterhand weit unterzutreten, maßgeblich behindert.

Daneben ist die höhere Geschwindigkeit im Trab dem Geraderichten des Pferdes förderlich. Die Fliehkräfte beeinflussen das Gleichgewicht des Pferdes im Trab in so spürbarem Maße, dass das Pferd im Gegensatz zum Schritt dazu gezwungen ist, sich aktiv mit dieser Gleichgewichtsbeeinträchtigung auseinander zu setzen (siehe Abb. 13). Im Gegensatz zum Galopp sind im Trab die Fliehkräfte, die das Pferd auf der Kreisbahn nach außen tragen, aber nicht so groß, dass sie das Pferd zum Ausfallen mit der Hinterhand bringen.

Handwechsel nicht vergessen

In dem Moment, in dem wir das Pferd dazu anregen, sich im Trab auf einem Zirkel zu bewegen, muss es den nach außen wirkenden Fliehkräften durch eine Verlagerung des Gewichts nach innen entgegenwirken. Das ist beim Fahrradfahren nicht anders, denn kein Mensch hängt dabei sein Gewicht in einer Kurve nach außen. Der Gleichgewichtssinn regelt die Körperbewegungen zur Erhaltung des Gleichgewichts automatisch. Das allein ist noch nichts Besonderes, denn ist man mit dem Fahrrad um eine Kurve herum, dann richtet man sich wieder auf und verlagert das Gewicht wieder in die Mitte. So macht es normalerweise auch das Pferd. Beim Longieren zwingen wir es jedoch zu einer Dauerkurve. Fahren Sie andauernd mit einem Fahrrad in derselben Richtung im Kreis herum, dann sind Sie, auch wenn Sie keine 600 Kilogramm Gewicht, sondern nur wesentlich weniger verlagern müssen, trotzdem froh, wenn Sie wieder geradeaus fahren dürfen. Die Belastung, die beim Kreisfahren auf Sie wirkt, spüren Sie vor allem am linken Gesäßknochen, da dort Ihr Gewicht stärker auf dem Fahrradsattel aufliegt als normal. Eventuell spüren Sie über die Länge der Zeit auch ein Längerziehen Ihrer äußeren Körperseite und ein Einkrümmen der inneren Körperhälfte. Wenn Sie lang genug immer in der gleichen Richtung im Kreis fahren, werden Sie, auch wenn Sie erst keine Beteiligung der Rücken-, Bauch- und Schultermuskulatur spüren, später doch einen Muskelkater haben.

Und so geht es dem Pferd bezüglich seiner Körperseiten auch. Beim abwechselnden Handwechsel während des Longierens werden die Körperseiten des Pferdes immer wechselseitig gedehnt und gebogen. Das nach innen verlagerte Gewicht spürt das Pferd dabei vor allem auf dem inneren Hinterbein, das mehr belastet wird und durch den Trainingseffekt über die Länge der Zeit mehr tragende Muskulatur ausbildet. Das Pferd wird also beim Longieren im Trab durch unsere Raumbegrenzung auf einen Kreis und die in der Bewegung auf

Um eine halbseitige Überanstrengung zu vermeiden und einem Drehwurm des Pferdes vorzubeugen, sollten Sie beim Longieren alle 5 bis höchstens 10 Minuten die Hand wechseln.

einer Kreisbahn wirkenden Fliehkräfte gerade gerichtet und für eine Lastaufnahme auf das innere Hinterbein trainiert.

Longieren – ein strafendes Erziehungsmittel?

Die Ansicht, dass sich Probleme, die man beim Reiten mit einem Pferd hat, nachfolgend durch besonders intensives Longieren ausmerzen lassen, ist eine weit verbreitete Mär. Dominanz- und Ausbildungsprobleme werden sofort in der jeweiligen Situation oder gar nicht gelöst. Man kann sie nicht bis zum Longieren aufschieben, auch wenn viele Reiter (in den meisten Fällen aus Feigheit und Unbeherrschtheit heraus) eben dieser Meinung sind. Es sind hier nicht die Reiter gemeint, die ein übermütiges oder heftiges Pferd zuerst einmal an der Longe ausbuckeln lassen, bevor sie beim Reiten Kopf und Kragen riskieren, sondern die Reiter, die nur am Boden stark sind und meinen, dass ein in Wut schweißnass longiertes Pferd in irgendeiner Form geläutert aus der Prozedur des Longierens hervorgeht. Dem ist auf keinen Fall so! Das Pferd versteht die Zusammenhänge zwischen seinem Ungehorsam beim Reiten und der Strafarbeit am Boden nicht, weil derartig komplexe Rachefeldzüge nicht seinem Denk- und Empfindungsvermögen entsprechen.

8. Gebiss und Sattel

Gebiss und Sattel stellen beim Reiten zwei wichtige Hilfsmittel zur Kommunikation mit dem Pferd dar, da alle Reiterhilfen (die Stimme ausgenommen) über diese beiden Utensilien auf das Pferd übertragen werden. Grund genug, um beide mit Sorgfalt und nötigem Sachverstand auszuwählen.

Die Wahl des richtigen Gebisses

Denn sie wissen nicht, was sie tun...
Die Zahl der verschiedenartigen Gebisse und Zäumungen für Pferde ist heutzutage beinahe unüberschaubar geworden. Dabei reichen für 99 Prozent der Reiter und ihrer Pferde genau zwei Gebisstypen aus – die einfach und die doppelt gebrochene dicke Wassertrense in einem kombinierten englischen Reithalfter. Schaut man sich aber an, was die lieben Mitreiter so alles an Zäumungen (Pelham, Hackamore, Kandare etc.) für ihr Pferd im Sattelschrank hängen haben, dann scheint das eine Prozent der Restreiter in allen Reitställen überproportional stark vertreten zu sein. Eigentlich sollte es sich bei diesen Reitern um feinfühlige, sehr gut reitende Spezialisten handeln, welche die Handhabung scharfer Gebisse auf pferdefreundliche Art und Weise beherrschen.

> Abgesehen von in höheren Klassen reitenden Spezialisten, die mit scharfen Gebissen umgehen können, ohne dem Pferd wehzutun, sollte jeder Reiter der Versuchung widerstehen, ein schärferes Gebiss als eine Wassertrense zu verwenden.

Mangelhafte Reitkenntnisse und ruppige Hilfengebung der scharf Bewaffneten legen aber die Vermutung nahe, dass sie Gebiss oder Zäumung unter dem Gesichtspunkt: »Denn sie wissen nicht, was sie tun...«, ausgewählt haben.

Die heute weit verbreitete Unsitte, mangelndes reiterliches Können durch ein anderes Gebiss beziehungsweise eine andere Zäumung zu »beheben«, soll hier auf das Schärfste verurteilt werden! Wer beispielsweise sein Pferd im Gelände nicht halten kann, der soll ihm nicht durch ein scharfes Gebiss Schmerzen verursachen, sondern so lange in der Reitbahn seine eigenen Fähigkeiten und die Durchlässigkeit seines Pferdes verbessern, bis er es auch auf Wassertrense ins Gelände reiten kann.

Die fehlende Bereitschaft vieler Reiter, sich bei Problemen mit dem Pferd an der eigenen Nase zu fassen und durch zugegebenermaßen oft langwieriges und schweißtreibendes Üben die eigenen Fähigkeiten zu verbessern, wird anhand des Gebissmissbrauchs besonders deutlich. Das gilt auch für das Ausweichen auf gebisslose, scharfe Zäumungen, denn nicht nur das Maul sondern auch der Nasenrücken des Pferdes ist sehr empfindlich. Unterstützt von Ausbildern, die nicht auf der Seite des Pferdes, sondern des Geldes stehen und die Ungeduld des Kunden über mangelnde Reitfortschritte fürchten, ist das »Reinhängen eines anderen Gebisses« zum Problemlöser Nummer eins geworden. Mancher Reiter beherrscht sein Pferd damit auch scheinbar besser. Das beruht jedoch nicht auf dem simplen Austausch des Gebisses, sondern schlicht und ergreifend darauf, dass dem Pferd Schmerzen zugefügt werden. Ganz zu schweigen davon, dass man sich mit nichts besser den Weg zu einer erfolgreichen Pferdeausbildung im Sinne der *Skala der Ausbildung* verbaut als mit einem zu scharfen Gebiss in ungeübten Reiterhänden.

Wie weh tut ein scharfes Gebiss?

Manchem Leser mag die strikte Ablehnung eines schärferen Gebisses nicht ganz verständlich sein, da in anderen Kapiteln dieses Buches mitunter ebenfalls Hilfsmittel befürwortet werden und zur Bewältigung von kritischen Situationen mit dem Pferd manchmal sogar zu dosierter »Gewaltanwendung« geraten wird. Dies ist richtig. Es gilt aber zu unterscheiden zwischen Hilfsmitteleinsatz und Gewaltanwendung, die kontraproduktiv sind und deshalb vermieden werden sollten, und solchen, die notwendig sind. Bei ihrer Beurteilung sind sowohl das Schmerzmaß als auch der Lernerfolg für das Pferd zu berücksichtigen. Haue ich einem Pferd – aus welchem Grund auch immer – mit der blanken Hand heftig eine runter (nicht am Kopf und an den Beinen, sondern immer am gut bemuskelten Körper), um mir Respekt zu verschaffen, dann schmerzt mich die eigene Hand hinterher wahrscheinlich ähnlich stark wie das Pferd die betroffene Körperstelle. Welcher Mensch aber kann die schmerzhafte Wirkung eines ungebrochenen Gebisses in groben Reiterhänden auf Zunge, Laden und Genick eines Pferdes beurteilen? Hinzu kommt, dass die Form der direkten körperlichen Auseinandersetzung für das Pferd artgerecht ist. Es weiß, dass es mit einem Schlag gestraft wurde, weil es sich eines Vergehens schuldig gemacht hat. Jedes Pferd wird von seiner Mutter so erzogen, und jedes Pferd regelt seine Streitigkeiten mit anderen Pferden auf genau diese Art und Weise. Den Schmerz eines scharfen Gebisses bringt das Pferd aber – wenn überhaupt – höchstens indirekt mit seinem Vergehen, sich nicht halten zu lassen, in Verbindung. Würde es aus den Schmerzen der rüden Gebisseinwirkung bezüglich seines Verhaltens etwas lernen, dann würde wie in anderen Erziehungssituationen der einmalige Einsatz dieses strafenden Mittels bereits Erfolg zeigen. Dem ist aber meistens nicht so, denn kaum ist das scharfe Gebiss wieder gegen ein milderes eingetauscht, hat der Reiter dieselben Schwierigkeiten wie vorher auch.

Auf längere Sicht kann zwar durchaus bei manchen Pferden ein gewisser Lerneffekt eintreten, der im Hinblick auf die Ausbildung des Pferdes aber nur negative Aspekte beinhaltet: Pferde, die von ungeübten Reitern oft mit einem scharfen Gebiss geritten wurden, halten den Rücken fest. Sie zögern beim Vorwärtsgehen in allen Grundgangarten, was negative Auswirkungen auf Takt und Losgelassenheit hat, und treten gar nicht mehr oder nur schlecht zur Erlangung der Anlehnung ans Gebiss heran. Kein Wunder, wenn dem Pferd meistens für sein restliches Leben Bewegungsfreude und Anlehnung an die Reiterhand mit Schmerzen abgewöhnt wurden! Ein solches Pferd fasst nur in der Hand von Fachleuten jemals wieder Zutrauen zur Reiterhand. Ein Problempferd mehr, das nie eines geworden wäre, wenn der Reiter sich mit der eigenen Ausbildung etwas mehr Mühe gegeben hätte!

Wie falsche Gebisse die Ausbildung behindern

Nun wird sich mancher Leser gedanklich lobend auf die eigene Schulter klopfen, da er nicht nur keine scharfen Gebisse verwendet, sondern sogar noch einen Schritt weitergegangen ist und das harte Metall der Wassertrense gegen ein weicheres Leder- oder Gummigebiss eingetauscht hat. Hierzu ist zu sagen, dass die

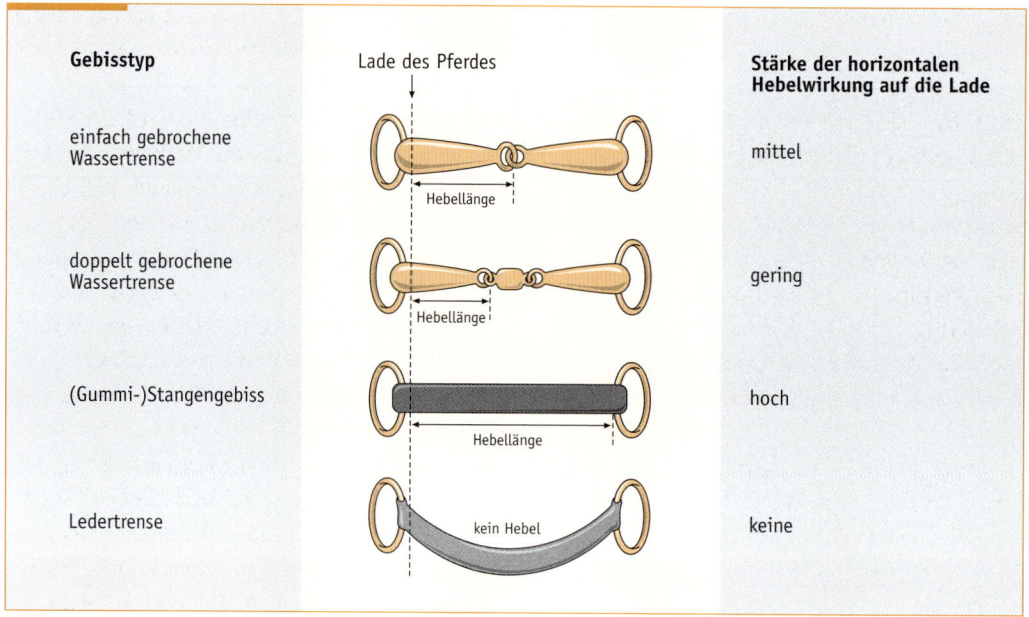

Gebisstyp	Lade des Pferdes	Stärke der horizontalen Hebelwirkung auf die Lade
einfach gebrochene Wassertrense	Hebellänge	mittel
doppelt gebrochene Wassertrense	Hebellänge	gering
(Gummi-)Stangengebiss	Hebellänge	hoch
Ledertrense	kein Hebel	keine

Abbildung 14
Darstellung der Hebellänge verschiedener Gebisstypen und davon abhängige Hebelwirkung auf die Laden des Pferdes.

Wirkung der meist ungebrochenen, oft auch noch mit Metallkern versehenen Gummigebisse durch die (durch ihre Starrheit bedingte) große Hebelwirkung auf die Laden des Pferdes oft härter ist als die einer gebrochenen Wassertrense (Abb.14). Deshalb muss der Reiter beim Reiten mit Stangengebissen darauf achten, in Wendungen mit der äußeren Hand immer ausreichend nachzugeben

Nun ist aber kaum etwas einem Reitanfänger so schwer beizubringen wie das konsequente Führen des Pferdes während des Reitens – auch durch Wendungen – an der äußeren Zügelhand (siehe Kapitel 10). Nun soll und will der Reitschüler also lernen, das Pferd an der äußeren Hand zu führen – mit einem Gebiss im Maul des Pferdes, das er wegen der zu großen Hebelkräfte im Vergleich zu

einer gebrochenen, dicken Wassertrense außen nicht richtig anfassen darf. Sie sehen, man kann sich das Reitenlernen auch selbst schwer machen! Hinzu kommt, dass die oft sehr dicken Gummigebisse vor allem bei Pferden mit kleinem Maul zum Herumbeißen auf dem Gebiss führen, weil das Pferd das voluminöse Gebiss als Störkörper empfindet und der weiche Gummi beim Draufbeißen wie Kaugummi wirkt (letzteres gilt auch für Ledergebisse).

Nichts sollte ein Reiter aber mehr scheuen, als dass das Pferd anfängt, sich bewusst mit dem Gebiss in seinem Maul zu beschäftigen! Solange es das Gebiss als gott- beziehungsweise menschengegeben hinnimmt und sich nicht weiter damit beschäftigt, ist alles in bester Ordnung. Fängt ein Pferd aber an, durch ein falsch verschnalltes, nicht passendes Gebiss, durch häufigen Gebisswechsel oder einfach nur aus Langeweile beim Reiten mit dem Gebiss zu spielen (Zähneknirschen, mit Gebiss und Trensenringen klappern, Zunge über das Gebiss nehmen etc.), dann ist ihm das sehr schwer oder gar nicht mehr wieder abzugewöhnen. Spielen mit dem Gebiss führt dazu, dass die Einwirkung der Reiterhand stark vermindert ist und das Pferd sich beim Reiten nicht auf die Hilfen konzentriert, weil es zu sehr mit Spielen beschäftigt ist.

> Vermeiden Sie also grundsätzlich alles, was das Pferd zur ungewollten Beschäftigung mit dem Gebiss anregen könnte!

Hebelwirkung und Stoßkraft von Gebissen

Das Ledergebiss (ohne Kern) hat durch seine Biegsamkeit die oben beschriebenen Nachteile eines Stangengebisses nicht, lässt aber auch die Vorteile vermissen, die Gebisse mit Hebelwirkung haben. Mit Hebelwirkung ist hier nicht die vertikale Hebelwirkung auf Laden und Genick des Pferdes durch Anziehen am Gebiss (wie bei der Kandare) gemeint, sondern die horizontale Hebelwirkung, die starre Gebissteile beispielsweise bei halben Paraden (siehe Kapitel 10) auf die Laden des Pferdes ausüben (Abb. 14). Auch hier gelten die Gesetze der Physik: Je länger der Hebel, desto größer ist die Wirkung. Das doppelt gebrochene Gebiss einer Wassertrense hat deshalb eine geringere Hebelwirkung als das einfach gebrochene Gebiss, weil dessen Gebissglieder kürzer sind und das zweite Gelenk die Hebelwirkung noch zusätzlich entschärft. Durch die Dreigliedrigkeit des doppelt gebrochenen Gebisses werden außerdem bei starker Zügelannahme die Zunge nicht eingeklemmt und das Gaumendach nicht vom Gelenk des Gebisses gestoßen (Nussknackereffekt).

Sieht man einmal von derart rüder Handeinwirkung ab, ist die sanftere Wirkung des doppelt gebrochenen im Vergleich zum einfach gebrochenen Gebiss also auf die verringerte Hebelwirkung der kürzeren Gebissteile auf die Laden zurückzuführen. Im Umkehrschluss bedeutet das aber, dass die Reiterhand umso mehr Kraft ausüben muss, um dieselbe Wirkung auf die Laden des Pferdes zu erzielen, je geringer die Hebelwirkung eines Gebisses ist. Das Ledergebiss verfügt über gar keine Hebelwirkung und benötigt deshalb eine kräftigere Handeinwirkung des Reiters. Diese geht meistens mit Unruhe der Hände durch Ziehen einher, da zum Beispiel das »Schwammausdrücken« bei halben Paraden (siehe Kapitel 10) oft nicht ausreicht, um die gewünschte Wirkung beim Pferd zu erzielen.

> Ziel jeder Reitausbildung sollte eine ruhige Hand sein, die weitgehend unsichtbare, fein abgestimmte Zügelhilfen gibt, was wiederum nur mit einem entsprechend geeigneten Gebiss funktioniert.

Natürlich kann man versuchen, ein Pferd durch die Verwendung eines Ledergebisses vor der eigenen unruhigen Hand zu schützen, doch Feinheit im Maul erhält oder erreicht man dadurch bei einem unausgebildeten Pferd auf die Dauer nicht. Ein bereits gut ausgebildetes, im Maul sehr sensibles Pferd, das durch die Hebelwirkung der Wassertrense gelernt hat, sich bei halben Paraden kurzzeitig minimalst vom Gebiss abzustoßen und sich demzufolge aufzunehmen, kann eventuell mit einem Ledergebiss auf noch feinere Zügelhilfen, die ganz ohne die Hebelwirkung des Gebisses auskommen, abgestimmt werden. Solch ein Pferd kann eventuell sogar mit einer vollkommen gebisslosen Zäumung geritten werden. Ein relativ unausgebildetes Pferd braucht aber die Hebelwirkung eines Gebisses, um erst einmal zu lernen, dass gewisse Zügelhilfen eine vom Gebiss leicht abstoßende Wirkung haben sollen. Ohne die prellende Funktion eines starren Gebissteils tut sich ein Pferd erfahrungsgemäß mit dem Erlernen der halben Paraden (wieso die so wichtig sind, siehe Kapitel 10) sehr schwer.

Vergleichen wir das einmal mit der Situation, wenn Sie ein Pferd in der Stallgasse zum Umtreten mit der Hinterhand bewegen wollen. Versuchen Sie nur, die Hinterhand herüber zu drücken oder zu schieben, werden Sie oft getreu dem alten Motto »Druck erzeugt Gegendruck!« nichts erreichen. Geben Sie aber dem Pferd einen kleinen Klaps auf die Hinterhand, erfolgt das Umtreten meistens sehr zügig. Mit dem Ledergebiss verhält es sich nun ähnlich. Sie können damit nur Ihren Zug auf die Laden langsam zunehmend verstärken, wohingegen Sie aber mit einem starren Gebissteil einen kleinen, wirkungsvollen Stoß auf die Lade des Pferdes ausführen können. Das Pferd gibt, wie beim Umtreten auch, der Hilfe mit der höheren Stoßkraft schneller nach und erlernt sie leichter, weil es

sie besser wahrnimmt als eine sich allmählich verstärkende Hilfe.

Das gilt übrigens nicht nur für Zügelhilfen sondern auch für alle anderen Reiterhilfen! Im Laufe der Ausbildung wird das Pferd für die Hilfengebung immer stärker sensibilisiert, so dass man mit immer geringeren Stoßkräften bei den Reiterhilfen auskommt.

Wichtige Aspekte beim Satteln

Achten Sie beim Kauf eines Sattels darauf, dass dessen tiefster Punkt in angegurtetem Zustand in der Mitte des Sattels und nicht dahinter liegt. Das ist wichtig, damit Sie einen tiefen und gestreckten Sitz erlernen können. Dieser ermöglicht Ihnen die richtige Anwendung der Reiterhilfen und schont den Rücken des Pferdes (Abb. 15).

Legen Sie den Sattel (auch Westernsättel) immer sanft auf, damit das Pferd zumindest die Reitbahn noch mit entspanntem Rücken betritt. Heben Sie den Sattel immer über dem Widerrist auf das Pferd (auch auf alte Pferde noch), und lassen Sie ihn dann in die richtige Position auf dem Rücken gleiten, damit sich darunter keine Haare quer legen und das Pferd sich langsam an das Gewicht des Sattels gewöhnen kann. Gurten Sie dann ca. eine Handbreit hinter dem Ellbogen (nicht mehr, sonst liegt der Sattel zu weit hinten). Ziehen Sie den Gurt nur so fest, dass der Sattel beim Führen an seinem Platz bleibt oder aber durch die Bewegung des Pferdes beim Führen bis zum Aufsteigen von selbst noch etwas nach hinten in die optimale Position auf dem Rücken rutscht.

Führen Sie ein Pferd nach dem Satteln immer zuerst ein paar Schritte, bevor Sie nachgurten und aufsteigen! Das Pferd kann sich dabei an

Viele Pferde lassen sich mit einem doppelt gebrochenen, dicken Gebiss sehr gut reiten. Bei im Maul etwas unsensibleren Pferden (oft sind das solche mit einem kurzen, starken Hals) ist einer dicken, einfach gebrochenen Wassertrense der Vorzug zu geben.

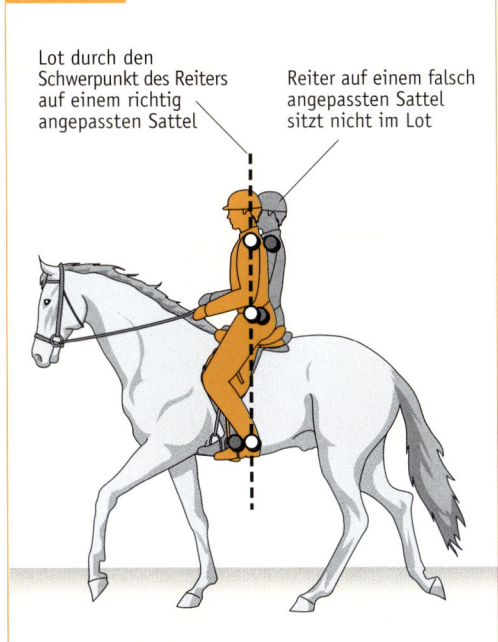

Lot durch den Schwerpunkt des Reiters auf einem richtig angepassten Sattel

Reiter auf einem falsch angepassten Sattel sitzt nicht im Lot

Abbildung 15
Verlagerung der Gliedmaßen des Reiters und seines Schwerpunkts auf einem falsch angepassten Sattel mit nach hinten aus der Sattelmitte heraus verschobenem tiefsten Punkt.

den Sattel und den Druck, den der Gurt auf den Bauch ausübt, gewöhnen und bleibt dann beim Aufsteigen besser stehen. Bei jungen Pferden sollten Sie den losen Gurt auf zweimal festziehen und zwischendurch immer ein paar Schritte gehen, bevor Sie aufsteigen. Lassen Sie größte Sorgfalt walten, denn hat ein Pferd einmal einen Gurtzwang erworben, hat es den meistens für das ganze Leben und ist beim Satteln und Aufsteigen schwer zu handhaben!

Sollten doch einmal Sattel oder Gurt das Pferd drücken, dann merken Sie das meistens daran, dass der Bauch des Pferdes sich am Schenkel sehr hart anfühlt und das Pferd beim Vorwärtsgehen regelrecht quengelt, zögert und stockt (das ist zum Beispiel auch bei beginnender Kolik der Fall).

Ein umsichtig gesatteltes und gegurtetes Pferd ist der beste Ausgangspunkt für eine erfolgreiche Reitstunde.

9. Reiter und Pferd im Gleichgewicht

Ausbildungsziel: die Beherrschung der Pferdebeine

Das Ziel der Pferdeausbildung ist in allen Reitsportdisziplinen (vom Rennsport einmal abgesehen), ein mit leichten Hilfen dirigierbares Pferd, das gehorsam unseren Anweisungen folgt. Wir wollen dabei Einfluss nehmen auf Art, Richtung und Geschwindigkeit seiner Bewegungen. Und da diese aus den Bewegungen seiner Beine resultieren, wollen wir letztendlich also die Kontrolle über jedes einzelne sowie das Zusammenspiel aller vier Beine des Pferdes erlangen.

Das bedeutet, dass wir uns in der Ausbildung auf die Beine des Pferdes, die über seinen Körper zueinander und zum Reiter in Kontakt stehen, konzentrieren müssen. Im Laufe der Ausbildung müssen sich Reiter und Pferd immer stärker der Pferdebeine und ihrer Bewegungen bewusst werden.

> Erst wenn der Reiter die Bewegungen der Pferdebeine nicht nur nicht mehr stört, sondern gezielt beeinflussen kann, dann beherrscht er sein Pferd.

Daraus resultieren zwei wichtige Grundlagen in der Ausbildung:
- die Konzentration auf die Beine des Pferdes,
- das gemeinsame Gleichgewicht von Reiter und Pferd.

Letzteres ist deshalb so wichtig, weil nur ein Reiter-Pferd-Paar, das sich zusammen im Gleichgewicht befindet, die Möglichkeiten zur Bewegung und Steuerung der Pferdebeine voll ausnutzen kann (siehe S. 103).

Leider konzentrieren sich die meisten Reiter ab dem Zeitpunkt, an dem sie halbwegs ihr eigenes Gleichgewicht auf dem Pferd halten können, nicht auf die Beine des Pferdes und das gemeinsame Gleichgewicht, sondern vor allem auf das Maul des Pferdes. Dies kommt zum einen daher, dass in den meisten Reitschulen der Beizäumung des Pferdes (es steht hier bewusst Beizäumung und nicht Anlehnung; zum Unterschied siehe Kapitel 3) zu früh zu große Bedeutung beigemessen wird. Das beeinträchtigt wiederum den Schwung der Grundgangarten und die Erlangung der gemeinsamen Balance von Reiter und Pferd. Zum anderen agiert der Mensch im täglichen Leben hauptsächlich mit seinen (äußerst geschickten) Händen und ist auch beim Reiten versucht, zuerst mit ihnen Einfluss auf das Pferd zu nehmen. Dies steht jedoch im Widerspruch zum definierten Ausbildungsziel, dass der Reiter Einfluss auf die Beine des Pferdes nehmen muss. Ihnen sind aber sowohl räumlich als auch von der Effektivität der Einwirkung her Schenkel, Gesäß und Kreuz des Reiters näher als seine Hände. Und nicht nur das: Die falsche Einwirkung der Hand wirkt sich sogar hinderlich auf die Bewegungen der Pferdebeine aus. Zügelhilfen sind die Hilfen mit dem höchsten Schadenspotenzial beim Reiten. Der Reiter muss also lernen, das Pferd mit den Händen zu fühlen und richtig auf es einzuwirken; vor allem und in erster Linie muss er aber lernen, das Pferd bewusst mit dem übrigen Körper zu spüren, zu reiten und effektvoll auf das Pferd und seine Beine einzuwirken (siehe auch Kapitel 10).

Das Gleichgewicht des Reiters

Das gemeinsame Gleichgewicht von Reiter und Pferd in der Bewegung ist die Basis für erfolgreiches Reiten und Lernfortschritte des Pferdes unter dem Reiter. Deshalb nimmt es von Anfang an einen sehr hohen Stellenwert in der Ausbildung von Reiter und Pferd ein.

> Der Versuch, ein Pferd zu reiten oder auszubilden, mit dem man sich als Reiter nicht im Gleichgewicht befindet, wird früher oder später immer zu Problemen führen.

Sitzschulung an der Longe

Für den Reitanfänger ist es sehr wichtig, erst *an der Longe* zu lernen, in allen drei Gangarten im Gleichgewicht auf dem Pferd zu sitzen, bevor man ihm Zügel in die Hand gibt. Jeder, der Reitlehrer ist oder einen eigenen Reitschulbetrieb hat, wird jetzt nur müde lächeln, weil das zeitlich und ökonomisch gar nicht möglich erscheint. Abgesehen davon dürfte er einen Reitanfänger, dem er mehr als zwanzig Longenstunden (mit jeweils 20–30 Minuten) aufbrummt, weil er immer noch nicht im Gleichgewicht sitzt, nicht mehr lange als Schüler halten können. Wenn dem Schüler niemand erklärt, weshalb die schweißtreibende und Muskelkater produzierende Grundausbildung des Reiters an der Longe so wichtig ist, versucht er meist, sich dieser möglichst schnell zu entziehen und zum wesentlich interessanteren freien Reiten überzugehen.

Was soll man nun als Reitanfänger an der Longe lernen? Sie müssen lernen, sich in allen drei Gangarten aufrecht sitzend (Hände auf die Hüfte gestützt oder Arme waagerecht) den Bewegungen des Pferdes angstfrei und mit lockerer Mittelpositur anzupassen. Sie sollten dazu imstande sein, in allen drei Gangarten freihändig und ohne Bügel mehrere Runden das Gleichgewicht zu halten. Wird Ihnen bei dieser Vorstellung jetzt mulmig, dann sind Sie das beste Beispiel dafür, dass Sie zu früh mit den Longenstunden aufgehört haben oder schlimmstenfalls gar keine hatten. In diesem Fall, und wenn Sie das Reiten wirklich lernen wollen, gehen Sie zum Telefon, und machen den ersten Termin für mindestens zehn Longenstunden aus! Erklären Sie dem Reitlehrer, dass Sie lernen möchten, freihändig im Gleichgewicht auf dem Pferd zu sitzen.

> Im Gleichgewicht auf dem Pferd sitzen zu können ist von eminenter und grundlegender Wichtigkeit, weil nur ein ausbalancierter Reiter jede Bewegung seiner Körperteile, vor allem aber die der Hände, *unabhängig* vom restlichen Körper und der Bewegung des Pferdes koordinieren kann.

Können Sie sich noch an Ihre erste Fahrstunde erinnern? Hat Sie da auch verblüfft, wie viele verschiedene Dinge man beim Autofahren gleichzeitig machen muss? So ähnlich ist es beim Reiten auch, nur dass Sie den bequemen, die Wirbelsäule fixierenden Autositz gegen einen sowohl nach oben, unten, rechts und links schaukelnden Sattel eingetauscht haben. Im Gegensatz zum Autofahren bewegen sich beim Reiten also nicht nur all Ihre Gliedmaßen, sondern auch Ihre gesamte Wirbelsäule einschließlich Hals- und Kopfbereich.

Der Trick an der Geschichte ist nun, als Reiter die Bewegungen des Pferdes und die dadurch verursachten Schwingungen der eigenen Wirbelsäule durch ein Anheben des Beckenbereichs, ein Lockermachen in der Oberbauch-region und ein Ruhighalten des Arm-, Schul-ter-, Hals- und Kopfbereichs so abzufedern, dass daraus keine unerwünschten Bewegungen der eigenen Gliedmaßen resultieren. Erst, wenn man die am Pferdekörper hin und her rutschenden Schenkel und die fahrigen Bewe-gungen der Arme auch im Galopp vollständig unter Kontrolle hat, sollte man dem weichen Pferdemaul die ungeübten Bewegungen der Hände zumuten (von Reiterhilfen noch ganz zu schweigen). Bis zu diesem Zeitpunkt wird man das Pferd sonst sehr oft zur Erhaltung des eigenen Gleichgewichts durch unkontrol-lierte Handeinwirkung im Maul reißen und sich im schlimmsten Fall sogar mit den Zügeln im Pferdemaul festhalten. Das machen zum Beispiel all diejenigen unter Ihnen, denen es bei der Vorstellung graust, freihändig auf einem Pferd zu galoppieren. Die fatalen Folgen wie zum Beispiel Taktstörungen, mangelnde Losgelassenheit, ein festgehaltener Rücken etc., welche die ungewollte Handeinwirkung des Reiters hat, können Sie im letzten Kapitel des Buches über das Lösen eines festgehalte-nen Pferderückens nachlesen.

Der Schwerpunkt des Reiters

Der Körperschwerpunkt des Menschen be-findet sich ungefähr auf Höhe seiner Hüften. Je länger die Beine im Verhältnis zum Ober-körper sind, desto tiefer liegt der Schwerpunkt im Körper des Menschen und umso näher ist dieser beim Reiten am Pferd.

> Je höher der Schwerpunkt des Reiters über dem Pferd liegt, umso instabiler ist der Schwerpunkt im Hinblick auf einen durch die Bewegung des Pferdes verursachten Gleichgewichtsverlust.

Im Schritt und Stand hält der Reiter das Gleichgewicht ohne spürbar eingesetzte Mus-kelkraft nur durch eine günstige Gewichts-verteilung auf das Schambein und die zwei Gesäßknochen. Diese ruhen wiederum im Sattel oder auf dem blanken Rücken des Pfer-des. Im Trab und Galopp nimmt die Geschwin-digkeit des Pferdes enorm zu und die Stütz-fläche des Reiters gerät dadurch in starke Bewegung. Ihm droht der Verlust des Gleich-gewichts nach hinten, welchem er durch eine Schwerpunktsverlagerung nach vorn entgegen-zuwirken sucht. Durch den Einsatz von Mus-kelkraft verändert er seine Körperhaltung und geht beispielsweise in den leichten Sitz, um eine der Geschwindigkeit angepasste Schwer-punktsverlagerung zu erreichen und für die Dauer der schnelleren Bewegung beizubehal-ten. Dies gilt im Übrigen nicht nur fürs Reiten, sondern auch fürs Laufen, Radfahren, Ski-fahren etc.

Ein Pferd mit Rucksack auf dem Rücken

Um sich in die für das gemeinsame Gleichge-wicht nötigen Schwerpunktsverlagerungen von Pferd und Reiter besser einfühlen zu können, stellen Sie sich einmal vor, Sie hätten einen Rucksack auf dem Rücken. Dieser ist so schwer, dass es schmerzt, wenn er Ihnen ins Kreuz fällt, aber so leicht, dass Sie ihn mit einem Sprung in die Luft oder beim Laufen dazu bringen können, auf Ihrem Rücken nach oben zu verrutschen. Nun laufen oder rennen Sie einmal zu Fuß eine Strecke weit mit dem Rucksack auf dem Rücken. Sie werden bald merken, dass der Rucksack Ihnen umso weni-ger unangenehm ins Kreuz fällt, je näher Sie ihn durch das Verstellen der Gurte am Körper behalten können und je weniger sich dadurch Ihre Auf-und-ab-Bewegung auf den Rucksack überträgt. Außerdem werden Sie während des

Laufens Ihren Kopf-Hals-Brust-Bereich stärker nach vorn beugen, als Sie es im normalen Gehen oder ohne Zusatzgewicht auf dem Rücken täten (Abb. 16). Durch das Vorbeugen des Oberkörpers beim Laufen verlagern Sie (so wie ein Pferd, wenn es in eine schnellere Gangart wechselt) zuerst Ihren eigenen Schwerpunkt nach vorn. Durch das weitere Vorbeugen und gleichzeitige Hochnehmen des Rucksacks auf dem Rücken bringen Sie den Schwerpunkt des Rucksacks über Ihren eigenen Schwerpunkt, um in der schnelleren, laufenden Bewegung auch mit dem Rucksack auf dem Rücken im körperlichen Gleichgewicht zu bleiben.

Auf dem Rücken des Pferdes müssen Sie selbst als Rucksack dafür sorgen, dass Sie eng (und wenig verrutschend) am Pferd sitzen und Ihren

> Der Schwerpunkt der (Reiter-)Last muss möglichst nahe über dem Körperschwerpunkt (des Pferdes) liegen, weil dieser Zustand dem natürlichen Gleichgewicht am nächsten kommt.

Schwerpunkt entsprechend der Bewegung des Pferdes verlagern. Das Pferd kann Sie nicht wie einen Rucksack festschnallen, auch wenn es das manchmal gern täte.

Ausbalanciert sitzen

Unabdingbare Voraussetzung für das Erreichen des gemeinsamen Gleichgewichts ist ein in allen Gangarten locker und ruhig (unbeeinflusst von den Bewegungen des Pferdes), im eigenen körperlichen Gleichgewicht auf dem

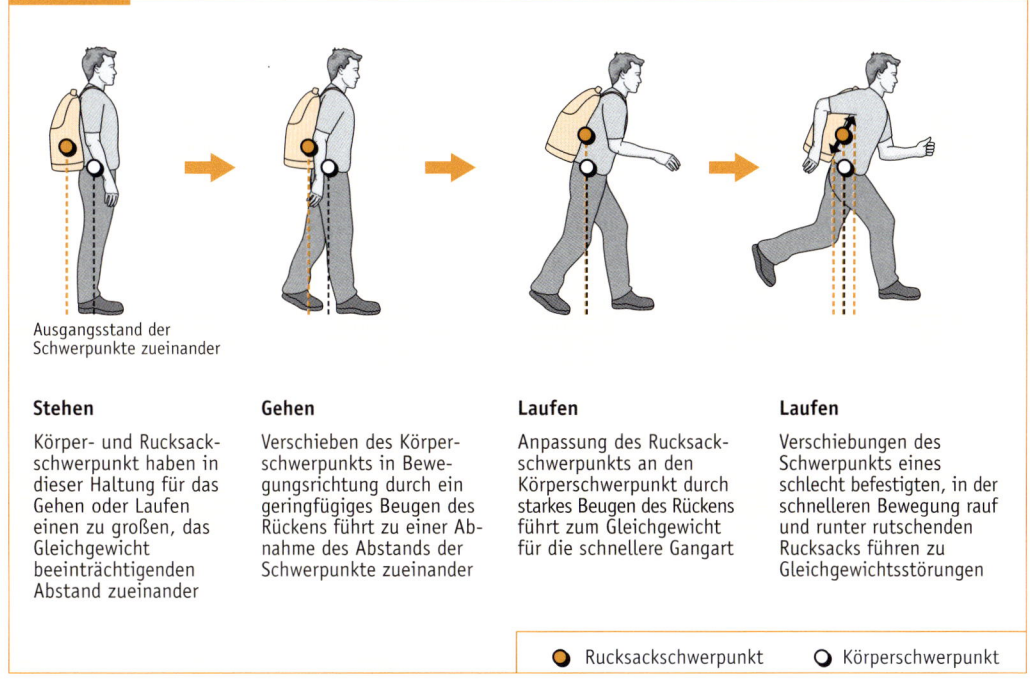

Ausgangsstand der Schwerpunkte zueinander

Stehen

Körper- und Rucksackschwerpunkt haben in dieser Haltung für das Gehen oder Laufen einen zu großen, das Gleichgewicht beeinträchtigenden Abstand zueinander

Gehen

Verschieben des Körperschwerpunkts in Bewegungsrichtung durch ein geringfügiges Beugen des Rückens führt zu einer Abnahme des Abstands der Schwerpunkte zueinander

Laufen

Anpassung des Rucksackschwerpunkts an den Körperschwerpunkt durch starkes Beugen des Rückens führt zum Gleichgewicht für die schnellere Gangart

Laufen

Verschiebungen des Schwerpunkts eines schlecht befestigten, in der schnelleren Bewegung rauf und runter rutschenden Rucksacks führen zu Gleichgewichtsstörungen

● Rucksackschwerpunkt   ○ Körperschwerpunkt

Abbildung 16
Lage und Abstand der Schwerpunkte von Mensch und Rucksack im Gehen und beim Laufen.

Pferd sitzender Reiter (siehe auch Kapitel 10), der den Schwerpunkt nah an dem des Pferdes hat. Dies ist für die meisten Reitanfänger sehr schwer zu erreichen, selbst wenn sie schon mehrere Jahre reiten. Auch wenn der Betrachter meint, dass ein Reiter in der Trab- und Galoppbewegung bereits gut und nah am Pferd sitzt, weil er nicht mehr von außen sichtbar vom Pferd im Sattel geworfen wird, so täuscht dieser Eindruck doch oft über die mangelnde Balance des Reiters auf dem Pferd hinweg. Viele Reiter verhindern nämlich, dass sie vom Pferd geworfen werden, indem sie sich mit den Beinen festklammern und sich mit den Händen an den Zügeln, letztendlich also im Maul des Pferdes festhalten. Dies hat zweierlei Folgen: Zum einen fallen die Gliedmaßen, die der Reiter zum Festhalten benötigt, für eine von der Bewegung des Pferdes unabhängige Hilfengebung weg, zum anderen tut der Reiter dem Pferd weh und schürt so seinen Widerstand gegen das Gerittenwerden. Beides ist einer erfolgreichen Zusammenarbeit zwischen Pferd und Reiter sehr abträglich.

Wenn man beim Rucksack-Beispiel bleibt, dann ist leicht vorstellbar, wie unangenehm das ist, wenn sich Ihr Rucksack mit zwei Beinen um Ihren Brustkasten schraubt. Im schlimmsten Fall sind die Beine auch noch mit Sporen bewaffnet, die Ihnen bei jedem Satz in die Rippen gerammt werden. Die Vorstellung wird Sie genauso wenig begeistern wie die, dass Sie Ihren Rucksack an einem Stück Metall in Ihrem Mund befestigt auf dem Rücken tragen müssen. Sie würden sich möglichst langsam bewegen, um die Schmerzen in erträglichen Grenzen zu halten oder versuchen, sich gewaltsam zu befreien. Nichts anderes tut das Pferd, wenn auch oft in für den Reitanfänger wenig offensichtlicher, spürbarer und deshalb nachvollziehbarer Art und Weise.

Der Reiter, der sich festklammert, anstatt locker, tief und ausbalanciert zu sitzen, macht das nicht aus böser Absicht. Er wird sowohl die Frage, ob er spürt, dass er mit den Beinen klammert oder sich im Maul des Pferdes festhält, um das Gleichgewicht zu bewahren, als auch die Frage, ob er den Widerstand des Pferdes spürt, meistens verneinen. Das rührt daher, dass der Reiter sich anfangs zwar vielleicht darüber wundert, weshalb ihm immer die Beine beim und nach dem Reiten wehtun (begleitet von einem entsprechenden Muskelkater), dass er dieses aber zu Beginn des Reitenlernens als normal ansieht (was es in gewissem Maße auch ist). Irgendwann spürt der Reiter die Anstrengung der Beinmuskulatur beim Reiten dann nicht mehr und meint, nun den optimalen Sitz zu haben. Er hat aber oft lediglich die Beinmuskulatur in seinem falschen Sitz zwischenzeitlich so gut trainiert, dass das Klammern nicht mehr so anstrengend ist. Zudem behindern meistens die im falschen Sitz antrainierten Muskeln, vor allem die durch das Klammern an der Innenseite der Oberschenkel gebildeten Muskeln das Erlernen des tiefen Sitzes mit flach am Sattel anliegendem Oberschenkel.

Mit dem Festhalten im Maul verhält es sich ähnlich. Welcher Reitanfänger weiß schon, wie leicht oder schwer sich die Anlehnung des Pferdes an die Hand anfühlen sollte? Da verwechselt man leicht den Druck der vermeintlichen Anlehnung des Pferdes mit dem Druck des eigenen Festhaltens. Wenn sich über längere Zeit an diesem Druck in der Hand nichts ändert oder auch wenn er schleichend durch den Widerstand des Pferdes zunimmt, sieht der Reiter diesen meistens als gegeben und normal an. Einmal auf dieser Denk- und Fühlschiene angelangt, erachtet der Reiter es oft nicht mehr als notwendig, seinen Sitz zu vervollkommnen,

> Nur der richtige Sitz garantiert, dass das Gewicht des Reiters stabil im Drei-Punkt-Gleichgewicht im Sattel ruht. Hände und Beine des Reiters können so frei agieren und mit dem Pferd kommunizieren. Das eigene, sicher unterstützte Gewicht (Balance) macht es dem Reiter möglich, durch bewusste Gewichtsverlagerungen Einfluss auf das gemeinsame Gleichgewicht mit dem Pferd zu nehmen.

zumal er sich im betreffenden Stadium selbst oft nicht mehr als Reitanfänger (und deshalb auch des Reitunterrichts für nicht mehr bedürftig) einstuft. Von da ist der Weg bis zu dem Gedanken, dass das Pferd daran schuld sein muss, wenn der Reiter trotz eigenem heftigen

Abbildung 17
Horizontale und laterale Lage des Schwerpunkts im Pferdekörper.

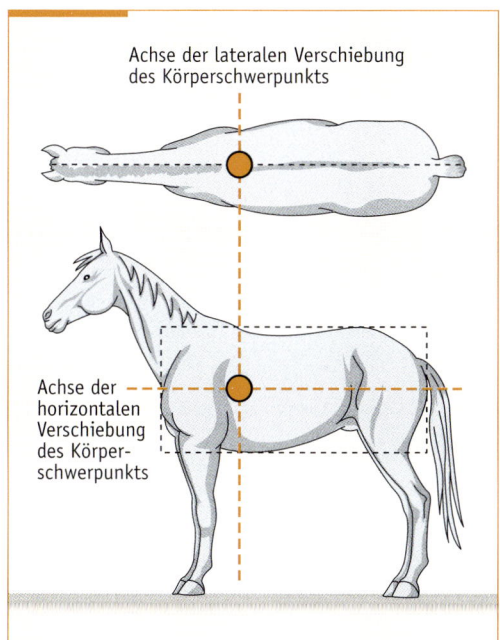

Achse der lateralen Verschiebung des Körperschwerpunkts

Achse der horizontalen Verschiebung des Körperschwerpunkts

Bemühen mit seinem Partner in der Ausbildung nicht weiterkommt, nicht mehr weit. Das ist allerdings ein fataler Trugschluss, der auf der Missachtung des richtigen Sitzes und damit des für jede Ausbildung nötigen Gleichgewichts von Reiter und Pferd beruht.

Das Gleichgewicht des Pferdes

Die Lage des Körperschwerpunkts eines Pferdes ist abhängig von seinem Körperbau bzw. seiner -haltung und stellt bezüglich letzterer immer nur eine Momentaufnahme dar. Der Schwerpunkt liegt generell in der vorderen Körperhälfte des Pferdes. Das bedeutet, dass seine Vorhand immer mehr Gewicht trägt als die Hinterhand.

Laterales und horizontales Gleichgewicht
Man kann im Pferdekörper sowohl ein horizontales als auch ein laterales Gleichgewicht unterscheiden (Abb. 17). Das laterale Gleichgewicht wird vom Maß der Symmetrie der linken und der rechten Körperhälfte beeinflusst. Das horizontale Gleichgewicht ergibt sich aus den Körperproportionen der Vor- und Hinterhand, der Kopf- und Körperhaltung sowie der Geschwindigkeit der Bewegung. Das Pferd verschiebt seinen horizontalen Schwerpunkt vor allem über die Kopf- und Halshaltung (Abb. 18). Das Pferdegewicht wird im Stand von vier, in der Bewegung von drei, zwei, einem oder in bestimmten Bewegungsphasen sogar keinem Bein unterstützt. Die dabei in den verschiedenen Gangarten auftretenden Gleichgewichtsänderungen bedingen den Schwung der jeweiligen Bewegung. Die von Natur aus gegebene starke Gewichtsbelastung der Vorhand schränkt die Bewegungsmöglichkeiten des Pferdes unter der

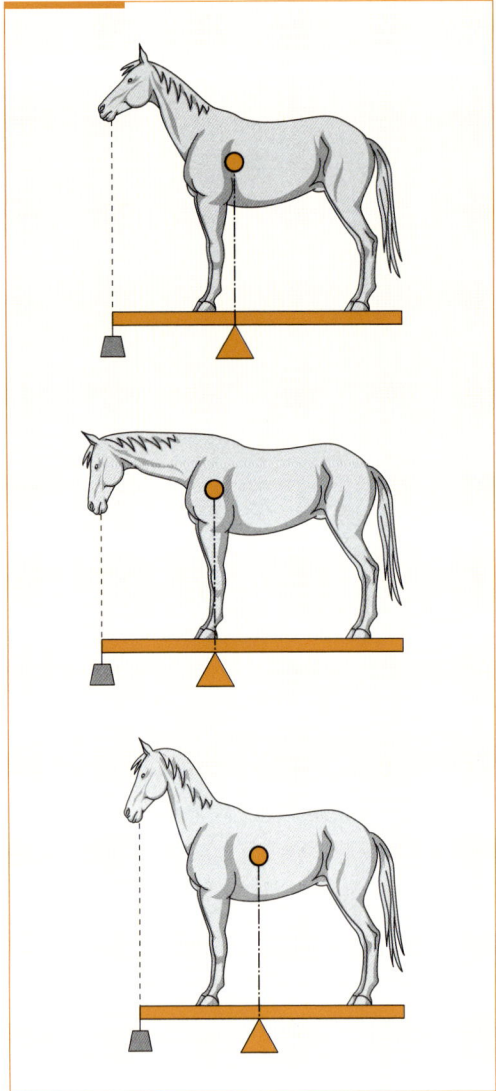

Abbildung 18
Horizontale Verschiebung des Schwerpunkts des Pferdes durch die veränderte Körperhaltung.

sein, die Körperproportionen des Pferdes so zu verändern, dass sich sein Körperschwerpunkt allein schon wegen der schwereren Hinterhand nach hinten verlagert. Das bedeutet, dass Sie beim Reiten gezielt die Hinterhand für die Gewichtsaufnahme trainieren müssen. Die Zunahme der Bemuskelung bewirkt zum einen einen Zuwachs an Masse, zum anderen resultiert daraus eine verstärkte Fähigkeit zur Hankenbeugung, die über eine Veränderung der Körperhaltung des Pferdes beim Reiten zu einer Schwerpunktsverschiebung nach hinten führt.

> Die teilweise Verlagerung des Pferdekörpergewichts von der Vorhand auf die Hinterhand und die daraus resultierende Verminderung des horizontalen Ungleichgewichts sorgt für stärkere Beweglichkeit und größeren Raumgriff der Vorder- und Hinterbeine vor allem nach vorn, aber auch zur Seite.

Das Pferd zeigt zu Beginn der Ausbildung unter dem Reiter aber nicht nur das eben besprochene horizontale Ungleichgewicht, sondern auch ein laterales. Es hat nämlich eine schiefe, meist rechts gekrümmte Körperachse und weist deshalb eine mehr oder weniger ausgeprägte Asymmetrie der Körperhälften auf. Die Bekämpfung der natürlichen Schiefe des Pferdes zur Kompensierung des lateralen Ungleichgewichts (siehe Kapitel 3 und 10) erhöht auf beiden Händen die sichere Bewegung auf geraden und gebogenen Linien. Dies resultiert daraus, dass bei einem rechtsgekrümmten Pferd die linksseitigen Beine durch das Geraderichten von Gewicht entlastet werden, weil gleichzeitig die rechtsseitigen Beine mehr Gewicht unterstützen.

zusätzlichen Belastung durch das Reitergewicht ein (siehe S. 102), was man als horizontales Ungleichgewicht des Pferdes bezeichnen könnte. Deshalb muss der Reiter bestrebt

> Die Beseitigung des horizontalen wie des lateralen Ungleichgewichts bewirkt die Verlagerung des Körperschwerpunkts zur Körpermitte des Pferdes hin und garantiert so über die gleich gute Ansprechbarkeit aller Beine die perfekte Umsetzung der Reiterhilfen.

Bessere Ansprechbarkeit der Pferdebeine

Die bessere Ansprechbarkeit der einzelnen Beine des *im Gleichgewicht* gehenden Pferdes schlägt sich in einer verkürzten Reaktionszeit bis zur Ausführung der vom Reiter gewünschten Bewegung nieder. Dies resultiert aus der Tatsache, dass sich als Reaktion auf eine Reiterhilfe das Körpergewicht des Pferdes leichter in alle Richtungen verschieben lässt, bzw. im Einzelfall für die Ausführung einer Bewegung gar nicht so weit verschoben werden muss. Denn hebt das Pferd ein Bein vom Boden an, dann übernehmen immer die am Boden verbleibenden Beine die Unterstützung des gesamten Körpergewichts. Hat das ausbalancierte Pferd keinen Grund, zur Wiederherstellung seines Gleichgewichts den angehobenen Fuß möglichst schnell wieder auf den Boden zu setzen, weil ihm die gleichmäßige Gewichtsverteilung auf die am Boden verbleibenden Beine ein angenehmes Gefühl der Balance vermittelt, dann bleibt ihm mehr Zeit, eine vorangegangene oder im selben Moment einwirkende Reiterhilfe umzusetzen. Ein Pferd, das sich nicht im Gleichgewicht befindet, stellt zuerst zur Herstellung des Gleichgewichts das angehobene Bein wieder ab und setzt frühestens im darauf folgenden Schritt zur Umsetzung der Reiterhilfe an. Dabei geht vor allem bei Richtungsänderungen und in Seitwärtsbewegungen zwischen der Hilfengebung und deren Umsetzung viel Zeit verloren.

Kommt zum Beispiel die Hilfe zum Nach-links-Abwenden, wenn das linke Vorderbein angehoben ist, dann stellt das sich nicht im Gleichgewicht befindende Pferd zuerst ohne eine Richtungsänderung das linke Bein wieder ab. Das rechtsgekrümmte Pferd unterstützt vor allem mit dem linksseitigen Vorderbein sein Körpergewicht. Es darf dieses Bein nicht unbedacht in eine neue Richtung unter dem Körpergewicht wegnehmen, weil die fehlende Unterstützung des Gewichts zum totalen Verlust des körperlichen Gleichgewichts führen würde.

> Das schiefe, nicht ausbalancierte Pferd benötigt zur Herstellung des Gleichgewichts in der neuen Bewegungsrichtung mehr Zeit als ein Pferd im Gleichgewicht.

Es muss erst Gewicht von der linken Vorhand nehmen, um nach links abwenden zu können. Danach steht aufgrund der natürlichen Fußfolge das am Boden stehende linke Vorderbein dem nun angehobenen rechten Vorderbein beim Abwenden nach links im Weg. Die eigentliche Richtungsänderung nach links erfolgt also erst beim nochmaligen Anheben des linken Vorderbeins. Die Zeit, die dabei bis zur Umsetzung der Hilfe verstreicht, beruht auf dem Ungleichgewicht des Pferdekörpers in der Bewegung und eventuell auch, aber nicht unbedingt allein auf mangelnder Sensibilität des Pferdes für die Reiterhilfen oder gar mangelndem Arbeitswillen des Pferdes, wie viele Reiter in derartigen Situationen oft meinen. Wo gegen die natürlichen physikalischen Gesetzmäßigkeiten gearbeitet wird, kann sich nun einmal kein Erfolg einstellen!

Eleganz des Gleichgewichts

Außer der bereits angesprochenen besseren Beweglichkeit der Pferdebeine wirkt sich das körperliche Gleichgewicht auch noch in anderer Beziehung positiv aus.

> Der vom (Ungleich-)Gewicht befreite Raumgriff nach vorn erhöht beim Pferd den Ausdruck und die Eleganz der Bewegung.

Der durch das Erlangen des Gleichgewichts gewonnene Raumgriff verringert auch die Schrittzahl zur Bewältigung einer bestimmten Wegstrecke. Die erhöhte Schrittlänge strahlt Ruhe aus, sowohl nach innen auf Pferd und Reiter als auch nach außen auf den Betrachter. Sie ermöglicht trotzdem gleichzeitig durch einen einzigen großen Schritt enorme Richtungsänderungen oder Tempoerhöhungen. Die Ruhe für Pferd und Reiter ergibt sich dabei aus der Tatsache, dass sich auch durch die verlängerten Schritte die Ansprechbarkeit des einzelnen Pferdebeins erhöht, weil es sich länger in der Luft befindet als bei einem kurzen Schritt. Das Wissen und die Erfahrung, dass Reiter und Pferd bei raumgreifenden Schritten mehr Zeit haben, eine Hilfe zu geben beziehungsweise umzusetzen, erhöht auf beiden Seiten die Zuversicht, den gestellten Anforderungen (z. B. im Reitunterricht) jederzeit gerecht zu werden. Das vermittelt dem Betrachter den Eindruck der Leichtigkeit des Zusammenspiels zwischen Pferd und Reiter. Beide sind in diesem Fall frei vom (Zeit-)Stress, den das Nachhinken der Reaktion der Pferdebeine auf die Reiterhilfen eines sich nicht im Gleichgewicht befindenden Pferdes für beide bedeutet. Und dies macht die Eleganz eines Reiter/Pferd-Paares aus.

Beseitigung des Ungleichgewichts des Pferdes

Das Gleichgewicht des Pferdes wird vom Reiter im Laufe der Ausbildung durch die Verlagerung von Gewicht auf die Hinterhand und das Geraderichten des Pferdes in der Bewegung unter dem Reiter aktiv geschult und immer weiter vervollkommnet. Wichtig ist dabei, dass gleich zu Beginn der Ausbildung die Blockierung einzelner oder aller Pferdebeine durch das bestehende körperliche Ungleichgewicht weitestgehend aufgehoben wird. Dieses Ungleichgewicht beruht beim jungen Pferd meist auf der Ungeübtheit in der Ausbalancierung des gemeinsamen Gewichts in der Reitbahn. Bei auftretendem lateralem oder horizontalem Ungleichgewicht müssen einzelne Beine mehr Gewicht tragen als auch in der Bewegung unterstützen und auffangen. Das kann die Beweglichkeit der Beine erheblich einschränken und führt immer zu Verspannungen im gesamten Pferdekörper. Beseitigt man das Ungleichgewicht nicht, dann wird man dem oben formulierten Ziel der Ausbildung und all seiner Bemühungen aufgrund der Nichtbeachtung natürlicher Gesetzmäßigkeiten nicht näherkommen.

Das Gleichgewicht von Reiter und Pferd

Das gemeinsame körperliche Gleichgewicht von Reiter und Pferd ist die Grundvoraussetzung dafür, dass alle Beine des Pferdes gleichermaßen frei beweglich sind.

Der gemeinsame Schwerpunkt

Diese Beweglichkeit der Pferdebeine beruht letztendlich darauf, dass nur, wenn sich Reiter und Pferd im Gleichgewicht befinden, der Reiter das Pferd in seinen Bewegungen nicht behindert. Das ist immer dann der Fall, wenn sich der körperliche Schwerpunkt des Reiters in einer günstigen räumlichen Position zu dem des Pferdes befindet (siehe S. 96 f.), d. h. die

> Da das Pferd viel schwerer ist als der Reiter, liegt der optimale gemeinsame Schwerpunkt aufgrund der physikalischen Gesetze, die für Masse in Bewegung gelten, nahe an dem des Pferdes. Deshalb muss allein der Reiter mit der Verlagerung des eigenen Schwerpunkts für die Erlangung und Erhaltung des gemeinsamen körperlichen Gleichgewichts sorgen.

Abbildung 19
Körperschwerpunkte von Reiter und Pferd im Gleichgewicht.

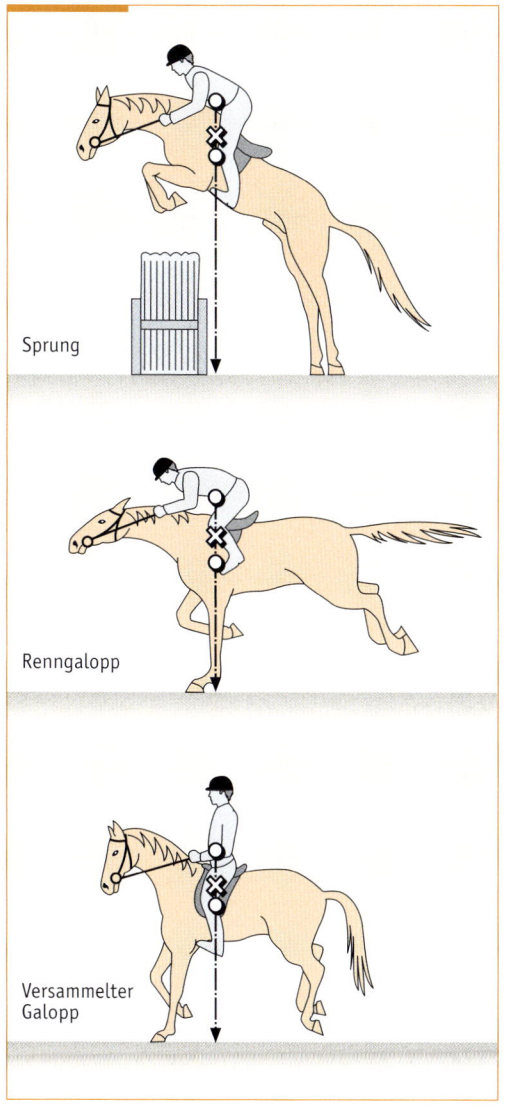

Sprung

Renngalopp

Versammelter Galopp

Schwerpunkte von Pferd und Reiter möglichst gut übereinander im Lot oder nahe an einem gemeinsamen Lot liegen (Abb. 19).
Die räumliche Anordnung der Schwerpunkte zueinander ist im Geradeausreiten vor allem von der Schnelligkeit des Pferdes abhängig. Je schneller das Pferd sich bewegt und je unausgebildeter es ist, desto weiter vorn im Körper liegt sein horizontaler Schwerpunkt. Der Reiter muss in Abhängigkeit von der Bewegung des Pferdes seinen Schwerpunkt nach vorn oder hinten verlagern und in die Bewegung des Pferdes hineingehen, um mit dem Schwerpunkt des Pferdes im körperlichen Gleichgewicht zu bleiben. Es droht ihm sonst im Extremfall der Verlust des eigenen körperlichen Gleichgewichts. Um das zu verhindern, verlagert der Reiter entweder sein Körpergewicht ganz oder vorwiegend auf das Gesäß (Vollsitz) oder er federt einen Teil beziehungsweise das ganze Gewicht mit Hilfe von Knie- und Fußgelenk ab (leichter Sitz). So platziert er seinen Schwerpunkt in räumlich günstiger Position zu dem des Pferdes (Abb. 19).

Die Verlagerung des Schwerpunkts

Das Pferd folgt einer Verlagerung des Reiterschwerpunktes (aus dem gemeinsamen körperlichen Gleichgewicht heraus) nach vorn sehr leicht mit der Verlagerung des eigenen Schwerpunktes in die vom Reiter gewünschte Richtung. Das Pferd reagiert auf das Vorneigen des Reiterkörpers mit einer Dehnung des Halses und der Rückenmuskulatur (Veränderung der Körperhaltung), was zu einer Vorverlagerung seines horizontalen Schwerpunktes führt. Nach hinten klappt das mit der gewünschten gemeinsamen Schwerpunktsverlagerung auf Anregung des Reiters wesentlich schlechter als nach vorn und bedarf meistens des Zusammenwirkens mehrerer Hilfen. Das Pferd muss zuerst wiederholt die kurzzeitige Lastaufnahme nach hinten üben, um die für eine länger anhaltende

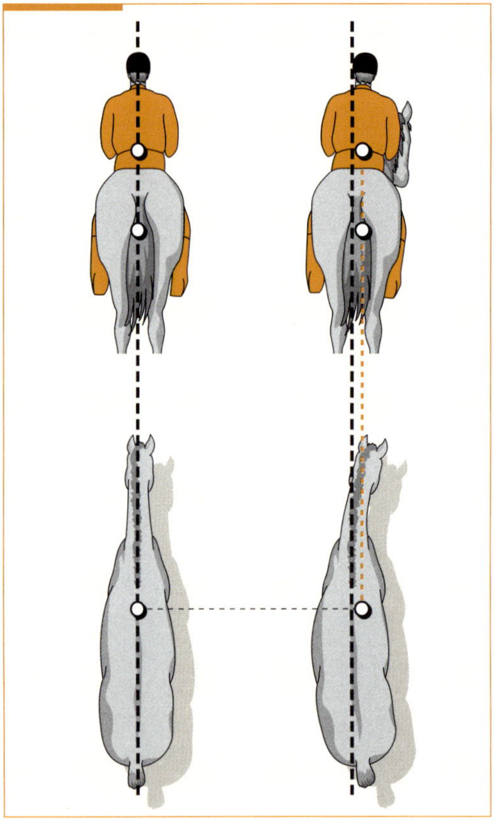

Das Reiten in der Reitbahn bedingt ein andauerndes Verschieben der Körperschwerpunkte von Pferd und Reiter sowohl seitlich als auch vor- und rückwärts und bewirkt eine permanente Veränderung der räumlichen Konstellation der beiden Schwerpunkte zueinander.

Schwerpunktsverlagerung nach hinten benötigte Muskulatur aufzubauen. Der seitlichen Verlagerung des Reiterschwerpunkts zum Beispiel beim Abwenden oder Durchreiten der Ecken der Reitbahn folgt das Pferd hingegen schon früh in der Ausbildung mit einer Verlagerung des eigenen Schwerpunkts in die neue Bewegungsrichtung (Abb. 20).

Je höher ein Reiter seinen Schwerpunkt über dem Pferd hat, umso nachhaltiger wirken sich vor allem unvorhergesehene, plötzliche Schwerpunktsverschiebungen des Pferdes auf sein Gleichgewicht aus. Stoppt, scheut oder steigt etwa ein Pferd, dann verschiebt es unvermittelt seinen Schwerpunkt stark nach hinten. Nur der Reiter, der in diesem Moment seinen Schwerpunkt nah an dem des Pferdes hat, hat eine Chance, der massiven Schwerpunktverschiebung nach hinten zu folgen beziehungsweise ihr im Fall des Steigens durch eine starke Schwerpunktverlagerung nach vorn entgegenzuwirken. Ein tiefer Sitz des Reiters, der den Körper sicher unterstützt, garantiert bei gestrecktem Bein und richtiger Handhaltung einen tiefen Schwerpunkt des Reiters weit vorn im Sattel, nah an dem des Pferdes.

Nur aus einem tiefen, anschmiegsamen Sitz heraus ist auch eine fein abgestimmte Verschiebung des Gleichgewichts um Nuancen möglich, so wie es auf einem gut ausgebildeten Pferd für den Reiter während der meisten Zeit des Reitens der Normalfall ist.

Abbildung 20
Laterale Verschiebung der Körperschwerpunkte von Reiter und Pferd im Geradeausreiten und in der Biegung.

10. Hilfen des Reiters

Die Reitbahn als Gymnastizierungshilfe

Bei den Erläuterungen, die in diesem Buch zum Reiten und zur Ausbildung eines Pferdes gemacht werden, wird immer davon ausgegangen, dass Sie sich mit dem Pferd auf einem räumlich begrenzten Areal aufhalten. Im Idealfall steht Ihnen eine Fläche mit den gängigen Reitplatzmaßen von 20 x 40 oder 20 x 60 Metern zur Verfügung. Haben Sie sich schon einmal Gedanken darüber gemacht, wieso Reitplätze genau dieses Maß haben? Tatsache ist, dass man auf diesen Abmessungen ein Pferd optimal dressurmäßig gymnastizieren kann und dass sich daraus die gegebenen Reitplatzmaße entwickelt haben dürften.

Der Reitplatz – Arena des Geschehens

Am besten kann man einen solchen Platz nutzen, wenn man ihn für sich allein hat, weil man dann, ohne ausweichen zu müssen, auf dem Hufschlag direkt an der Wand beziehungsweise sonstigen Platzbegrenzung entlangreiten kann. Die Wand arbeitet das Pferd nämlich mit. Eine Wand in einer Reithalle arbeitet dabei ein Pferd effektiver als ein Zaun um einen Reitplatz, und ein hoher Zaun ist wirkungsvoller als ein niedriger. Ein gänzlich geschlossenes Areal ist zumindest am Anfang der Ausbildung von Pferd oder Reiter außerdem einem mit offenem Tor vorzuziehen.

Den meisten Reitanfängern erscheinen 20 x 40 Meter zum Reiten zu eng. Sie ziehen größere Plätze vor, weil ihnen dort die Beherrschung den Pferdes leichter erscheint. Große Reitplätze haben beim Einreiten junger Pferde sowie dem

Lösen und der Schwungentwicklung älterer Pferde durchaus Vorteile, doch das Erlernen von Reiterhilfen und Lektionen, die Gymnastizierung des Pferdekörpers und die Förderung der Durchlässigkeit gelingen nur auf einem räumlich eng begrenzten Platz.

> Wollen Sie das Reiten lernen, ein Pferd selbst ausbilden oder die Akzeptanz der Reiterhilfen beim Pferd verbessern, dann müssen Sie auf den Reitplatz – ob Sie wollen oder nicht.

Je besser man selbst reitet und je besser das Pferd ausgebildet ist, das man reitet, umso größer erscheint einem der Raum, der einem auf einem Reitplatz mit den gängigen Maßen zur Verfügung steht. Das resultiert daraus, dass die durch hohen Ausbildungsstand kurzen Reaktionszeiten von Pferd und Reiter das Agieren auf wenig Raum erleichtern.
Die Abmessungen eines Reitplatzes sind so ausgelegt, dass ein trabendes oder galoppierendes Pferd sich an den kuzen Seiten aufnehmen muss, damit es in den Ecken das Gleichgewicht behält. Im Kapitel über das Longieren

> Die Wand einer Reitbahn übt eine so genannte aufnehmende Funktion auf das Pferd aus. Das Pferd muss in der Reitbahn im Vergleich zum freien Gelände das Tempo reduzieren und mit den Hinterbeinen besser unter den Körper treten, damit es in den Wendungen, zu denen die Wand es an der kurzen Seite der Reitbahn zwingt, das Gleichgewicht behält und nicht hinfällt.

(siehe S. 82) hatten wir uns bereits mit den nach außen wirkenden Fliehkräften beschäftigt. Das Pferd muss beim Traben oder Galoppieren in der Reithalle den nach außen tragenden Fliehkräften in geeigneter Weise entgegenwirken, wenn es sich nicht an der Wand stoßen oder hinfallen will.

Die äußere Begrenzung der Reitbahn definiert also den dem Pferd zur Verfügung stehenden Raum. Sie wird deshalb vom Pferd umso nachhaltiger respektiert beziehungsweise übt umso größere aufnehmende Funktion auf das Pferd aus, je massiver sie ist.

Abstoßen und aufnehmen

Je besser sich ein Pferd im Laufe seiner Ausbildung in allen Gangarten im Gleichgewicht bewegen und ausbalancieren kann, desto weniger braucht man als Reiter die Bahnbegrenzung. Vor allem zu Anfang der Ausbildung des Pferdes hält aber der Reiter in der Reitbahn den Pferdekörper durch seine treibenden Hilfen auf der Kreisbahn in Bewegung (wobei das Rechteck der Reitbahn natürlich nur im weitesten Sinne einen Kreis darstellt) und lässt sich das Pferd einfach immer wieder von der die Kreisbahn außen begrenzenden Wand abstoßen und aufnehmen (dieselbe Wirkung hat zum Beispiel auch der Roundpen).

Der Clou dabei ist, dass die Abmessungen der Reitbahn die Handeinwirkung des Reiters bei dieser Form der Gymnastizierung des Pferdes größtenteils überflüssig machen und auf ein Minimum beschränken. Dadurch können Takt und Losgelassenheit schneller hergestellt werden als auf einem weitläufigeren Areal, auf dem man als Reiter zur Aufrechterhaltung einer Kreisbahn zu permanenter Handeinwirkung gezwungen ist, die Gleichgewicht und Vortritt des Pferdes immer wieder negativ

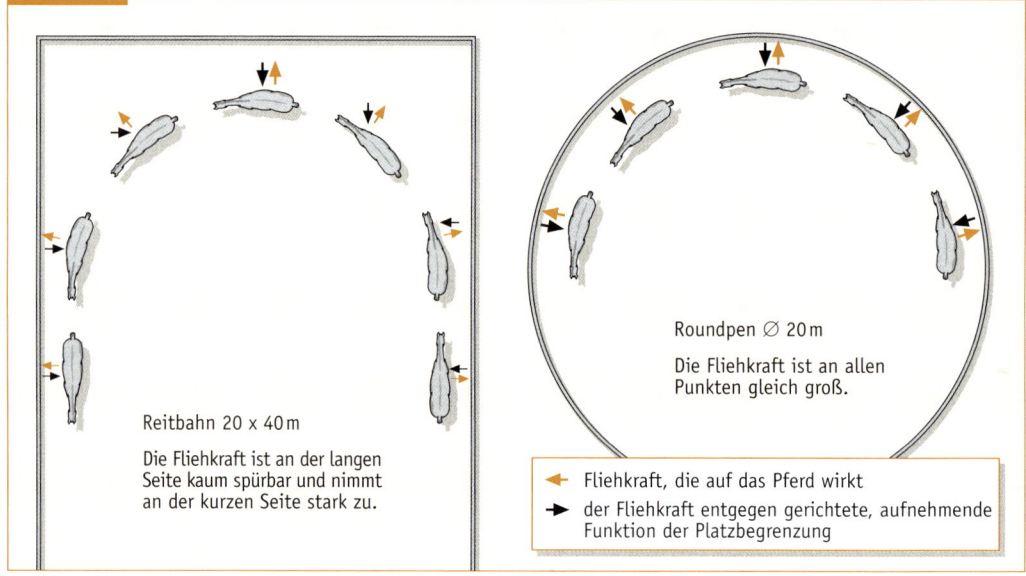

Reitbahn 20 x 40 m

Die Fliehkraft ist an der langen Seite kaum spürbar und nimmt an der kurzen Seite stark zu.

Roundpen Ø 20 m

Die Fliehkraft ist an allen Punkten gleich groß.

→ Fliehkraft, die auf das Pferd wirkt

→ der Fliehkraft entgegen gerichtete, aufnehmende Funktion der Platzbegrenzung

Abbildung 21
Stärke der Fliehkräfte, die in einer Reitbahn oder in einem Roundpen auf ein sich bewegendes Pferd einwirken, und den Fliehkräften entgegen gerichtete, aufnehmende Funktion der Platzbegrenzung.

beeinflusst. Die Effekte sind hier ähnlich wie beim Longieren: Beim Longieren hält der Longenführer das Pferd am Kopf auf der Kreisbahn und sorgt mit Stimme und Peitsche für Bewegung. Beim Reiten in der Reitbahn hält zu Anfang vornehmlich die Wand und nicht (!) der Zügel das Pferd auf der Kreisbahn, die treibenden Schenkelhilfen des Reiters halten das Pferd in Bewegung.

Anfangs tritt beim Reiten durch das Treiben und Abstoßenlassen des Pferdes von der Wand genau derselbe Effekt ein wie zu Beginn des Longierens und das Pferd läuft unter dem Reiter ein von großen Körperschwankungen begleitetes Vieleck. Die dadurch bedingten Störungen des körperlichen Gleichgewichts des Pferdes in der Bewegung resultieren in zum Teil erheblichen Temposchwankungen des Pferdes, die oft eine geradezu stockend wirkende Fortbewegung zur Folge haben. Das Reitergewicht kommt dabei noch für das Pferd als zusätzlich auszubalancierendes Gewicht hinzu.

> Der Ausbilder eines jungen, in der Erhaltung des Gleichgewichts in der regelmäßigen Bewegung unter dem Reiter noch ungeübten Pferdes muss gelernt haben, sein eigenes Körpergewicht in der Bewegung des Pferdes auszubalancieren. Er sollte darüber hinaus imstande sein, die Körperschwankungen des jungen Pferdes durch vorausschauende, ausgleichende Gewichtsverlagerungen seinerseits abzumildern.

Die Handhilfen des Reiters sollten sich in dieser Phase auf das vorsichtige Unterstützen der Gewichtshilfen beschränken. Stößt sich ein Pferd zum Beispiel in der Ecke der Bahn, in der die Tür ist, immer wieder besonders hart an der Wand, weil es zu tief in die Ecke hineinläuft, dann halten Sie es per Gewichtsverlagerung und vorsichtiger Einwirkung über den inneren Zügel davon ab. Sehen Sie aber außer zur gröbsten Regulierung des Tempos sowohl zu Beginn jeder einzelnen Reitstunde als auch am Anfang der Pferdeausbildung von Zügelhilfen ab.

Das Pferd arbeitet sich auf dem Reitplatz selbst

Die lange, gerade Seite der Bahn verschafft dem jungen beziehungsweise ungeübten Pferd beim Reiten um die ganze Bahn regelmäßig eine kleine Erholungspause vom kräftezehrenden Ausbalancieren der Körpergewichte auf dem Bogen zwischen den Ecken der kurzen Seiten (das fehlt beim Roundpen, siehe Abb. 21). So lernt das Pferd im Laufe der Zeit allein durch das ungestörte, regelmäßige Rundherumlaufen um die Reitbahn (unterstützt von vorbeugenden, nicht lektionsbedingten Hilfen; siehe dazu auch S. 117) das gemeinsame Gewicht von Pferd und Reiter in allen Gangarten optimal auszubalancieren. Daraus resultiert dann eine gleichförmige, schön anzusehende und gut zu sitzende Bewegung des Pferdes um die Bahn herum. Da brauchen Sie als Reiter gar nicht viel mehr zu machen, als abzuwarten und Tee zu trinken…

Regelmäßig treiben müssen Sie natürlich schon, aber die Erhaltung des Gleichgewichts in der Bewegung müssen Sie das Pferd am Anfang der Ausbildung in aller Ruhe und möglichst ohne es dabei zu stören allein in der Auseinandersetzung mit der aufnehmenden Funktion der Wand üben lassen (Abb. 22)! Läuft das Pferd dann (größtenteils durch die Wirkung der Reitbahnbegrenzung bedingt) losgelassen im Gleichgewicht, kann es besser auf Ihre Reiterhilfen reagieren (siehe Kapitel 9). In diesem Stadium der Ausbildung erhält das Pferd allein durch die Erlangung des Gleichgewichts von

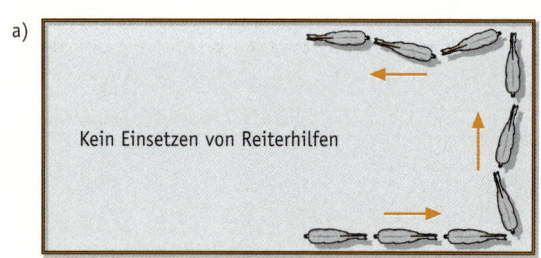

a)

Kein Einsetzen von Reiterhilfen

▶ **Anfangsstadium der Ausbildung**

Ungehindertes, tiefes Hineinlaufen des ungeübten, oft in Außenstellung gehenden Pferdes in die Reitbahnecken resultiert in einem von starken Gleichgewichtsschwankungen begleiteten Vieleck mit starken Stockungen im Bewegungsfluss.

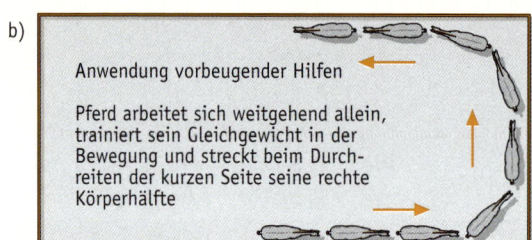

b)

Anwendung vorbeugender Hilfen

Pferd arbeitet sich weitgehend allein, trainiert sein Gleichgewicht in der Bewegung und streckt beim Durchreiten der kurzen Seite seine rechte Körperhälfte

▶ **Zwischenstadium der Ausbildung**

Das großzügige Abrunden der Reitbahnecken in Gerade- oder leichter Innenstellung zum »Osterei« und das kontinuierliche, druckvolle Treiben am inneren Schenkel (einschließlich konstanter Gewichtsverlagerung des Reiters nach innen) regen das Pferd dazu an, der Fliehkraft in den Ecken durch Gewichtsverlagerung nach innen und vermehrte Beugung des inneren Hinterbeins entgegenzuwirken sowie sich gerade zu richten, und vermindern so die Gleichgewichtsschwankungen und Taktstörungen des Pferdes.

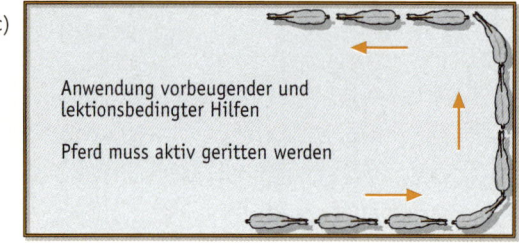

c)

Anwendung vorbeugender und lektionsbedingter Hilfen

Pferd muss aktiv geritten werden

▶ **Endstadium der Ausbildung**

Die bei fortschreitender Gymnastizierung des Pferdes durch das Geraderichten erreichte Streckungsfähigkeit der rechten Körperseite und Biegungsfähigkeit der linken Körperseite erlauben ein Maximum an Biegung durch die Reitbahnecken und ermöglichen so die exakte Ausführung der Hufschlagfigur »Ganze Bahn« unter Beibehaltung von Takt und Gleichgewicht.

Abbildung 22
Erarbeitung der korrekten Ausführung der Hufschlagfigur »Ganze Bahn« auf der linken Hand. Durch zu Beginn der Ausbildung vorbeugend eingesetzte Reiterhilfen schafft der Reiter beim Pferd die Voraussetzungen für die Anwendung lektionsbedingter Reiterhilfen in späteren Ausbildungsstadien.

Pferd und Reiter in der Bewegung und *nicht* durch das Üben einzelner Hilfen die Fähigkeit, eine Reiterhilfe schneller oder gar überhaupt richtig umzusetzen.
Je besser das Pferd am Ende der Ausbildung ausbalanciert ist, umso mehr können Sie dann Tempo und Schwung auf den gebogenen Linien erhöhen, und umso kleinere Bogen können Sie aktiv ohne Stockungen und Tempover-

lust durch die Ecken reiten. So wird aus dem beschriebenen Vieleck zuerst eine Art Ellipse (Rechteck mit abgerundeten Ecken) und dann langsam das Rechteck der Reitbahn. Irgendwann bewegt sich das Pferd unter Ihnen sicher wie ein Schlafwandler auf Geraden wie durch Ecken und geht in allen Gangarten im Gleichgewicht mit Ihnen in regelmäßigem Takt rund um die Bahn herum.

> Erfolgreiche Kommunikation beim Reiten beruht in erster Linie auf der Erlangung und Erhaltung des Gleichgewichts von Pferd und Reiter in der Bewegung, an der die durchdachte Zuhilfenahme der Reitbahnbegrenzung beim Reiten erheblichen Anteil hat!

Immer an der Wand lang

Die meisten Reitanfänger haben Angst davor, die Reitplatzbegrenzung als Hilfsmittel beim Reiten einzusetzen. Sie meinen, dass sie das Pferd vor der Wand abwenden müssen, und vergessen dabei, dass das Pferd durchaus weiß, wann es bremsen und abwenden muss, um die Wand nicht zu berühren. Sie können sich und das Pferd diesbezüglich nur in Schwierigkeiten bringen, wenn Sie Zweifel über die Richtung, in die sich das Pferd von der Wand abstoßen soll, aufkommen lassen. Reiten Sie ein Pferd von der Mitte der Bahn her senkrecht vor eine Wand, dann hat das Pferd zwei Richtungsmöglichkeiten, in die es sich von der Wand abstoßen kann. Das kann für Sie fatale Folgen haben, wenn Sie dieser Abstoßung nicht schnell genug in die richtige Richtung folgen können (bei einer niedrigen Reitplatzbegrenzung besteht sogar noch eine dritte Möglichkeit, die darin besteht, dass das Pferd den Zaun geradeaus überspringt). Machen Sie aber durch stetiges Treiben an der Begrenzung entlang (auf dem Hufschlag) klar, auf welcher Hand sich das Pferd bewegen soll, dann haben Sie und das Pferd außen immer eine Begrenzung, die vor der nächsten Ecke keinen Zweifel darüber offen lässt, in welche Richtung es nach dem Abstoßen von der Wand weitergeht. Wo soll das Pferd also hinlaufen, wenn Sie auf jegliche Handeinwirkung verzichten, was vor allem Anfängern sehr schwer fällt, außer auf dem Hufschlag rundherum?

Das Hineinweichen in die Bahn können Sie mit der Wand an der äußeren Seite ganz einfach abstellen, denn Sie müssen sich ja nur auf die innere Seite des Pferdes konzentrieren. Die äußere Seite des Pferdes arbeitet die Wand für Sie. Sie können all Ihre Kraft und Ihre Konzentration darauf verwenden, das Pferd von innen nach außen möglichst nah an der Wand entlang zu drücken, damit beim Pferd kein Zweifel über die gewünschte Linie – im wahrsten Sinn des Wortes »immer an der Wand lang« – entsteht. Je spitzer Sie dabei die Winkel halten, in denen Sie und das Pferd auf die Wand treffen (Ecken anfangs abrunden!), umso weniger Irrtümer hinsichtlich der Richtung sind möglich und umso geringer ist die abstoßende, aufnehmende und bremsende Wirkung der Wand (Abb. 23). Dies erhöht auch die Wahrscheinlichkeit, dass das Pferd die Abstoßung von der Wand ohne Taktstörung durch Gleichgewichtsverlust überwindet, was vor allem für junge Pferde zu Beginn der Ausbildung für die Erlangung des dauerhaften Gleichgewichts wichtig ist.

Das Reiten in der Reitbahn ist also auch für den Anfänger nicht weiter schlimm, wenn man mit dem berühmten »Osterei« (ganze Bahn mit abgerundeten Ecken) als erster Bahnfigur anfängt. Sie brauchen nicht einmal geradeaus zu lenken, sondern Sie brauchen nur durch einseitig verstärktes Treiben innen zu verhindern, dass das Pferd in die Bahn hineinläuft, dann läuft es mit Unterstützung der Wand von allein den Hufschlag entlang. Also, nutzen Sie die Reitbahnbegrenzung als Hilfe beim Reiten!

Allgemeine Reiterhilfen

Schenkelhilfen

Für beide Hände gilt, dass der innere Schenkel (am Gurt des Pferdes) der hauptsächlich vortreibende und damit auch der das Pferd fühlende Schenkel beim Reiten ist. Er treibt das Pferd schräg durch den Pferdekörper hindurch an die äußere Führhand heran. Der äußere Schenkel hält (etwas hinter dem Gurt des Pferdes) verwahrend und ebenfalls vorwärtstreibend die Hinterhand gegen den vom inneren Schenkel ausgeübten Seitwärtsdruck auf dem Hufschlag. Nur auf Geraden durch die Bahn oder beim Geradeausreiten im freien Gelände liegen beide Schenkel vollkommen parallel am Pferd und treiben es gleich stark vorwärts. Die Einwirkung des äußeren Schenkels verstärkt sich in Wendungen, in denen die unterstüt-

Abbildung 23

Die aufnehmende, bremsende Funktion der Platzbegrenzung und ihre Wirkung auf das Gleichgewicht des Pferdes am Beispiel des Durchreitens einer Ecke in der Reitbahn. Beachten Sie, dass die bremsende aufnehmende Funktion der Platzbegrenzung umso geringer wird, je spitzer der Winkel ist, in dem Reiter und Pferd auf diese auftreffen. Bis Pferd und Reiter die korrekte Biegung in der Ecke beherrschen, die ihnen eine späte und starke Schwerpunktverlagerung in die neue Richtung erlaubt (**c**), muss der Reiter durch rechtzeitiges Abwenden (noch früher als in **b** dargestellt) die Schwerpunktverlagerung von Pferd und Reiter in die neue Bewegungsrichtung einleiten, um die Ecke in der gegebenen Stellung flüssig durchreiten zu können.

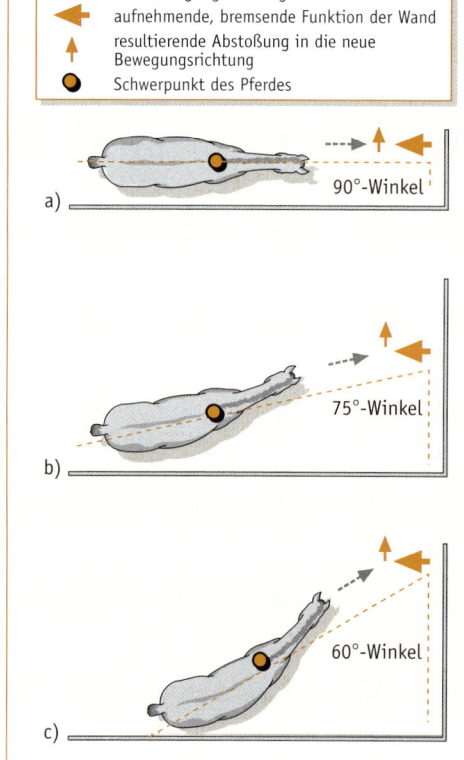

- - - - ▶ alte Bewegungsrichtung
◀ aufnehmende, bremsende Funktion der Wand
▲ resultierende Abstoßung in die neue Bewegungsrichtung
● Schwerpunkt des Pferdes

a) 90°-Winkel

▶ Fehlende Innenstellung und frontaler Aufprall auf die Wand verhindern ein flüssiges Durchreiten der Ecke.
▶ 90°-Winkel zur Wand unterstützt die Richtungsänderung kaum.
▶ Schwerpunkte von Pferd und Reiter werden zu spät in die neue Richtung verschoben.
▶ Es kommt zu starken Stockungen im Bewegungsfluss und enormen Gleichgewichtsschwankungen bei der Richtungsänderung.

b) 75°-Winkel

▶ Mittlerer Winkel zur Wand unterstützt die Fortbewegung in die neue Richtung.
▶ Stellung nach innen und günstiger Winkel garantieren bei frühem Abwenden ein flüssiges Durchreiten der Ecke durch die frühzeitige Schwerpunktverlagerung von Pferd und Reiter in die neue Richtung.
▶ Bei zu spätem Abwenden kommt es trotz Stellung und nur mittlerem Winkel zu Taktverlust und Gleichgewichtsbeeinträchtigung bei der Richtungsänderung.

c) 60°-Winkel

▶ Geringer Winkel zur Wand unterstützt die Fortbewegung in die neue Richtung maßgeblich.
▶ Flüssiges Durchreiten der Ecke mit stark in die neue Richtung verlagertem Schwerpunkt.
▶ Durch zunehmende Biegung kann die Ecke ohne Taktverlust und Gleichgewichtsbeeinträchtigung tiefer ausgeritten werden.

zende Wirkung der Begrenzung der Reitbahn wegfällt. Das Biegen des Pferdes in einer Wendung erfolgt über die Wirkung beider Schenkel. Der innere Schenkel biegt, und der äußere Schenkel fängt die Hinterhand außen auf. Seitwärtstreibend können sowohl der innere als auch der äußere Schenkel einwirken, jedoch jeweils immer nur einer von beiden. Der nicht seitwärtstreibende Schenkel wirkt in einer Seitwärtsbewegung immer ergänzend als Gegenpol zum andern Schenkel verwahrend, vortreibend und/oder stellungsgebend ein.

Gewichts- und Kreuzhilfen

Das Einleiten von Wendungen geschieht durch die Gewichtsverlagerung nach innen. Abgesehen davon setzt man das Gewicht zum Geraderichten des Pferdes (siehe S. 119) sowie zur Erlangung und Erhaltung des gemeinsamen Gleichgewichts von Reiter und Pferd ein (siehe Kapitel 9). Schenkel- und Gewichtshilfen sind automatisch immer auch mit einer Kreuzhilfe verbunden, da das Kreuz des Reiters als Brücke zwischen allen Reiterhilfen fungiert. Kreuzhilfen bestehen darin, dass der Reiter sein Kreuz unterschiedlich stark anspannt. Dazu kontrahiert er nicht nur die Kreuzmuskulatur, sondern vor allem auch Gesäß-, Bauch- und Oberschenkelmuskulatur, so als wenn er, vorn auf der Kante eines Stuhls sitzend, diesen nach vorn kippen wollte. Wenn Sie diese Muskelkontraktion auf dem Stuhl oder Pferd ausführen, dann spüren Sie, wie sich Ihr Becken nach hinten absenkt. Die Kreuzhilfe wirkt so lange, wie Sie das Becken in dieser Position halten. Die Reaktion des Pferdes auf eine Kreuzhilfe wird hauptsächlich von der gleichzeitig einwirkenden Handhilfe des Reiters bestimmt. Gibt die Hand eine ganze Parade zum Anhalten, dann wirkt die Kreuzhilfe stark unterschiebend auf die Hinterhand des Pferdes

(gleichzeitiger Schenkeldruck immer vorausgesetzt). Gibt die Hand im selben Augenblick eine halbe Parade, dann wirkt die Kreuzhilfe gleichzeitig unterschiebend und vortreibend. Verhält die Hand sich ruhig oder gibt sie sogar nach, dann hat die Kreuzhilfe zusammen mit einem beidseitigen Schenkeldruck einen stark vortreibenden Effekt.

> Aus der Stärke, mit der jede Hilfe in einem bestimmten Augenblick im Zusammenspiel aller Hilfen eingesetzt wird, resultiert die Wirkung auf das Pferd. Man kann und sollte eine Reiterhilfe nie isoliert einsetzen, da ihre Wirksamkeit dann deutlich eingeschränkt oder gar nicht vorhanden ist.

Der richtige und der falsche Sitz des Reiters

Bei der Beschreibung des Gleichgewichts von Reiter und Pferd sowie des Reiters auf einem schlecht angepassten Sattel ist bereits auf den richtigen Sitz des Reiters hingewiesen worden (siehe S. 93). Außerdem ist in jedem einschlägigen Lehrbuch der richtige Sitz des Reiters nachzulesen. Deshalb soll hier nur kurz auf das, was den richtigen Sitz ausmacht, und drei noch nicht angesprochene wichtige Vorteile, die beim Reiten aus einem korrekten Sitz des Reiters resultieren, eingegangen werden (Abb. 24):
Der wichtigste Vorteil des richtigen Sitzes ist die gute fühlende Funktion und vortreibende Wirkung, welche die Schenkel nur in der richtigen Position haben. Des Weiteren kann der durch das Gewicht und das aktive Kreuzanspannen bedingte vortreibende Effekt des Kreuzes auf das Pferd nur bei korrekter Körperhaltung des Reiters richtig dosiert werden.

Zu allerletzt garantiert auch nur die richtige Handhaltung eine sensible Verbindung zum Pferdemaul und die uneingeschränkte Akzeptanz von Zügelhilfen beim Pferd. Mit welchen Hilfen will ein nicht korrekt sitzender Reiter also erfolgreich einwirken?

Der Spaltsitz

Die meisten Reiter mit nicht wirkungsvoller Haltung zeigen auf dem Pferd entweder den Spaltsitz oder den Stuhlsitz. Im so genannten Spaltsitz kippt der Reiter mit dem Oberkörper nach vorn und hängt (mehr als dass er sitzt) kurz hinter dem Widerrist ganz vorn im Sattel. In dieser Position verpufft die Gewichtseinwirkung des Reiters wirkungslos über der Schulter des Pferdes (Abb. 24). Zudem unterstützt der Reiter durch seine entlasteten Gesäßknochen die Gewichtsverlagerung des Pferdes auf die Vorhand mit allen negativen Auswirkungen, die das auf die Annahme aller Reiterhilfen hat (siehe dazu Kapitel 9). Eine wirkungsvolle Kreuzhilfe ist so nicht möglich. Da die im Spaltsitz weit nach hinten verrutschten Schenkel zur Ausbalancierung des Reitergewichts benötigt werden, bleiben auch ihre Hilfen relativ wirkungslos.

Der Stuhlsitz

Im Stuhlsitz sitzt der Reiter – entweder gerade, aber zu weit hinten im Sattel, oder er kippt mit dem Oberkörper hinter die Senkrechte (Abb. 24). Die Schenkel rutschen bei hochgezogenem Knie am Pferdekörper zu weit nach vorn. Das Reitergewicht wirkt dabei zu stark auf den Rücken des Pferdes ein. Das liegt an der Platzierung des Gesäßes zu weit hinten im Sattel, dem fehlenden Entlasten des Reitergewichts durch die Übernahme von Gewicht auf die Oberschenkel (nur bei korrekt gestrecktem Sitz und Bein möglich) und der nicht vorhan-

denen Möglichkeit, die Schenkelhilfen (in ihrer falschen Position) vortreibend einzusetzen. Das Pferd verspannt daraufhin die gesamte Rücken- und Kruppenmuskulatur. Es drückt den Rücken unter dem Reitergewicht nach unten durch und stellt die Hinterhand nach hinten heraus (Abb. 7). Die Dornfortsätze der Rückenwirbel des Pferdes nähern sich dadurch aneinander an, was zu einem Zug der oberflächlichen Rückenmuskeln auf das Nackenband des Pferdes, das sich vom Nacken bis zum Widerrist des Pferdes herunterzieht, führt. Dies bewirkt, dass ein mit zu starker, wenn auch unbeabsichtigter Gewichtseinwirkung gerittenes Pferd zum Ausgleich des Zuges der verspannten Rückenmuskulatur auf das Nackenband die Unterhalsmuskulatur nach vorne rausdrückt und den Kopf nach oben aus der Beizäumung herausnimmt.

Da der Reiter im Stuhlsitz nur über mangelhaft wirksame, vortreibende Schenkelhilfen nahe der Schulter des Pferdes verfügt, versucht er meist den Mangel an Schenkelvortrieb durch den verstärkten Einsatz des Kreuzes wieder wettzumachen. Das führt zu einer weiteren Verkrampfung der Rückenmuskulatur des Pferdes und zu den von den entsprechenden Reitern oft als »Probleme des Pferdes im Maul« bezeichneten Schwierigkeiten, weil das Pferd nur schlecht oder gar nicht in Beizäumung oder Anlehnung geht. Die meisten der betreffenden Pferde sind aber nicht schwieriger im Maul als andere Pferde, sondern haben vom falsch eingesetzten Reitergewicht und zu viel Kreuzeinwirkung bei fehlendem Schenkeldruck Rückenschmerzen und nehmen deshalb bei weggedrücktem Rücken (Abb. 7) den Kopf hoch. Gewichts- und Kreuzhilfen wirken nur optimal bei einem im Lot sitzenden Reiter (Abb. 24) an der tiefsten Stelle des Sattels direkt vorn hinter dem Widerrist auf den

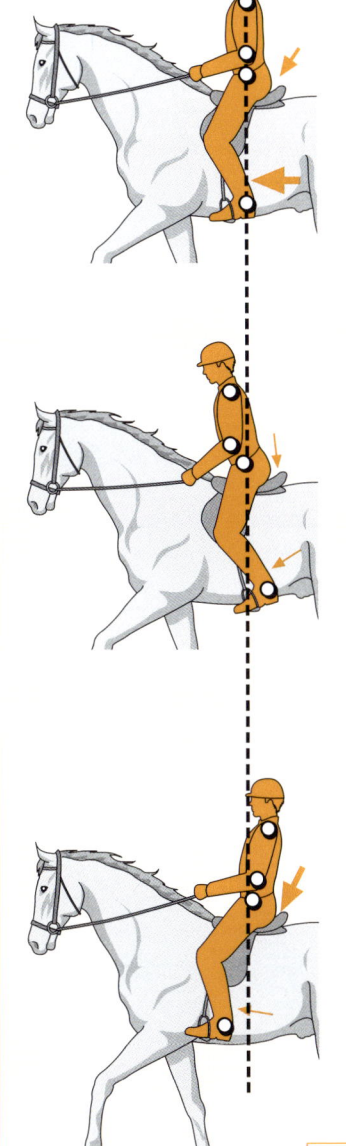

Richtiger Sitz

▶ Lot durch Schulter, Ellbogen, Hüfte und Fußgelenk bewirkt eine optimale Unterstützung des gesamten Körpergewichts durch den Auflagepunkt im Sattel.

▶ Tiefer Schwerpunkt, nah an dem des Pferdes, fördert das gemeinsame Gleichgewicht.

▶ Absatz als tiefster Punkt und gestrecktes, flach anliegendes Bein garantieren eine gute treibende Schenkeleinwirkung.

▶ Ellbogen auf der Hüfte unterstützt eine ruhige Handhaltung.

▶ Unterarm verlängert Zügel zum Maul ohne Knick, was eine sensitive Handeinwirkung ermöglicht.

Spaltsitz

▶ Geringe Unterstützung des nach vorn gekippten Oberkörpergewichts wird durch das angehobene Gesäß noch zusätzlich erschwert und führt zu einer starken Belastung der Oberschenkelmuskulatur.

▶ Erhöhter Schwerpunkt wirkt sich negativ auf die Beibehaltung des Gleichgewichts aus.

▶ Hochgerutschter Absatz und zu weit hinten liegendes Bein führen zum Durchrutschen der Fußspitze durch den Steigbügel, die gewichtsstützende Funktion des Beins schränkt die treibende Funktion sehr ein.

▶ Ellbogen vor der Hüfte bewirkt eine unruhige und durch das Vorfallen zu tiefe Handhaltung.

▶ Unterarm verlängert Zügel zum Maul mit deutlichem Knick nach unten, wodurch das Gebiss zu stark auf die Laden im Maul wirkt.

Stuhlsitz

▶ Aus dem Lot nach hinten verlagerter Oberkörper wird vom Auflagepunkt im Sattel nur wenig unterstützt und führt zu einer verstärkten Rückenbelastung des Pferdes.

▶ Nach hinten verlagerter Schwerpunkt führt leicht zum Zurückbleiben hinter der Bewegung.

▶ Hochgezogenes Knie und nahe der Schulter zu weit vorn liegendes, unruhiges Bein schränken die treibende Funktion sehr ein.

▶ Ellbogen vor der Hüfte bewirkt eine unruhige und durch den zurückgeneigten Oberkörper zu hohe Handhaltung.

▶ Unterarm verlängert Zügel zum Maul mit deutlichem Knick nach oben, wodurch das Gebiss zu stark in die Mundwinkel des Mauls gezogen wird.

◀ Stärke und Richtung der Wirkung von Kreuz und Schenkel

Abbildung 24
Vergleich von richtigem Sitz sowie Spalt- und Stuhlsitz als Basis für die Ausführung von Reiterhilfen.

Rücken des Pferdes ein (aber nur wenn der Sattel auch richtig passt, siehe Kapitel 8). Die Feinabstimmung der Gewichts- und Kreuzeinwirkung erfolgt bei einem Pferd, das vor dem richtig liegenden und treibenden Schenkel eines gestreckt sitzenden Reiters läuft, lediglich durch ein manchmal auch nur einseitiges Absenken oder Anheben des Beckens bei gestrecktem Oberkörper, ein geringfügiges Vor- oder Zurücknehmen des ganzen Oberkörpers beziehungsweise die Verlagerung von Gewicht mehr auf die Oberschenkel oder mehr auf das Gesäß. Das ist im Stuhlsitz aber nicht in optimaler Weise möglich. Die wichtigsten,

grundlegenden Schenkel-, Gewichts- und Kreuzhilfen sowie die Folgen ihrer fehlerhaften Anwendung wurden hier nur übersichtsweise erklärt. Die einschlägige Literatur gibt Ihnen nähere Auskünfte über die exakte Hilfengebung beim Reiten von Lektionen.

Der (schiefe) Sitz des Reiters

Links ist nicht gleich rechts

Auf einem schiefen, meist nach rechts gekrümmten und dadurch auf der rechten Seite hohlen Pferd sitzen alle Reiter schief, weil sie

Abbildung 25
Vergleichende Darstellung eines gerade und eines zur Seite schief sitzenden Reiters von hinten sowie eines gerade gerichteten und rechts-schiefen Pferdes von oben. Beachten Sie die vielfältigen Auswirkungen auf die Haltung aller Körperteile des Reiters auf einem rechts-schiefen Pferd, und bedenken Sie, welchen Einfluss der schiefe Sitz des Reiters auf die Hilfengebung hat. Überschätzen Sie vor allem als Reitanfänger nicht Ihr Vermögen, die dargestellte Schiefe im eigenen Sitz zu spüren, sondern kontrollieren Sie Ihren eigenen Sitz immer wieder auf die hier abgebildeten Fehler, und lassen Sie Ihren Sitz so oft wie möglich von unten korrigieren.

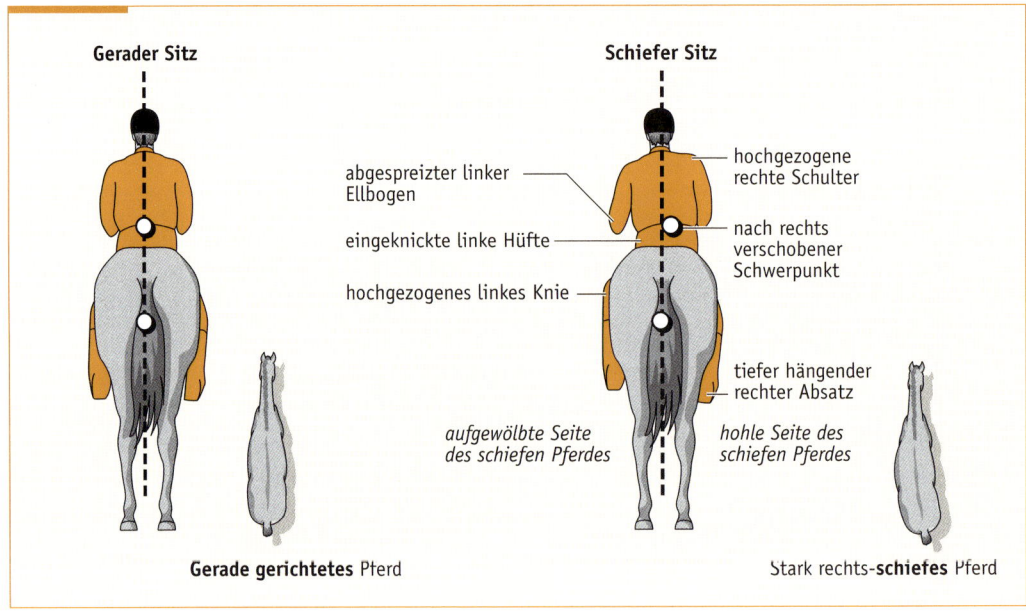

Gerader Sitz

Schiefer Sitz

abgespreizter linker Ellbogen

eingeknickte linke Hüfte

hochgezogenes linkes Knie

hochgezogene rechte Schulter

nach rechts verschobener Schwerpunkt

tiefer hängender rechter Absatz

aufgewölbte Seite des schiefen Pferdes

hohle Seite des schiefen Pferdes

Gerade gerichtetes Pferd

Stark rechts-schiefes Pferd

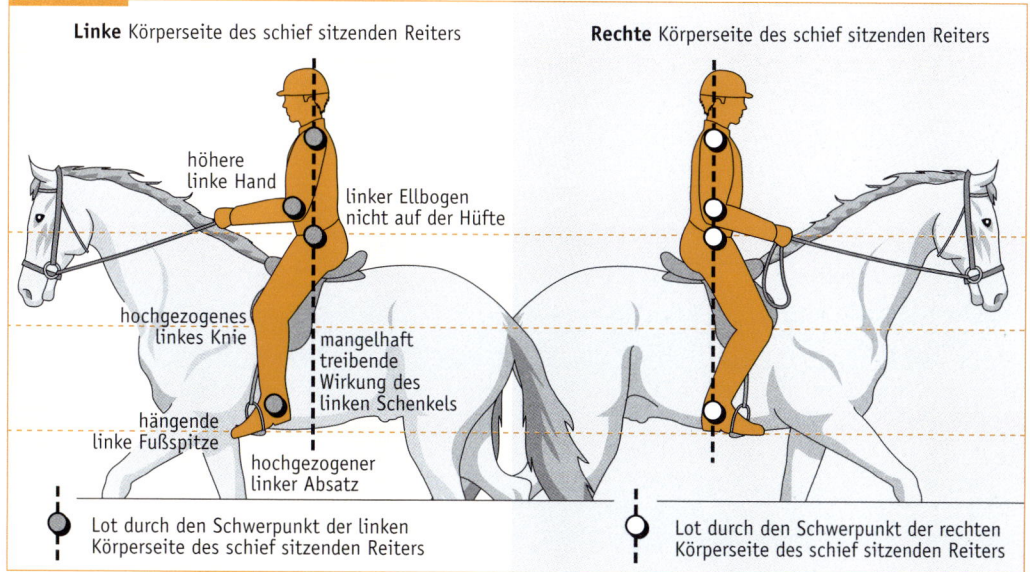

Linke Körperseite des schief sitzenden Reiters

höhere
linke Hand

linker Ellbogen
nicht auf der Hüfte

hochgezogenes
linkes Knie

mangelhaft
treibende
Wirkung des
linken Schenkels

hängende
linke Fußspitze

hochgezogener
linker Absatz

Lot durch den Schwerpunkt der linken
Körperseite des schief sitzenden Reiters

Rechte Körperseite des schief sitzenden Reiters

Lot durch den Schwerpunkt der rechten
Körperseite des schief sitzenden Reiters

Abbildung 26
Profil der rechten und der linken Körperhälfte des zur Seite schief sitzenden Reiters auf einem rechts-schiefen Pferd. Beachten Sie die geschlossen und ruhig wirkende rechte Körperseite, auf der man im Ideal-sitz ein Lot durch Schulter, Ellbogen, Körperschwerpunkt und Fußgelenk des Reiters fällen kann. Der offene, unruhige Eindruck der linken Körperseite entsteht dadurch, dass Ellbogen und Fußgelenk nicht vom Lot durch den Körperschwerpunkt des Reiters getroffen werden. Auf dem sich bewegenden Pferd bewirkt der nicht auf der Hüfte anliegende (und dadurch nicht stabilisierte) linke Ellbogen eine höhere, unruhige Hand-haltung und das nach vorn-oben verschobene Bein einen rutschenden, schlecht anliegenden Schenkel mit mangelhaft treibender Wirkung.

mehr oder weniger nach rechts herunterhängen (Abb. 25). Das Körpergewicht ist von der Mitte des Sattels nach rechts verschoben. Das rechte Bein hängt tiefer am Pferd herunter als das linke. Der rechte Ellbogen befindet sich näher am Körper als der linke, und oftmals drückt sogar die linke Hand nach rechts über den Mähnenkamm des Pferdes auf die rechte Seite hinüber. Der ungeübte Reiter weist also unter Umständen beim Geradeausreiten zwei im Profil vollkommen unterschiedliche Körper-hälften auf (Abb. 26). Die Haltung der rechten Körperhälfte des schief sitzenden Reiters ent-spricht dabei meistens eher dem anzustre-

benden optimalen Sitz des Reiters als die der linken. Das rührt daher, dass die rechte Kör-perseite meist einen recht geschlossenen Ein-druck macht, da alle Gliedmaßen des Reiters mehr oder weniger ruhig gehalten werden und in enger räumlicher Beziehung zum Schwer-punkt des Reiters und des Pferdes stehen. Die linke Körperseite hingegen macht einen offe-nen Eindruck, da Bein und Hand unruhig am oder aber über dem Pferd agieren und oft vom Körper des Reiters und des Pferdes wegge-streckt gehalten werden
Am schiefen Sitz des Reiters kommt oft die natürliche Schiefe des Pferdes deutlicher

zum Ausdruck als am Pferd selbst. Für den Reiter kommt erschwerend hinzu, dass er meistens auch noch Rechtshänder ist. Seine motorische Koordination ist deshalb auf der rechten Körperseite sowieso schon besser als auf der linken Körperseite, deren Haltung und Koordination durch die natürliche Schiefe des Pferdes noch zusätzlich negativ beeinflusst wird.

Erst wenn das Pferd im Laufe der Ausbildung gerade gerichtet ist, im Gleichgewicht geht und gut an allen Reiterhilfen steht, resultiert daraus schließlich nicht nur ein korrekter, sondern ein schöner, zwangloser Sitz des Reiters, der Reiter und Pferd zu einer Einheit im vollkommenen körperlichen Gleichgewicht verschmelzen lässt.

Reiten lernt man am leichtesten auf »Lehrpferden«

Für die meisten Reiter ist es ein sehr langwieriger Prozess, die Haltung ihrer linken Körperhälfte und die Koordination der linksseitigen Reiterhilfen der der rechten Körperhälfte anzupassen. Je besser das Lehrpferd ausgebildet und gerade gerichtet ist, umso schneller kommt der Reitanfänger diesbezüglich zum Ziel. Er kann, von der natürlichen Schiefe des Pferdes weitgehend unbeeinflusst, die schlechtere Koordination seiner linksseitigen Gliedmaßen verbessern und dann mit Hilfe eines Reitlehrers ein Gespür dafür entwickeln, wann er gerade mittig auf dem Pferd sitzt und wann nicht (Sie glauben nicht, wie sehr man sich darüber täuschen kann!). Bei einem jungen Pferd hingegen muss man in der Ausbildung zeitweilig bewusst Zugeständnisse an die Korrektheit und Schönheit seines Sitzes machen, um etwa das Gleichgewicht von Reiter und Pferd zu erhalten, was den Reitanfänger jedoch überfordert.

> Es ist für einen Reitanfänger deshalb schwer, auf einem unausgebildeten Pferd das Reiten und den korrekten Sitz zu lernen, weil er noch kein Gespür dafür hat, wann und wie er zur Schaffung der Basis des schönen Sitzes beim Pferd zuerst einmal Abstriche an der absoluten Korrektheit seines Sitzes machen muss.

Dies alles bedenken die wenigsten Pferdekäufer, bevor sie sich ein junges Pferd kaufen, und erschweren sich so von Anfang an ihr schönes Hobby. Woher sollten sie es auch wissen, wenn sie in ihrer ganzen Reitausbildung nie etwas darüber gehört haben?

Reiterhilfen im Fluss

Das Erarbeiten von Reiterhilfen mit dem Pferd

Auch ohne zunächst die Absicht zu haben, die natürliche Schiefe eines Pferdes aktiv und bewusst korrigieren zu wollen, müssen dennoch alle (!) Reiterhilfen auf die natürliche Schiefe des jeweiligen Pferdes abgestimmt sein. Das bedeutet, dass die Reiterhilfen vom Grundprinzip her zwar auf beiden Händen dieselben sind, sich in der Häufigkeit der Anwendung und in den Feinheiten der Ausführung auf der linken und der rechten Hand aber durchaus unterscheiden. Spürt man die Schiefe des Pferdes erst einmal und damit zwangsläufig auch den eigenen schiefen Sitz, dann arbeitet man beidem automatisch entgegen, um selbst mit dem Pferd in ein harmonisches körperliches Gleichgewicht zu kommen und beim Pferd eine gleich sensible Annahme der Hilfen auf beiden Händen zu erlangen. Wenden Sie also Reiterhilfen nicht nur einfach so an, wie sie im Lehrbuch stehen, sondern erarbeiten Sie sich ihre Anwendung zusammen mit dem Pferd, das Sie reiten. Wenden Sie Ihre Reiterhilfen als »Feedback« zu dem an, was Ihr Pferd Ihnen über seine Körperreaktionen mitteilt. Und das gilt nicht nur im Hinblick auf die körperliche Schiefe, sondern sonst auch. Hören Sie zu, fühlen Sie, bevor Sie agieren und antworten! Das Zuhören und das Eingehen auf den (Gesprächs-)Partner sind unerlässliche Bestandteile einer erfolgreichen Kommunikation. Mit zunehmender Erfahrung über die Reaktion des Pferdes auf Ihre Reiterhilfen können und müssen Sie dann beim Reiten den Schwerpunkt mehr vom Reagieren auf das Agieren verlegen, um das Pferd zielgerichtet ausbilden zu können.

Vorbeugende, nicht lektionsbedingte Reiterhilfen

Viele Hilfen beim Reiten und Longieren müssen vor allem zu Anfang der Ausbildung vorbeugend eingesetzt werden. Das soll heißen, dass man mit seinen Reiterhilfen dem Verhalten des Pferdes nicht ständig korrigierend hinterherhinkt (denn das bedeutet, dass die Hilfen zu spät kamen), sondern sie vorbeugend gegen unerwünschtes Verhalten des Pferdes einsetzt. Mit dem Einsatz dieser nicht lektionsbedingten Reiterhilfen hat man erst einmal alle Hände voll zu tun.

Das Pferd muss, um einen soliden Grundstein

Bevor ein Pferd lernt, zunehmend komplexere Reiterhilfen umzusetzen, also Lektionen erlernt, muss es einige angeborene Verhaltensweisen ablegen beziehungsweise für den Reiter kontrollierbar machen. Diese Verhaltensweisen betreffen die Erlangung von Takt, Losgelassenheit und körperlichem Gleichgewicht – also die Grundlage jeder weiteren Ausbildung.

für seine Ausbildung zu legen, durch vorausschauende Reiterhilfen gleichsam vor seinem eigenen Verhalten bewahrt werden, das die weitere Ausbildung behindert (Abb. 27). Jedes Pferd bewegt sich von Natur aus in einer Reitbahn einmal schneller und einmal langsamer – im Extremfall beim Freilaufen zwischen Renngalopp und Full-Stop. Die eckigen, unregelmäßigen Bahnfiguren, die ein sich selbst überlassenes Pferd dabei beschreibt, sind zusammen mit den großen Tempounterschieden und Richtungswechseln der Erhaltung des körperlichen Gleichgewichts in der Bewegung sehr abträglich. Bei einem mit hoher Geschwindigkeit im stumpfen Winkel auf die Reitbahnbegrenzung prallenden Pferd kommt deren aufnehmende, stoppende Funktion voll zum Tragen und bewirkt dadurch enorme Gleichgewichtsschwankungen. Um bei dieser Form der Fortbewegung das Hinfallen zu vermeiden, also ein Mindestmaß an körperlichem Gleichgewicht aufrechterhalten zu können, macht das Pferd sich mehr oder weniger schief und spannt die Rücken-, Kruppen- und Halsmuskulatur stark an. Der in dieser verspannten Haltung nur begrenzt mögliche räumliche Vortritt führt zu sehr kurzen, trippelnden Schritten, Tritten und Sprüngen, die vor allem bei hohem Tempo die Erhaltung des Gleichgewichts eines sich so bewegenden Pferdes ermöglichen. Die Erlangung und Erhaltung des Gleichgewichts in großen, raumgreifenden, schwungvollen, fleißigen, aber dennoch ruhigen Schritten, Tritten und Sprüngen sowie eine gleichförmige Bewegung mittleren Tempos um die Reitbahn herum müssen einem Pferd in den meisten Fällen erst beigebracht werden. Dazu muss man mit den Reiterhilfen auf eine möglichst gleichförmige Bewegung hinarbeiten, indem man das Pferd von zu schneller und zu langsamer Fortbewegung abhält. Das Ganze

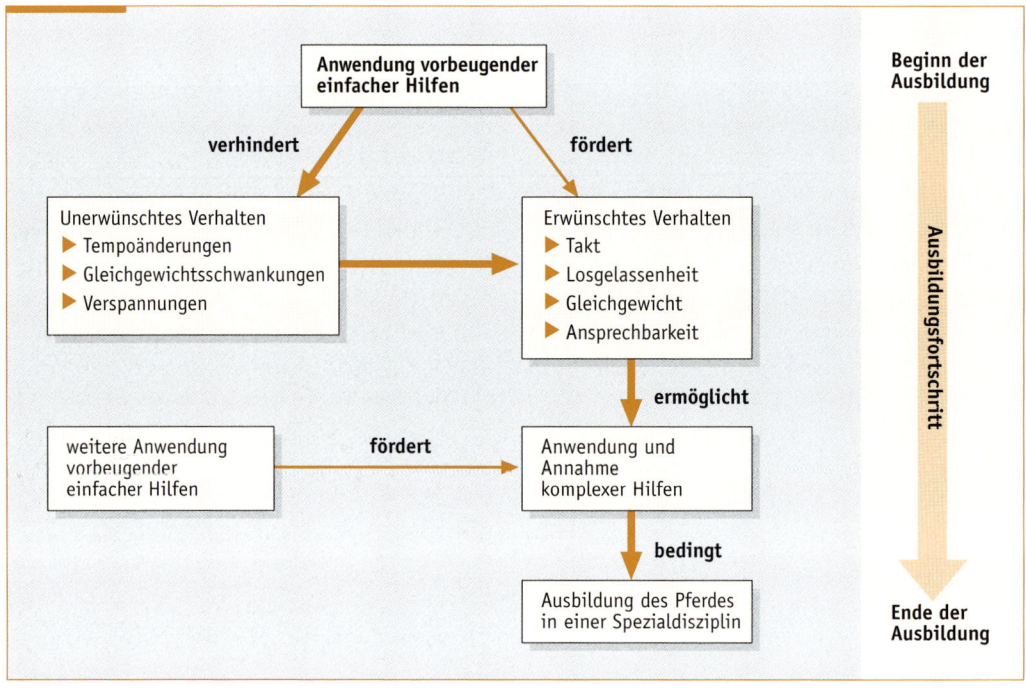

Abbildung 27
Im Laufe der Ausbildung des Pferdes verlagert sich der Schwerpunkt der Hilfengebung von der Anwendung vorbeugender, einfacher Reiterhilfen hin zu lektionsbedingten, komplexen Reiterhilfen.

gerät von Anfang an umso gleichförmiger, je früher man das Pferd durch seine Hilfen *gefühlvoll* von Tempoänderungen abhalten kann und je seltener man selbst durch zu starke oder falsche Hilfen zum Auslöser von Tempoänderungen wird. Dasselbe gilt für das Vermeiden von Gleichgewichtsschwankungen, die vor allem durch ein zu schnelles und ein in einem zu stumpfen Winkel erfolgendes Auftreffen auf die Reitbahnbegrenzung hervorgerufen werden. Auch davor muss ein Pferd durch vorausschauende Hilfen *vorsichtig* abgehalten werden. Nur so können Takt, Losgelassenheit und Gleichgewicht in allen drei Gangarten erreicht werden (Abb. 27). Durch den Einsatz dieser vorbeugenden Hilfen,

> Vorbeugende, nicht lektionsbedingte Reiterhilfen werden eingesetzt, um Stockungen im Bewegungsablauf beim Reiten zu vermeiden, um Tempounterschiede auszugleichen, um Gleichgewichtsbeeinträchtigungen zu minimieren und die Losgelassenheit beeinträchtigende Faktoren auszuschalten.

welche die gesamte Ausbildung des Pferdes begleiten, verbessert und erhält man sich zu jedem Zeitpunkt des Reitens die Ansprechbarkeit der Pferdebeine (siehe Kapitel 9) für die nächsthöhere Stufe von Reiterhilfen, welche die Ausführung von Lektionen, Bahnfiguren, beabsichtigten Tempoänderungen etc. bedingen.

Gewichts- und Schenkelhilfen angesichts der natürlichen Schiefe des Pferdes

Das Geraderichten auf der linken Hand

Ein unausgebildetes oder nicht richtig gymnastiziertes Pferd läuft unter Ihnen mehr oder weniger schief auf dem Hufschlag entlang. Auf der linken Hand verhindert die Wand auf der rechten Seite des Pferdes, dass die Hinterhand nach rechts neben die Vorhand ausweichen kann, so wie sie das auf der rechten Hand tut (siehe Kapitel 3). Das Pferd behilft sich damit, dass es auf der linken Hand die Vorhand etwas vom Hufschlag nach innen hereinnimmt, um seiner natürlichen Schiefe auch auf dieser Hand Rechnung tragen zu können (Abb. 28). Um selbst gerade sitzen zu können und die Schiefe des Pferdes zu korrigieren, belasten Sie auf der linken Hand den inneren Gesäßknochen mehr als den äußeren, setzen sich nach innen und verschieben Ihr Gewicht auf die linke Seite des Pferdes. Treten Sie den inneren Bügel unter dem Ballen mit tief am Sattel liegendem Knie gut aus und nehmen Sie mit der Wade Kontakt zum Pferdebauch auf. Mit der Wade erfühlen Sie die Reaktionen und Bewegungen des Pferdes am besten. Führen Sie die nach innen gerichtete Vorhand des Pferdes mit Ihrer äußeren Hand nach rechts gerade vor die Hinterhand des Pferdes. Mit Ihrem linken Schenkel unterstützen Sie das Herausführen der Vorhand nach rechts, indem Sie versuchen, von links-hinten nach rechts-vorn durch das Pferd durchzutreiben. Treiben Sie das Pferd mit Ihrem inneren Schenkel schräg nach vorn gegen Ihre äußere, führende Hand. An der Wand entlang kann das Pferd dieser Geradestellung auf der linken Hand nur minimal mit der Hinterhand nach rechts ausweichen. In der Ecke wird es jedoch den Raum

rechts von der Hinterhand nutzen, um diese in die gewohnte Haltung rechts neben die Vorhand zu stellen. Das Pferd fällt hinten aus und als Resultat treten die Hinterhufe rechts neben die Vorderhufe. Dem können Sie entgegenwirken, indem Sie die Hinterhand des Pferdes mit Ihrem zurückgenommenen, äußeren Schenkel begrenzen. Versuchen Sie, das Pferd zwischen Ihren Schenkeln und der Führhand zu fixieren. Das wird Ihnen allerdings nicht sofort gelingen, denn das Pferd muss sich an die neue Körperhaltung beim Gehen erst gewöhnen, die entsprechende Muskulatur dafür aufbauen und nicht zuletzt erst einmal verstehen, was es überhaupt machen soll.

> Gehen Sie beim Geraderichten des Pferdes Schritt für Schritt vor und bestehen Sie zuerst darauf, dass das Pferd Sie auf der linken Hand innen sitzen und treiben lässt.

Durch die ungewohnte Gewichtsverschiebung des Reiters auf die linke Seite wird das Pferd anfangs dazu angeregt, der Gewichtsverlagerung zu folgen und nach links zu treten. In der späteren Ausbildung werden Sie über eine Gewichtsverlagerung nach links auch genau diese Reaktion des Pferdes auslösen wollen und so mit dem Pferd nach links abwenden. In diesem Stadium der Ausbildung wird die Gewichtsverlagerung nach innen aber für das Geraderichten benötigt und muss vom Pferd im Geradeausgehen aufgrund der sicheren Führung an der rechten Hand toleriert werden. Man will mit einem derartigen Einsatz des Gewichts die Dehnung der rechten Körperhälfte und zugleich eine bessere Biegsamkeit der linken Körperhälfte des Pferdes erreichen. Ihr beim Reiten auf einem schiefen Pferd nach

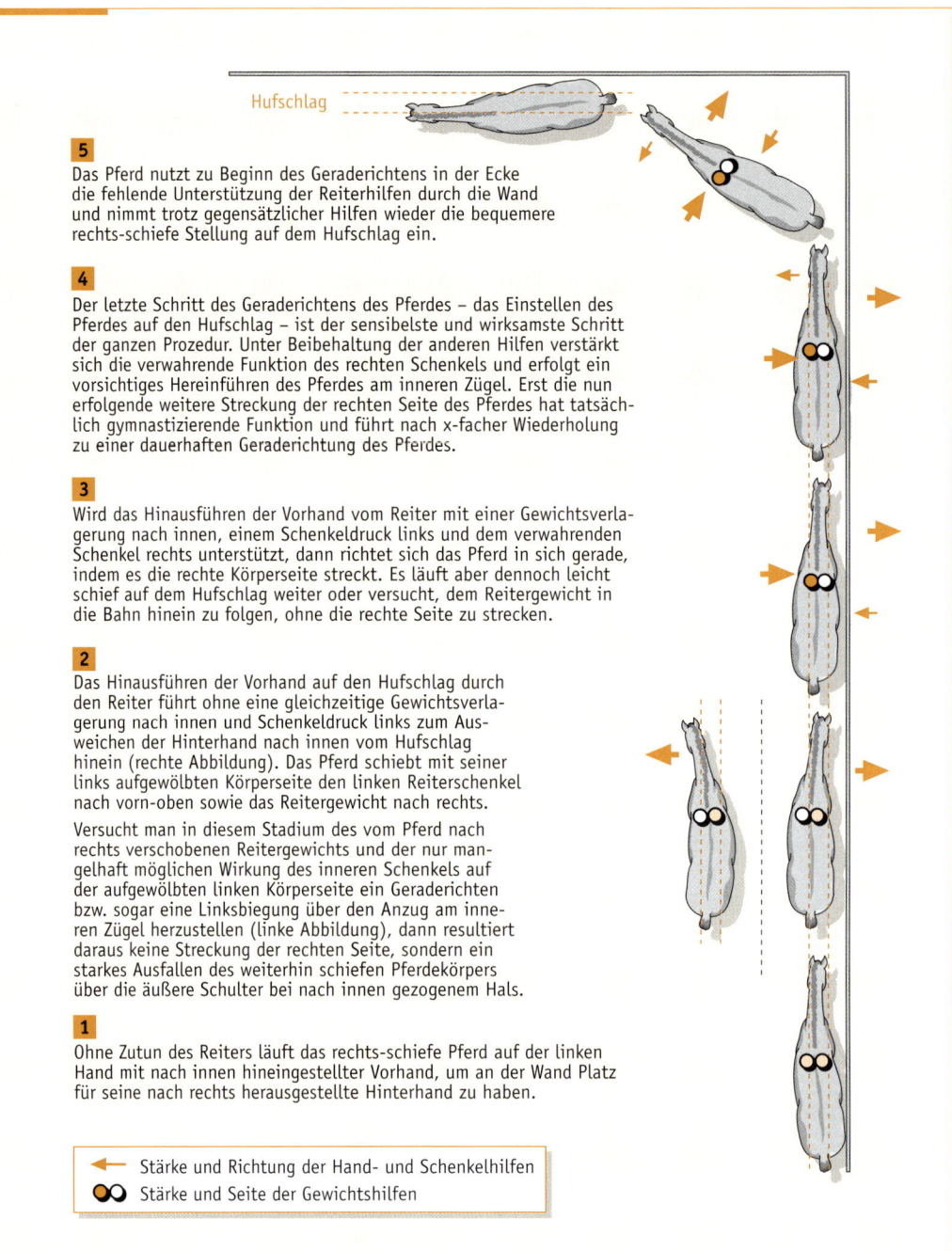

Hufschlag

5

Das Pferd nutzt zu Beginn des Geraderichtens in der Ecke die fehlende Unterstützung der Reiterhilfen durch die Wand und nimmt trotz gegensätzlicher Hilfen wieder die bequemere rechts-schiefe Stellung auf dem Hufschlag ein.

4

Der letzte Schritt des Geraderichtens des Pferdes – das Einstellen des Pferdes auf den Hufschlag – ist der sensibelste und wirksamste Schritt der ganzen Prozedur. Unter Beibehaltung der anderen Hilfen verstärkt sich die verwahrende Funktion des rechten Schenkels und erfolgt ein vorsichtiges Hereinführen des Pferdes am inneren Zügel. Erst die nun erfolgende weitere Streckung der rechten Seite des Pferdes hat tatsächlich gymnastizierende Funktion und führt nach x-facher Wiederholung zu einer dauerhaften Geraderichtung des Pferdes.

3

Wird das Hinausführen der Vorhand vom Reiter mit einer Gewichtsverlagerung nach innen, einem Schenkeldruck links und dem verwahrenden Schenkel rechts unterstützt, dann richtet sich das Pferd in sich gerade, indem es die rechte Körperseite streckt. Es läuft aber dennoch leicht schief auf dem Hufschlag weiter oder versucht, dem Reitergewicht in die Bahn hinein zu folgen, ohne die rechte Seite zu strecken.

2

Das Hinausführen der Vorhand auf den Hufschlag durch den Reiter führt ohne eine gleichzeitige Gewichtsverlagerung nach innen und Schenkeldruck links zum Ausweichen der Hinterhand nach innen vom Hufschlag hinein (rechte Abbildung). Das Pferd schiebt mit seiner links aufgewölbten Körperseite den linken Reiterschenkel nach vorn-oben sowie das Reitergewicht nach rechts.

Versucht man in diesem Stadium des vom Pferd nach rechts verschobenen Reitergewichts und der nur mangelhaft möglichen Wirkung des inneren Schenkels auf der aufgewölbten linken Körperseite ein Geraderichten bzw. sogar eine Linksbiegung über den Anzug am inneren Zügel herzustellen (linke Abbildung), dann resultiert daraus keine Streckung der rechten Seite, sondern ein starkes Ausfallen des weiterhin schiefen Pferdekörpers über die äußere Schulter bei nach innen gezogenem Hals.

1

Ohne Zutun des Reiters läuft das rechts-schiefe Pferd auf der linken Hand mit nach innen hineingestellter Vorhand, um an der Wand Platz für seine nach rechts herausgestellte Hinterhand zu haben.

⟵ Stärke und Richtung der Hand- und Schenkelhilfen

◐◐ Stärke und Seite der Gewichtshilfen

Abbildung 28
Geraderichten des rechts-schiefen Pferdes auf der linken Hand.

links verschobenes Körpergewicht wirkt aufgrund der Erdanziehung nach unten, während Ihr linker Schenkel seitlich Kraft nach rechtsvorwärts ausübt und damit die eigentlich biegende beziehungsweise dehnende Funktion zwischen den beiden Feststellpunkten (äußere Hand und äußerer Schenkel) auf den Pferdekörper hat. Auf dem nach rechts gekrümmten Pferdekörper wird durch den Bewegungsablauf des Pferdes der linke Schenkel des Reiters immer wieder am Pferdebauch nach vorn-oben und das Reitergewicht auf dem Pferderücken nach rechts verschoben, wodurch die biegende Einwirkung des linken Schenkels minimiert wird (siehe hierzu auch Abb. 25 und 26). Dem kann man als Reiter nur durch die verstärkte Gewichtsverlagerung nach links entgegenwirken, indem man zur Fixierung des Beins in seiner wirkungsvollen Position mehr Körpergewicht über das linke Bein bringt. Dazu muss der Sitz gestreckt sein, damit das Gewicht auf der gesamten Länge des Beins zur Wirkung kommt. Das Pferd soll gleichsam lernen, seine Körperbewegungen um das von oben durch das Reitergewicht beschwerte linke Reiterbein an seiner linken Bauchseite außen herumzuführen und dies nicht mit seinen Bewegungen zur Seite zu schieben. Es soll sich um das linke Bein herumbiegen, indem es die rechte Körperhälfte dehnt.

Natürlich ist das alles zu Anfang nicht so einfach. Sie setzen sich nach links, und das Pferd folgt dem Gewicht nach links. Sie führen es mit der rechten Hand wieder heraus auf den Hufschlag, bleiben aber links sitzen. Das alles unterstützen Sie mit einem biegenden Schenkeldruck. Bis dahin müssen Sie das Gewicht schon wieder nach links verlagern, weil das Pferd zwischenzeitlich trotz aller gegenteiligen Bemühungen Ihren Sitz nach rechts verschoben hat. Das Pferd folgt dem Gewicht darauf-

hin nach innen, was Sie allerdings durch Ihr Führen am rechten Zügel verhindern sollten. Dann ist die erste Ecke da, das Pferd fällt hinten aus und ist danach genauso schief wie vorher. An der Wand setzt der Biege- und Geraderichtmechanismus dann wieder ein, bis in der nächsten Ecke … So treiben Sie das Spiel fort: Herausführen der Vorhand, Hinüberrutschen des Gewichts, Biegen der Mittelhand, Auffangen der Hinterhand und wieder von vorn! Das alles ist ein relativ langwieriger Prozess, da die gesamte Körpermuskulatur des Pferdes involviert ist. In den schwungvolleren Gangarten Trab und Galopp können Sie zusätzlich zu Ihren über die Hilfen wirkenden körperlichen Kräften noch die Fliehkräfte, die auf gebogenen Linien auf Körper in Bewegung wirken, zum Geraderichten nutzen (siehe Kapitel 3 und 7).

> Letztendlich macht erst das geschickte Nutzen der physikalischen Kräfte, unterstützt von den Reiterhilfen, den Prozess des Geraderichtens des schweren Pferdekörpers möglich, da das Massen- und Kräfteverhältnis zwischen Mensch und Pferd zu ungleich ist.

Das Geraderichten auf der rechten Hand
Auf der rechten Hand stellt das Pferd die Hinterhand rechts neben der Vorhand in die Bahn hinein. Auch hier müssen Vor- und Hinterhand gerade vor- beziehungsweise hintereinander auf den Hufschlag gebracht werden. Dazu führt man die Vorhand mit der rechten Hand leicht nach innen, verlagert das Gewicht nur minimal nach rechts (denn eine Verschiebung des Gewichts durch die Bewegung des Pferdes nach außen ist auf dieser Hand nicht gegeben) und drückt gleichzeitig

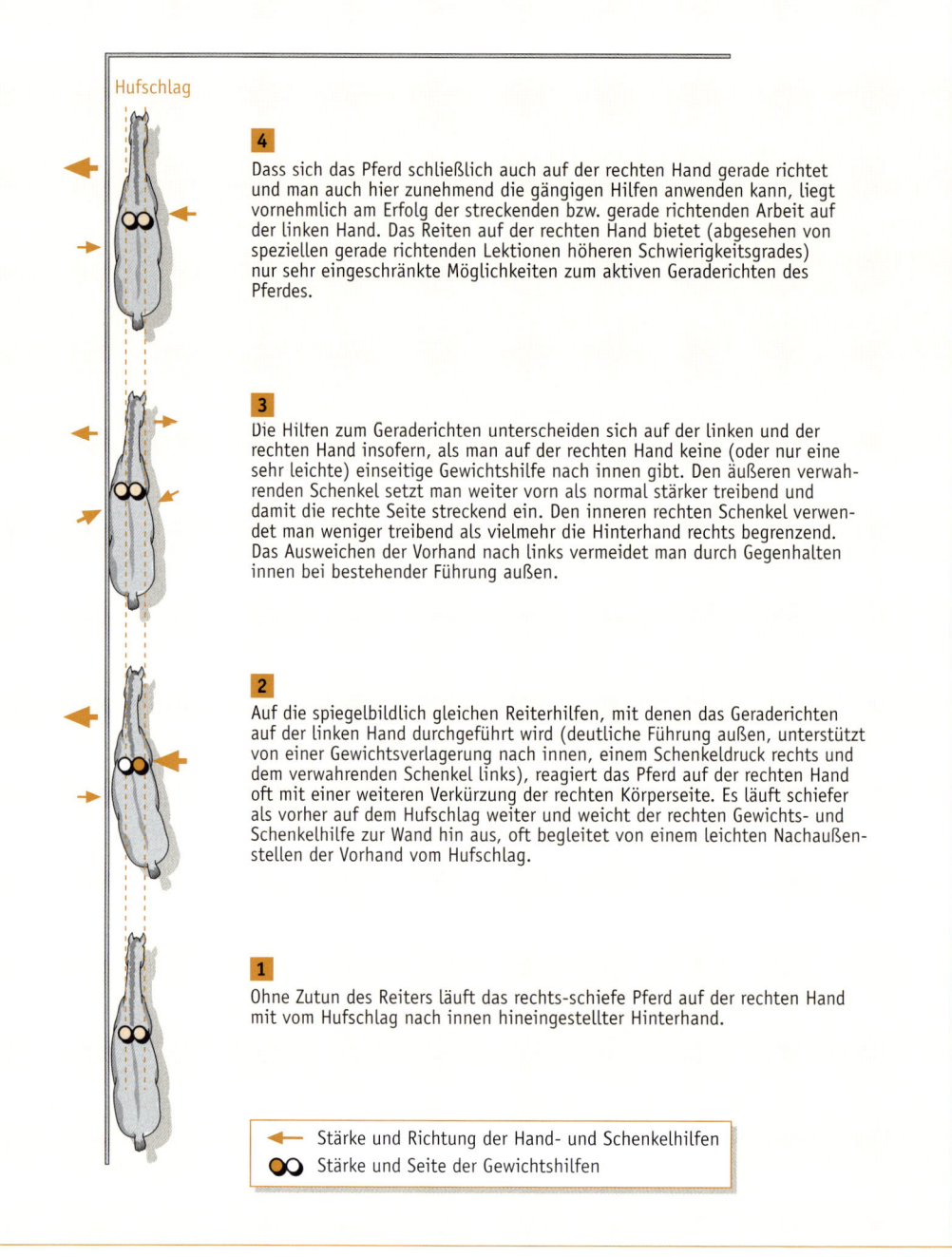

Hufschlag

4

Dass sich das Pferd schließlich auch auf der rechten Hand gerade richtet und man auch hier zunehmend die gängigen Hilfen anwenden kann, liegt vornehmlich am Erfolg der streckenden bzw. gerade richtenden Arbeit auf der linken Hand. Das Reiten auf der rechten Hand bietet (abgesehen von speziellen gerade richtenden Lektionen höheren Schwierigkeitsgrades) nur sehr eingeschränkte Möglichkeiten zum aktiven Geraderichten des Pferdes.

3

Die Hilfen zum Geraderichten unterscheiden sich auf der linken und der rechten Hand insofern, als man auf der rechten Hand keine (oder nur eine sehr leichte) einseitige Gewichtshilfe nach innen gibt. Den äußeren verwahrenden Schenkel setzt man weiter vorn als normal stärker treibend und damit die rechte Seite streckend ein. Den inneren rechten Schenkel verwendet man weniger treibend als vielmehr die Hinterhand rechts begrenzend. Das Ausweichen der Vorhand nach links vermeidet man durch Gegenhalten innen bei bestehender Führung außen.

2

Auf die spiegelbildlich gleichen Reiterhilfen, mit denen das Geraderichten auf der linken Hand durchgeführt wird (deutliche Führung außen, unterstützt von einer Gewichtsverlagerung nach innen, einem Schenkeldruck rechts und dem verwahrenden Schenkel links), reagiert das Pferd auf der rechten Hand oft mit einer weiteren Verkürzung der rechten Körperseite. Es läuft schiefer als vorher auf dem Hufschlag weiter und weicht der rechten Gewichts- und Schenkelhilfe zur Wand hin aus, oft begleitet von einem leichten Nachaußenstellen der Vorhand vom Hufschlag.

1

Ohne Zutun des Reiters läuft das rechts-schiefe Pferd auf der rechten Hand mit vom Hufschlag nach innen hineingestellter Hinterhand.

← Stärke und Richtung der Hand- und Schenkelhilfen
⬤⬤ Stärke und Seite der Gewichtshilfen

Abbildung 29
Geraderichten des rechts-schiefen Pferdes auf der rechten Hand.

mit dem rechten Schenkel schräg von hinten-rechts nach vorn-links die Hinterhand nach außen an die Wand.

Oftmals reagiert das Pferd auf dieser Hand auf den Druck des inneren Schenkels und die Gewichtsverlagerung nach innen mit einer Zunahme der Rechtskrümmung (Abb. 29). Das ist dann genau die Reaktion, die man nicht bezwecken will, denn man will die rechte Seite des Pferdes ja dehnen und nicht noch weiter verkürzen. Mit möglichst viel Schenkeldruck innen, unterstützt von einer Gewichtsverlagerung auf die innere Seite des Pferdes wie auf der linken Hand, ist auf der rechten Hand beim Geraderichten also nichts zu erreichen.

> Der aktive Einsatz von Gewichts- und Schenkelhilfen zur Dehnung der rechten Körperseite des Pferdes ist auf der rechten Hand im Vergleich zur linken Hand deutlich eingeschränkt.

Beim maßvollen Herausdrücken der Hinterhand mit dem rechten Schenkel nach links sollte also gleich der linke Schenkel als Gegenpol eine Zunahme der Rechtskrümmung verhindern und streckend nach vorn-rechts durch den Pferdekörper einwirken. Ein leichtes Zurücknehmen des rechten (inneren) Schenkels hinter seine eigentlich treibende Position wirkt dabei ebenfalls einer Zunahme der Rechtskrümmung des Pferdes entgegen (Abb. 29).

Zügelhilfen auf dem schiefen Pferd

Zügelhilfen auf der linken Hand

Bei der Dehnung der rechten Körperhälfte auf der linken Hand spielt die sichere Führung des Pferdes an der äußeren Zügelhand und die Anlehnung des Pferdes an diese Hand eine wichtige Rolle. Animieren Sie das Pferd mit der rechten Hand durch das wiederholte vorsichtige Herausführen der Vorhand nach rechts dazu, sich im ganzen Körper zu strecken, länger zu werden und sich außen herum um Ihr linkes Bein auf der rechten Seite zu dehnen.

> Versuchen Sie *niemals*, mit einem Anzug am inneren Zügel die Linksbiegung eines Pferdes durch eine alleinige Verkürzung der linken Körperseite anstatt durch eine schrittweise erarbeitete Dehnung der rechten Körperseite des Pferdes herzustellen! Das Pferd kann sich in dieser zusammengezogenen Haltung nicht mehr richtig bewegen (siehe Abb. 28).

Die natürliche Schiefe des Pferdes führt dazu, dass es sich im Maul auf der linken Seite mehr an das Gebiss anlehnt als auf der rechten Seite (Abb. 30). Auf der linken Hand besteht also das Problem, dass sich das Pferd nicht an die rechte äußere Führhand anlehnen will. Dadurch erschwert es dem Reiter das Nach-außen-Führen der Vorhand, was an einem permanenten Hereindrücken des Pferdes ins Innere der Bahn erkennbar ist. Gleichzeitig sucht es oft im schweren Anlehnen an die linke Hand eine Stütze für sein körperliches Ungleichgewicht. Das ist vor allem in Linkswendungen deutlich spürbar. Versuchen Sie nun, die Biegung über einen noch zunehmenden Zug am linken Zügel zu erzwingen, dann kann das Pferd mit dem linken Hinterbein nicht mehr vortreten, und es besteht große Gefahr, dass das Pferd zügellahm wird (das Pferd geht dabei ohne krankheitsbedingte Ursache nur aufgrund der Zügelwirkung lahm). Schon ohne diesen Versuch zu machen, tritt

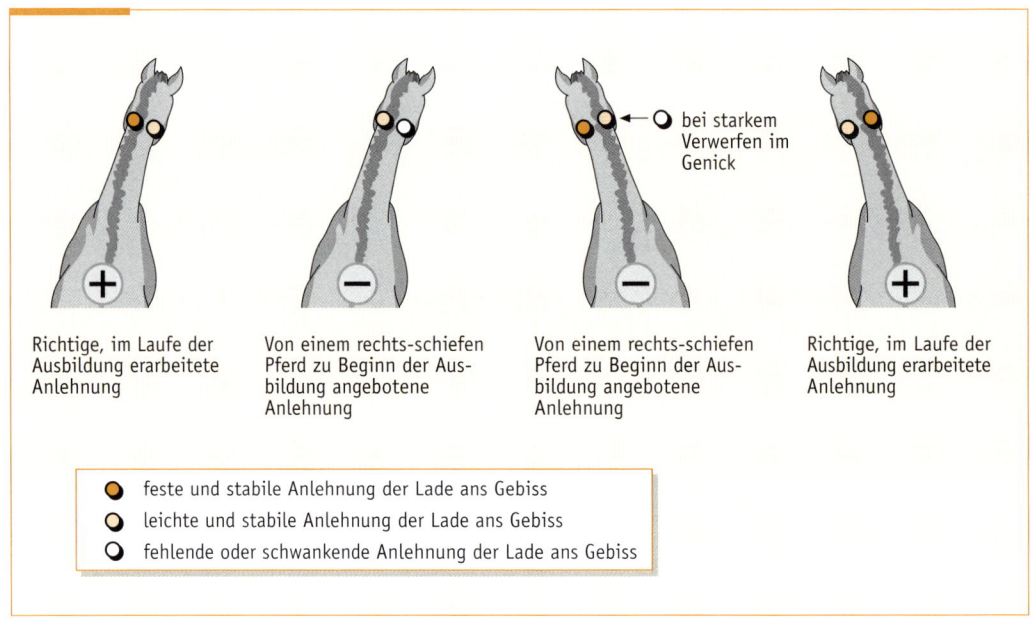

Abbildung 30
Anlehnung des rechts-schiefen Pferdes an das Gebiss auf der linken und der rechten Hand.

ein stark schiefes Pferd in Linkswendungen manchmal links neben der Vorhand vorbei, weil es sich in dieser Situation durch den Zug, den es aufgrund seiner Schiefe selbst auf die linke Lade ausübt, im geraden Vortritt nach vorn behindert fühlt.

Segen der Fliehkraft

Die Fliehkräfte in den schwungvolleren Gangarten haben große Bedeutung beim Geraderichten. Die Fliehkraft treibt das Pferd an die äußere Hand heran und unterstützt damit auf der linken Hand den Dehnungsprozess der rechten Körperseite. Das dadurch beidseitig ungehinderte Vortreten der Hinterbeine des in Dehnungshaltung gehenden Pferdes resultiert in einer besseren Balance, was zu einem abnehmenden Druck auf der linken Zügelhand führt.

Man kann diesen Prozess noch unterstützen, wenn man in dem Moment, in dem man eine stabile Anlehnung an die äußere rechte Hand erreicht hat, versucht, das Pferd von der linken Hand abzuschütteln. Führen Sie dazu den Kopf des Pferdes in Linkswendungen *vorsichtig* nach links und lassen Sie ihn dann relativ abrupt und überdeutlich wieder los (überdeutlich bedeutet dabei nicht, dass der Zügel durchhängt). Zeigen Sie dem Pferd so, dass es, wenn es im nach vorwärts-abwärts gedehnten, gerade gerichteten Zustand im Gleichgewicht läuft, auch auf gebogenen Linien ein paar Schritte mit ganz geringer Anlehnung links, nur mit der Führung rechts machen kann. Das Pferd kommt anfangs immer wieder auf die starke Anlehnung an die linke Hand zurück. Je öfter Sie ihm aber klar machen, dass diese Anlehnung nicht nötig ist, und je mehr sich das

Pferd gerade richtet, umso leichter wird die Anlehnung links werden. Das Pferd muss erst wiederholt die Erfahrung machen, dass es auch ohne die starke Anlehnung an die linke Hand linksherum auf gebogenen Linien laufen kann und mit der Hilfe des Reiters die entsprechende Muskulatur dafür trainieren.

Auf der linken Hand folgt im weiteren Stadium des Geraderichtens also immer auf die *kurzzeitig* und *geringfügig* übertriebene Abstellung und das Hereinführen in den Kreisbogen (zum Beispiel beim Zirkelverkleinern) ein vom inneren Zügel weitgehend losgelassenes, der Fliehkraft folgendes Hinausdriften des Pferdes (wie beim Zirkelvergrößern). Danach müssen Sie das Pferd wieder in die Kreisbahn hineinführen, und das gymnastizierende Spiel beginnt von vorn. Selbstverständlich muss die übrige Hilfengebung korrekt sein (siehe S. 109 ff.), das Reitergewicht nach innen verlagert sein und das alles unterstützt von einem intensiven Treiben am und vor dem inneren Schenkel erfolgen. Wenn da etwas nicht stimmt, sind Ihre ganzen übrigen Bemühungen umsonst.

Zügelhilfen auf der rechten Hand

Auf der rechten Hand haben wir nun ein ganz anderes Bild. Hier sollte man meinen, dass man das Glück hat, dass sich das Pferd auf dieser Hand ja von Natur aus stärker an die äußere, linke Hand anlehnt und es deshalb keine Probleme mit der Anlehnung gibt. Das Gegenteil ist jedoch der Fall!

> Während man bei einem rechts-schiefen Pferd auf der linken Hand meistens nur mit der unverhältnismäßig starken Anlehnung an die linke Lade, aber nicht mit der Anlehnung an sich Probleme hat, ist die gesamte Anlehnung des Pferdes auf der rechten Hand schlechter (Abb. 30).

Das rührt daher, dass das Pferd beim Handwechsel auf die rechte Hand die auf der linken Hand gedehnte rechte Körperseite anfangs wieder verkürzt und wie eine Ziehharmonika zusammenzieht. Es lässt sich nicht so gut am inneren Schenkel vorwärts treiben wie auf der linken Hand, weil man die hohle Seite des Pferdes am inneren Schenkel liegen hat. Die Annahme der treibenden Hilfen ist aber eine Grundvoraussetzung für die Anlehnung, da diese von einer Streckung des Pferdekörpers auf die treibenden Hilfen hin ausgeht (siehe Kapitel 3).

Gleichzeitig verkürzt sich beim Handwechsel durch die Körperkrümmung nach rechts auch der Hals-Kopf-Bereich, und im schlimmsten Fall steht man kurzzeitig überhaupt ohne Anlehnung da, wenn das Pferd bei der Verkürzung vollständig hinter den Zügel zurücktritt. Ausgangspunkt für diese Reaktion sind die auf der rechten Hand anderen Gleichgewichtsbedingungen wie auch wohl die rechts schwächer entwickelte Rückenmuskulatur, die im gestreckten Zustand das Reitergewicht anfangs noch nicht so gut trägt wie im zusammengezogenen Zustand. Auch durch eine sehr *vorsichtige* und nur teilweise Gewichtsverlagerung des Reiters beim Handwechsel nach rechts wird zu Anfang der Ausbildung bei vielen Pferden das Zusammenziehen der Rücken- und Bauchmuskulatur ausgelöst. Wird die rechtsseitige Rückenmuskulatur durch Dehnung auf der linken Hand und vorsichtige Belastung auf der rechten Hand jedoch zunehmend gestärkt, erfolgt bald kein Zusammenziehen des Pferdes mehr, wenn die rechte Rückenseite mehr belastet wird. Dann lässt sich das gestreckte Pferd auch gut beim Handwechsel von links nach rechts zum Übergang von der Anlehnung an die rechte Hand zur Anlehnung an die linke Hand anregen.

Wichtig sind beim Handwechsel auf dem rechts-schiefen Pferd die Unterschiede in der Gewichtsverlagerung: Während der Reiter beim Handwechsel nach links frühzeitig sein Gewicht in der Mitte und dann auf der neuen inneren Seite des Pferdes positionieren sollte, um mit seinem Gewicht die Biegung der längeren, linken Körperseite möglichst gut und frühzeitig zu unterstützen (siehe S. 119), sollte er beim Handwechsel nach rechts sein Gewicht nur vorsichtig bis zur Mitte des Pferdes und dann erst ganz allmählich etwas auf die rechte Seite verschieben, um einem Verlust des körperlichen Gleichgewichts und nachfolgend auch der Anlehnung vorzubeugen. An der Reaktion des Pferdes ist sicher zu erkennen, wie robust oder aber empfindlich es bezüglich der Gewichtsverlagerung nach rechts beim Handwechsel ist.

Vorwärts-abwärts-Reiten

Wenn Sie nun noch einmal unter dem Gesichtspunkt der Rückenempfindlichkeit des Pferdes und seiner körperlichen Schiefe sowie unter Einbeziehung der Komplexität, die sich daraus für die Hilfengebung ergibt, kurz die Einwirkungsmöglichkeiten aller Reiterhilfen auf einem Pferd rekapitulieren, dann sollte Ihnen jetzt eigentlich klar sein, weshalb landauf landab in unseren Reitschulen das Vorwärts-abwärts-Reiten zum allein selig machenden Credo erhoben wird. Ein Pferd, das vorwärts-abwärts geht, ist in sich lang gestreckt und losgelassen. Es hat die Anspannung seiner Rückenmuskulatur und der rechten Körperseite weitestgehend oder vollständig aufgegeben, befindet sich demzufolge relativ gut im körperlichen Gleichgewicht und ist im ersten Ansatz bereits in sich gerade gerichtet.

Unter dieser Voraussetzung – und nur unter dieser Voraussetzung – können Sie als Reiter all Ihre Hilfen beidseitig in annähernd derselben Form erfolgreich zur Anwendung bringen. Das gelöste Vorwärts-abwärts-Gehen des Pferdes ist das erste Etappenziel in der Ausbildung, es ist die Basis und die Vorbedingung für eine erfolgreiche Kommunikation beim Reiten. Nicht zuletzt ist es Ihr sicherster Beweis dafür, dass Sie zwischenzeitlich relativ korrekt sitzen, was wiederum auch eine Voraussetzung für weitere Erfolge ist.

Die innere und die äußere Hand

Inneres Hinterbein kontra innere Reiterhand

Ein Pferd biegt sich letztendlich auch auf den langen Seiten der Reitbahn immer minimal nach innen um den inneren Schenkel des leicht auf der inneren Seite des Pferdes sitzenden Reiters herum. Es bewältigt dadurch die doch ziemlich schnell aufeinander folgenden Ecken der Reitbahn leichter, was der Erhaltung eines gleichförmigen Bewegungsflusses förderlich ist. Nur auf geraden Hufschlagfiguren durch die Bahn ist ein Pferd wirklich vollkommen in sich gerade. Es sorgt vor allem der innere vorwärtsseitwärts gegen die äußere Führhand treibende Schenkel des Reiters für die (wenn auch sehr geringe) Längsbiegung sowie die Vorwärtsbewegung des Pferdes auf dem Hufschlag.

Die leichte Längsbiegung des Pferdes auch auf der Geraden nach innen resultiert in einem geringfügig stärker untertretenden und gebeugten Hinterbein auf der inneren Seite des Pferdes. Das vermehrte Untertreten des inneren Hinterbeins führt dazu, dass es empfindlicher auf Zug am inneren Zügel reagiert als das äußere Hinterbein auf Zug am äußeren Zügel.

Dies führt leicht zu einem verminderten Vorführen des inneren Hinterbeins und zu Taktstörungen, die von der Behinderung des inneren Hinterbeins durch die innere Reiterhand
herrühren, wenn der Reiter immer zu stark
einwirkt.

> Man muss dem inneren Hinterbein immer genü-
> gend Raum zum Vortreten lassen, will man beim
> Herumreiten um die Bahn im Takt bleiben.

Außen führen!

Um das innere Hinterbein des Pferdes nicht zu
behindern, trägt man bei gleich langen Zügeln
die innere Hand leicht vor der äußeren. Durch
diese Zügelführung üben Sie immer auf die
äußere Lade des Pferdes mehr Druck aus als
auf die innere. Sie *führen* das Pferd mit der
äußeren Hand. Dies gilt auch für Wendungen,
in denen Sie dem Pferd zwar durch einen an-
nehmenden Anzug am inneren Zügel bei der
Einleitung der Wendung die benötigte Stellung
geben, dann aber, um den Vortritt des inneren
Hinterbeins nicht weiter zu behindern, schnell
wieder nachgeben müssen.

Zum korrekten Durchreiten einer Ecke reicht
diese einmalige Einwirkung des inneren
Zügels vollkommen aus. Wollen Sie aber einen
vollständigen Kreis, zum Beispiel eine Volte
reiten, dann wechseln sich stellende Annahme
des inneren Zügels und für den Vortritt raum-
schaffendes Nachgeben des inneren Zügels
regelmäßig ab. Damit aus dieser Zügeltätigkeit
kein Vieleck, sondern eine runde Volte resultiert, muss eine konstante Führung an der äußeren Hand gegeben sein. Sie sorgt dafür, dass
das Pferd die Stellung beibehält, während der
Reiter über den inneren Zügel abwechselnd
Vortritt und Stellung reguliert.

Die Führung an der äußeren Hand allein reicht
aber noch nicht aus, um ein Pferd in dem
Moment, in dem der innere Zügel nachgibt, auf
einer Kreisbahn zu halten. Reiten müssen Sie
die eigentliche Kreisbahn mit Schenkel-,
Gewichts- und Kreuzhilfen. Denn, wie gesagt,
der innere Zügel taugt nicht dazu, über mehrere Schritte des Pferdes an ihm zu ziehen. Da
dieses Wissen so wenig verbreitet ist, sieht
man so viele auf Kreisfiguren schwunglos
dahinlatschende Pferde, denen durch das Hängen des Reiters am inneren Zügel zum Teil
über Jahre hinweg der Vortritt des inneren
Hinterbeins systematisch behindert wird.
Ob Sie dazu imstande sind, einen halbwegs
runden Zirkel ohne Handeinwirkung innen zu
reiten, können Sie ganz einfach durch das
Zügel-aus-der-Hand-kauen-Lassen im Trab auf
dem Zirkel kontrollieren. Solange Sie dabei
Schwierigkeiten haben, auf der Kreisbahn
zu bleiben, ohne nennenswert mit der Hand
einwirken zu müssen, können Sie davon ausgehen, dass auch Sie Ihr Pferd auf jeder gebogenen Linie im Vortritt und der Schwungentwicklung behindern.

> Achten Sie beim Reiten immer bewusst darauf,
> innen nicht am Zügel hängen zu bleiben, und ver-
> suchen Sie, die Einwirkung der inneren Hand beim
> Reiten zu minimieren!

Sie bekommen dann nach und nach ein Gespür
dafür, wann Sie mit der inneren Hand den Vortritt des inneren Hinterbeins behindern und
wann nicht. Das Pferd fängt, wenn Sie es
nicht mehr stören, unterstützt durch nachdrückliches Treiben von allein wieder an, den dem
inneren Hinterbein zur Verfügung stehenden
Raum zu nutzen.

Die halbe Parade

Halbe Paraden bringen das Pferd in die »Pole Position«

Was Sie dem Pferd per Handeinwirkung mitteilen möchten und müssen, sollten Sie aufgrund der empfindlichen Beziehung zwischen innerem Zügel und innerem Hinterbein (siehe S. 126) weitestgehend auf die Einwirkung über die äußere Hand beschränken. Es handelt sich dabei hauptsächlich um halbe Paraden. Eine konstante Anlehnung an die äußere Hand (Führung) des Pferdes ist unerlässlich, um die Wirkung der halben Parade voll ausnützen zu können.

> Halbe Paraden haben eine ähnlich aufnehmende Funktion wie die Reitplatzbegrenzung (s. S. 105). Sie führen dazu, dass das Pferd sich in der Vorhand aufrichtet, im Tempo zurücknimmt und mit der Hinterhand besser untertritt.

Wozu benötigt man als Reiter nun dieses Aufnehmen des Pferdes, und wie führt man es genau herbei?

Das Pferd hat von Natur aus mehr Gewicht auf der Vorhand als auf der Hinterhand. Bei der Behandlung der *Skala der Ausbildung* sowie dem Gleichgewicht von Pferd und Reiter wurde bereits auf die Bedeutung der Lastaufnahme auf die Hinterhand eingegangen. Eine leichtere Vorhand schafft mehr Beweglichkeit und Raumgriff, ein aufgenommenes Pferd kann also schneller auf Richtungsänderungen oder Tempowechsel reagieren, ist wendiger und weist eine kürzere Reaktionszeit für die Reiterhilfen auf. Das aufgenommene Pferd ist der Porsche mit Sportlenkrad unter den Lastwagen ohne Servolenkung. Deshalb gibt man

eine halbe Parade, zum Beispiel bevor man eine Lektion auf dem Pferd einleitet, nicht nur zur Erhöhung der Aufmerksamkeit für die nachfolgenden Hilfen, sondern auch um den Pferdekörper in eine potente Startposition, in die »Pole Position«, um bei dem Autorennvergleich zu bleiben, zu versetzen.

Wie und wozu gibt man eine halbe Parade?

Stellen Sie sich vor, Sie halten einen nassen Badeschwamm in der Hand und drücken ihn aus. Das Schwammausdrücken in der aufrecht stehenden geschlossenen Faust beim Geben einer halben Parade (sehen Sie, wie sich dabei vor allem Ihr Ringfinger und Ihr kleiner Finger, zwischen denen Sie ja den Zügel halten, zu Ihnen hin bewegen?) bewirkt ohne eine äußerlich sichtbare Handbewegung einen Zug am Zügel, der Druck auf die Lade des Pferdes ausübt. Mehr Bewegung benötigt die halbe Parade mit einem richtig angepassten, einfach oder doppelt gebrochenen Gebiss im Maul des Pferdes für die Erlangung ihrer vollen Wirksamkeit nicht. Geben Sie die halbe Parade etwas ruckartig und eventuell mehrmals kurz hintereinander, erhöht sich die Wirksamkeit noch. Der ruckartige kleine Stoß über den Zügel und das starre Gebissteil auf die Lade der betroffenen Seite führt zu einer kurzzeitigen, von außen unsichtbaren Abstoßung des Pferdes vom Gebiss.

Über den Vortrieb, den Sie per Kreuz und Schenkel gleichzeitig mit der Handhilfe ausüben, regulieren Sie das Maß der Aufnahme

> Voraussetzung für den Erfolg einer halben Parade ist eine bestehende konstante Anlehnung sowie eine im selben Augenblick erfolgende Kreuz- und Schenkelhilfe.

des Pferdes. Treiben Sie nur verhalten im Augenblick der halben Parade, dann ist die aufnehmende Wirkung gering, die Gleichgewichtsverschiebung und -beeinträchtigung beim Pferd ebenfalls, und das Pferd lehnt sich sofort nach der halben Parade wieder an die Hand an. Erst die permanente Wiederholung dieser Art von halben Paraden, also das wiederholte Üben der kurzzeitigen Gleichgewichtsverschiebung nach hinten führt langfristig zu einer besseren Lastaufnahme auf die Hinterhand und einer leichteren Anlehnung des Pferdes im Genick.

Treiben Sie sehr stark bei Einsatz der halben Parade, dann werden Sie vor allem im Galopp sofort ein deutlich weiteres Unterfußen des Pferdes spüren, das Pferd richtet sich sichtbar und deutlich spürbar unter dem Reiter auf und verharrt länger in dieser Position, bevor der Pferdekörper wieder länger wird und sich das Pferd auch wieder stärker an die Hand anlehnt. Diese stark aufnehmende Funktion einer halben Parade erreichen Sie nur, wenn das Pferd durchlässig ist, sonst bleibt die halbe Parade im Pferd stecken, und man erreicht weiter nichts, als dass man dem Pferd den Hals zusammenzieht. Allein vorn bremsend einzuwirken reicht nicht aus, um die Hinterhand des Pferdes unter den Reiter zu schieben.

Im Idealfall kommt bei einer richtig angewendeten halben Parade das Genick des Pferdes höher, das Pferd wird leichter in der Hand, hält minimalst in der Bewegung inne und nimmt Last auf die Hinterhand auf, um dabei im Gleichgewicht zu bleiben. Mit fortschreitender Ausbildung erhöht sich das Maß der Lastaufnahme auf die Hinterhand dabei beträchtlich. Die Wirkung ist deutlich daran zu erkennen, dass das Pferd anfängt, sich selbst zu tragen. Es beginnt, etwas von der Schubkraft der Hinterhand in Tragkraft umzusetzen, und trabt

> Zu Anfang der Ausbildung setzt man halbe Paraden vor allem zur Verbesserung des Raumgriffs der Grundgangarten und zur feinen Regulierung des Tempos ein (vorbeugende Reiterhilfe).

oder galoppiert dadurch nicht mehr so kopflastig. Das Taktmaß des Pferdes wird durch den häufigen Einsatz von halben Paraden ruhiger, Ausdruck und Länge der Tritte und Sprünge nehmen zu. In der späteren Ausbildung setzt man ein Pferd in den versammelten Tempi mit Hilfe von halben Paraden auf die Hinterhand und erreicht mit weiteren halben Paraden dann eine zunehmende Erhabenheit der Tritte und Sprünge bei gleich bleibendem Tempo sowie sehr feine Tempounterschiede.

Das Angaloppieren – ein Beispiel für das komplexe Zusammenwirken aller Reiterhilfen

Schon sehr früh in der Pferde- und Reiterausbildung kommt mit den Hilfen zum Angaloppieren eine sehr komplexe Hilfegebung auf das Pferd, vor allem aber auf den Reitanfänger zu und stellt deshalb oft eine für beide schwer zu überwindende Hürde in der Ausbildung dar. Folgt man allerdings konsequent den bereits dargelegten Prinzipien zur Anwendung der einzelnen benötigten Hilfen und bewahrt auch nach ersten misslungenen Versuchen die Ruhe, dann ist es immer wieder begeisternd, wie schnell das Pferd lernt, ruhig in der gewünschten Fußfolge anzugaloppieren.

Man benötigt zum Angaloppieren in der englischen Reitweise Schenkel-, Hand-, Gewichts- und Kreuzhilfen. Bittet man Reitanfänger um das Aufzählen der in zeitlich korrekter Abfolge benötigten Hilfen zum Angaloppieren, dann beginnen sie meistens damit, dass man das Pferd nach innen stellen soll, damit das Pferd auf der inneren Hand angaloppiert, und dann den äußeren Schenkel zurücknehmen soll. Manchmal kommt dann noch, dass man innen sitzen und mit dem inneren Schenkel drücken soll. Und das war es dann. Wer so angaloppiert, der braucht sich nicht zu wundern, wenn es schief geht!

Zwei wichtige Dinge, die das Angaloppieren des Pferdes vorbereiten, fehlen eigentlich in allen Erklärungen, deshalb sei hier noch einmal darauf eingegangen. Zum Angaloppieren gibt man *als Erstes* am äußeren Zügel eine halbe Parade (verbunden mit Kreuz- und Schenkelhilfen). Die halbe Parade macht das Pferd aufmerksam und bewirkt gleichzeitig durch das Aufnehmen des Pferdes (siehe S. 128) eine minimale Verlagerung des Körpergewichts auf die Hinterhand. Das Pferd richtet sich vorn geringfügig auf, was die Vorderbeinfreiheit des Pferdes verbessert. Vornehmlich dadurch stellt man sicher, dass es richtig angaloppiert, und nicht durch den Anzug am inneren Zügel. Das Pferd ist nach der halben Parade für ein bis drei Schritte nun in der optimalen Startposition für die Annahme und Umsetzung weiterer Hilfen. Innerhalb dieser ein bis drei Schritte müssen Sie nun ruhig hintereinander alle weiteren benötigten Hilfen zum Angaloppieren geben. Das Pferd verlagert sonst das Gewicht wieder auf die Vorhand und die Wirkung der Reiterhilfen verpufft in den Boden hinein, anstatt in einem erfolgreichen Angaloppieren zu münden. Der zweite wichtige, beim Angaloppieren oft vergessene Punkt betrifft das Führen mit der äußeren Hand. Nach der halben Parade führen Sie das Pferd außen etwas stärker als normal (übernehmen es auf die äußere Hand), um das Pferd beim Aufrichten zum Angaloppieren in

der konstanten Anlehnung zu halten. Sie geben dem Pferd so eine sichere Führung und Richtungsanweisung, wenn Sie später zum Herauslassen des ersten Galoppsprungs auf der inneren Seite des Pferdes mit der inneren Hand nachgeben. Übernehmen Sie das Pferd nicht auf die äußere Hand, dann ist Ihr Pferd zum Zeitpunkt des Angaloppierens am Kopf vollkommen führungslos, was nicht in Ihrem Interesse sein kann.

Mit dem Zurücknehmen der äußeren Hand zum Führen legen Sie den äußeren Schenkel eine Handbreit zurück und verlagern Ihr Körpergewicht nach innen (die Führung an der äußeren Hand bewirkt, dass das Pferd dennoch auf dem Hufschlag bleibt). Legen Sie nun den inneren Schenkel vermehrt an den Bauch des Pferdes an. Geben Sie dem Pferd jetzt erst, als allerletzte Hilfe vor dem einseitigen Anziehen des Kreuzes auf der inneren Seite, auf das hin das Angaloppieren erfolgt, mit der inneren Hand etwas Stellung nach innen, um damit das Angaloppieren auf der richtigen Hand zu unterstützen. Jetzt erfolgen das einseitige Anziehen des Kreuzes und der Druck des inneren Schenkels zum Angaloppieren. Sowie das Pferd dazu ansetzt, die Fußfolge zum Galopp hin zu ändern (nicht früher und nicht später!), geben Sie am inneren Zügel nach, um den Galoppsprung innen, auf der richtigen Hand herauszulassen.

> Der richtige Zeitpunkt für den Druck am inneren Schenkel zum Angaloppieren ist der, in dem das Pferd das *innere* Hinterbein nach vorn führt.

Sie fühlen das deutlich: der Bauch des Pferdes wird innen dick und liegt dadurch gut am Schenkel. Im darauf folgenden Moment bewegt das Pferd, egal ob Sie sich im Schritt oder Trab befinden, immer das innere Vorderbein. Und mit genau diesem leitet es den ersten Galoppsprung auf der inneren Hand aufgrund seiner natürlichen Fußfolge im Galopp ein, nachdem es sich kurz vorher mit dem äußeren Hinterfuß stärker abgestoßen hat als im Schritt oder Trab. Drücken Sie im falschen Moment, wenn das *äußere* Hinterbein bereits vorfußt, galoppiert das Pferd gar nicht oder falsch an.

Hat das Pferd den ersten Galoppsprung auf der gewünschten Hand gemacht, ist das Angaloppieren aber noch nicht beendet. Damit das Pferd beim anschließenden Zurücknehmen der inneren Hand zur Wiederherstellung einer gleichmäßigen Anlehnung an beide Hände nicht in den Trab ausfällt (woran Sie beispielhaft die schwungtötende Wirkung der Annahme des inneren Zügels erleben können), müssen Sie den vermehrten Druck am inneren Schenkel über einige Galoppsprünge nach dem Angaloppieren beibehalten. Erst jetzt befindet sich das Pferd in einer vom Reiter führ- und regelbaren Galoppbewegung.

Gibt es zwischendurch Probleme, dann führen Sie das Pferd ruhig ins Grundtempo (lieber zu untertourig als zu hoch) der Gangart zurück, aus der Sie angaloppieren wollen. Versuchen Sie anschließend, das Pferd durch mehrere halbe Paraden der äußeren Hand während des Angaloppierens besser zusammenzuhalten. Ein auseinander gefallenes (nicht aufgenommenes) Pferd, welches das Körpergewicht auf die Vorhand verlagert hat, mit den Vorderbeinen in den Boden hinein läuft und in schnellem Tempo kopflos die Reiterhilfen flieht, werden Sie nur sehr schwer zum Angaloppieren bewegen können. Das oft für junge Pferde angepriesene Hineinstürzen des Pferdes in den Galopp aus einem überhasteten Trab ist vollkommener Unsinn. Daraus geht immer nur ein ebenso überhastetes Galoppieren auf der Vorhand hervor – weit entfernt von einem von der Hinterhand durch Hankenbeugung unterstützten ruhigen so genannten und erwünschten Bergaufgalopp. Bleiben Sie und Ihr Pferd also ruhig, und vergessen Sie vor allem die vorbereitenden Hilfen zum Angaloppieren nicht, dann werden Sie Erfolg haben.

11. Das Reiten

Vor dem Aufsteigen ist nach dem Aufsteigen

Denken Sie immer daran, dass die Art und Weise Ihres tagtäglichen Umgangs mit dem Pferd am Boden auch das Reiten maßgeblich beeinflusst. Für das Pferd beginnt damit, dass Sie auf seinen Rücken steigen, nicht ein vollkommen neues Kapitel, vielmehr ist das Reiten die logische Fortsetzung der vorausgegangenen Tätigkeiten. Erweisen Sie sich am Boden durch umsichtiges Verhalten als verlässliches Leittier, dann wird Ihnen das Pferd auch beim Reiten großes Vertrauen entgegenbringen. Bleibt es dagegen durch Ihr Verschulden bereits beim Betreten der Reitbahn an der Tür hängen und erschrickt, dann haben Sie schon einige Vertrauenspunkte verloren und reiten außerdem eine Stunde lang gegen den erhöhten Adrenalinspiegel des Pferdes an.

Das Pferd vertraut Ihnen umso mehr beim Reiten, je länger es in Ihrer Anwesenheit – egal ob am Boden oder beim Reiten – keine angstvollen Stresssituationen erlebt hat. Anders herum tanzt ein Pferd, das den Ausbilder am Boden schon nicht respektiert, ihm beim Reiten ebenfalls auf der Nase herum. Das Pferd unterscheidet dabei genau, welche Person seinen Rücken besteigt. Das Wissen um die Dominanz eines Ausbilders reicht beim Pferd oft schon aus, um Frechheiten im Keim zu ersticken und Gehorsam zu gewährleisten, bevor es auch nur einen Schritt unter diesem gemacht hat. Da hört man dann oft erstauntes »Ah!« und »Oh!« über die Reitkünste eines Ausbilders, wenn ein Reiterwechsel ein Pferd wie verwandelt erscheinen lässt. Doch sind es oftmals nicht nur die technischen Reitkenntnisse an sich, welche die Veränderung des Pferdes zum Positiven hin bewirken, sondern auch die freiwillige Anerkennung der Dominanz des Reiters durch das Pferd.

> Schaffen Sie sich am Boden Vertrauen und Respekt beim Pferd und der Einstieg ins Reiten wird wesentlich einfacher ausfallen.

Erst denken – dann reiten!

Überlegen Sie jeden Tag, *bevor* Sie aufs Pferd steigen, was Sie heute reiten und erreichen wollen. Machen Sie nicht jeden Tag dasselbe, weil das Pferd dann abstumpft. Spulen Sie nicht jeden Tag das gesamte Programm ab, sondern treffen Sie eine Auswahl an Lektionen, weil Sie das Pferd sonst überfordern. Passen Sie das Arbeitspensum Ihrer jeweiligen Tagesform und der des Pferdes an. Berücksichtigen Sie dabei auch die Form des Pferdes und seine Leistungen in den vorausgegangenen Tagen. Setzen Sie sich während einer Reitstunde erreichbare Ziele, und seien Sie so flexibel, auch einmal geplante Lerninhalte und Lektionen auf den nächsten Tag oder noch später zu verschieben. Konzentrieren Sie sich auf das Pferd und auf das, was Sie mit ihm im nächs-

> Je mehr Sie sich gedanklich mit der Ausbildung des Pferdes befassen, desto bessere Ausbildungskonzepte und Ansatzpunkte für Problemlösungen werden Sie finden.

ten Zeitabschnitt der Ausbildung erreichen wollen – und das nicht nur in der Reitstunde selbst, sondern auch in der Zeit zwischen den Reitstunden.

Regeln fürs Aufsteigen

Immer wieder erlebt man, wie wenig Sorgfalt Reiter der Erziehung des Pferdes zum Ruhigstehen beim Aufsteigen zukommen lassen. Dabei ist gerade das sehr wichtig – zu Ihrer eigenen Sicherheit und damit Sie sich nicht gleich zu Anfang den Erfolg Ihrer Reitstunde verbauen. Plumpsen Sie dem Pferd, weil es während des Aufsteigens unvermutet antritt, gleich zu Beginn unsanft in den Rücken, dann besteht Ihre erste Aufgabe beim Reiten darin, die durch den Stoß angespannte Rückenmuskulatur des Pferdes wieder zu lösen. Ziehen Sie dann noch unbedacht heftig (weil der ja nie stehen bleibt!) am Zügel, um das Pferd wieder zum Stillstand zu bringen, bis Sie selbst startklar sind, dann war die erste Hilfe im Maul schon einmal nicht so sanft, wie sie sein sollte, und hat den Pferderücken noch ein bisschen mehr festgezogen.

> Setzen Sie sich immer wie auf ein rohes Ei im Sattel nieder, und die Rückenmuskulatur jedes Pferdes wird es Ihnen danken!

Da hilft es auch nichts, dass das Pferd vielleicht Ihrer Meinung nach selbst daran schuld ist, dass Sie ihm ins Kreuz gefallen sind, weil es immer voreilig losläuft. Den festgehaltenen Rücken müssen nämlich Sie allein wieder lösen. Warum es sich also von vornherein gleich so schwer machen?

Außerdem bleibt das Pferd, wenn Sie sich sanfter hinsetzen, irgendwann auch besser stehen. Wenn Sie klein oder schwer sind, sollten Sie generell eine Aufsteighilfe benutzen – egal, ob die lieben Mitreiter lästern. Da Sie das Pferd beim Aufsteigen länger beziehungsweise stärker einseitig mit Ihrem Gewicht belasten, tritt das Pferd zur Wiederherstellung seines Gleichgewichts sonst oft zur Seite oder nach vorn an.

Lassen Sie ein junges Pferd von jemandem halten, bis Sie aufgestiegen sind, und bestehen Sie auch in Zukunft ohne Helfer darauf, dass das Pferd beim Aufsteigen stehen bleibt. Zur Not bewegen Sie das Pferd erst ein bisschen, damit Sie es wirklich im Stillstand besteigen können. Tritt das Pferd dennoch einmal einen Schritt vor, während Sie sich noch in der Schwebe über dem Sattel befinden, dann stützen Sie sich mit der Hand vorn auf dem Sattelblatt über der für Stöße unempfindlichen Schulter ab, um den Schwung des Stoßes in den Rücken abzufangen, und setzen Sie sich dann dennoch möglichst sanft in den Sattel.

Aufbau einer Reitstunde

Das Reiten an sich beginnt nicht erst beim Zügelaufnehmen, sondern schon weit, weit davor! Bedenken Sie immer, dass alles, was Sie vor dem Zügelaufnehmen beim Reiten mit einem Pferd machen, in maßgeblichem Umfang das Gelingen Ihrer Reitstunde bis in die kleinste Lektion mit bestimmt.

Der Aufbau *jeder* Reitstunde sollte sich, wie die gesamte Pferdeausbildung auch, an der *Skala der Ausbildung* (siehe Kapitel 3) orientieren. Stellen Sie zuerst Takt, Losgelassenheit und das Gleichgewicht in der Bewegung her, und gehen Sie dann von einer konstanten

Bleiben Sie auf irgendeiner Ausbildungsstufe stecken, dann gehen Sie zur vorherigen zurück und festigen die dort erarbeiteten Grundlagen. Ist das nicht möglich, weil Sie bereits Takt und Losgelassenheit nicht herstellen können, dann bleibt diese Stufe so lange Ihr tägliches Ausbildungsziel, bis Sie diese schließlich erreicht haben!

Anlehnung zur Schwungentfaltung, dem Geraderichten und der Versammlung über. Es hat sich bewährt, eine Reitstunde in eine Lösungsphase, eine oder mehrere Arbeitsphasen, unterbrochen von Entspannungsphasen und eine abschließende Erholungsphase einzuteilen. Wenn man von einer 60 Minuten dauernden Reitstunde ausgeht – länger ist in der Regel wenig sinnvoll, da ein Pferd sich nicht so lange anhaltend konzentrieren kann – dann sollte die Lösungsphase ca. 20 – 30 Minuten dauern, die einzelnen Arbeitsphasen sollten 10 – 20 Minuten nicht überschreiten. Die Entspannungsphasen zwischen den Arbeitsphasen (meist am langen oder hingegebenen Zügel) können und sollten zur Aufrechterhaltung der Konzentration sowie zur Vermeidung der Abkühlung kurz gehalten werden und zwischen 1 und 5 Minuten dauern. Die abschließende Erholungsphase im Schritt am langen oder hingegebenen Zügel kann man hingegen beliebig lang gestalten, vor allem ein kleiner halbstündiger Ausritt wird von den Pferden als Entspannung sehr gut angenommen. Die abschließende Erholungsphase ist wichtig und sollte 10 Minuten nie unterschreiten! Diese Zeitangaben beruhen auf Erfahrungswerten, die von Pferd zu Pferd etwas variieren. Sie müssen das Pferd nicht exakt 20 Minuten lösen, sondern es *ausreichend* lösen. Schauen Sie nicht auf die Uhr, sondern »horchen« und

fühlen Sie mit all Ihren Sinnen in das Pferd hinein, und spüren Sie, wann die Losgelassenheit erreicht ist.

Das Lösen des Pferdes

Das Lösen dient im Allgemeinen der Herstellung von Takt, Losgelassenheit und Anlehnung. Beim Lösen wird bereits auch der Grundstein für die Schwungentfaltung, die nächste Stufe der *Skala der Ausbildung*, gelegt.

Das Anreiten nach dem Aufsteigen
Setzen Sie sich nach dem Aufsteigen gerade hin, legen Sie die Beine mit der Innenseite der Ober- und Unterschenkel an das Pferd, bis Sie Ihre Gesäßknochen beidseitig gleichermaßen auf dem Sattel spüren. Nehmen Sie dann mit den Schenkeln (der Wade) Kontakt zum Pferd auf. Je nachdem, ob der Pferdebauch sich weich oder hart an den Schenkeln anfühlt, spüren Sie, in welcher Verfassung das Pferd ist. Das Pferd bleibt dabei noch ruhig stehen! Geben Sie dann zum Anreiten vorsichtig beidseitigen Schenkeldruck und verfolgen Sie die Reaktion des Pferdes. Macht es auf leisen Druck auf den weichen Bauch einen großen, entspannten Schritt geradeaus nach vorn, dann haben Sie höchstwahrscheinlich eine problemlose Reitstunde vor sich. Tritt das Pferd hektisch mit gespannten, harten Bauchseiten eventuell schon vor Ihrer Hilfe an, dann zeugt das von Anspannung im Pferdekörper. Diese kann bedingt sein durch Übermut (vor allem bei Kälte), dann müssen Sie damit rechnen, dass das Pferd sich austoben will. Das zeigt sich allerdings meistens schon vor dem Aufsteigen am übermütigen Verhalten des Pferdes. Die Anspannung des Pferdes kann aber auch auf

Nervosität oder Angst beruhen, die erst durch die Tatsache des Gerittenwerdens hervorgerufen wird. Solche Pferde sind bis zum Anreiten oft die Ruhe in Person, und erst mit dem ersten Schritt beginnt für sie der Stress. Bei jungen Pferden ist es oft Nervosität vor der unbekannten, aufregenden Situation des Reitens und der Ausbildung. Bei älteren Pferden hingegen deutet ein verspanntes Fliehen des Schenkels (so wird das auch bezeichnet), beim Anreiten eventuell bereits auf Ausbildungsmängel oder -fehler, zumindest aber auf einen verspannten Rücken hin.

Tritt das Pferd erst auf stärkeren Druck oder gar eine zweite Aufforderung hin an, dann haben Sie es entweder mit einem faulen (tagesform- oder naturellbedingt) oder einem bezüglich der Annahme der vortreibenden Hilfen sehr schlecht ausgebildeten Pferd zu tun. Bei Pferden, die sonst immer willig antreten, sollte man auch fehlerhafte Ausrüstung oder Krankheit in Betracht ziehen und dies gegebenenfalls überprüfen.

Schon einen Schritt nach dem Anreiten wissen Sie also, wes Geistes Kind das Pferd, auf dem Sie sitzen, ist. Demzufolge sind bereits hier die ersten Entscheidungen bezüglich des Ablaufs der Reitstunde zu treffen. Während Sie sich ruhig im Schritt am hingegebenen Zügel auf den Hufschlag der Reitbahn begeben, um sich dort 5 bis 10 Minuten selbst gedanklich auf die Reitstunde vorzubereiten und das Pferd im Schritt zu lösen (die Gelenke des Pferdes werden dabei geschmiert und die Muskeln erwärmt), können Sie weiter in das Pferd hineinhorchen, um Ihren ersten Eindruck vom Pferd zu festigen oder gegebenenfalls zu revidieren. Dabei können Sie sich in aller Ruhe überlegen, was Sie mit dem Pferd in der bevorstehenden Reitstunde am sinnvollsten anfangen.

Wie bringt man das Pferd zum ruhigen Schreiten?

Nutzen Sie die Aufwärmzeit dazu, das Lösen des Pferdes bereits in dieser Phase aktiv zu gestalten. Bei nervösen Pferden versuchen Sie, eine Tolerierung des sanft anliegenden Unterschenkels zu erreichen. Sitzen Sie bremsend, indem Sie Ihren Oberkörper im Sattel ein klein wenig nach vorn verlagern, mehr Gewicht auf die Oberschenkel legen und so die treibende Wirkung Ihres Körpergewichts minimieren. Trotzdem sollen Sie noch gerade sitzen und nicht regelrecht nach vorn hängen, da sonst Ihre Schenkel verrutschen. Beruhigen Sie das Pferd mit der Stimme und versuchen Sie, es möglichst ohne bremsende Zügeleinwirkung zum ruhigen Schreiten im Schritt zu bewegen. Wenn Sie, weil das Pferd im Schritt regelrecht zu hasten beginnt, am Zügel bremsen müssen, dann tun Sie das außen, weil ein Zug an der inneren Zügelhand das Untertreten der Hinterbeine des Pferdes zu sehr behindert und deshalb zu einer weiteren Verspannung des Rückens führt.

> Die Losgelassenheit ist in allen Gangarten erst dann erreicht, wenn das Pferd nicht mehr vor dem Reiterschenkel wegläuft, sondern die treibenden Hilfen bei jedem Schritt weich annimmt und in große ruhige Schritte im vom Reiter gewünschten Takt umsetzt.

Versuchen Sie zu erreichen, dass ein hektisches Pferd seine Nervosität von selbst ablegt. Das Gefühl des Festgehaltenwerdens steigert bei einem Pferd nämlich immer – auch im Schritt – die bestehende Angst noch zusätzlich, weil es sich durch das Festhalten des Reiters seiner Fluchtmöglichkeiten beraubt fühlt. Ein nervöses Pferd beruhigt sich am schnellsten, wenn es das Gefühl hat, vom Reiter wenig behindert jederzeit fliehen zu können. Also schaffen Sie als Reiter einem nervösen Pferd die Gelegenheit zum Abbau seiner Angst durch Bewegung, auch wenn Sie das manchmal Mut kostet. Merkt das Pferd erst einmal, wie anstrengend das Wegrennen unter dem Reiter, der es nicht festhält, auf die Dauer ist, wird es von allein irgendwann langsamer. Damit ist nicht gemeint, dass Sie mit der Hand überhaupt nicht bremsend einwirken dürfen, aber begrenzen Sie die Handeinwirkung auf das unbedingte Minimum, das bei heftigen Pferden langfristig zur Findung des richtigen Taktmaßes auch durchaus nötig ist.

Überlässt man das Pferd vollkommen sich selbst in seiner Angst, dann steigert es sich durch den Rausch (auch im Schritt) der Geschwindigkeit oft noch weiter hinein in seine Angst. Darum probieren Sie aus, wie viel Sie halten und wie viel Sie nachgeben müssen, um das Pferd nach und nach ruhiger und langsamer zu bekommen. Die Losgelassenheit des Pferdes ist erst erreicht, wenn Sie es nicht mehr festhalten müssen und mit Ihren Schenkelhilfen zum Treiben kommen. Dann haben Sie sich vollkommen stressfrei, am hingegebenen Zügel im Schritt eine wesentliche Grundlage – nämlich die Annahme der treibenden Hilfen – für den weiteren Erfolg der Reitstunde gesichert.

Schrittreiten als Motivation

Treiben Sie im Schritt abwechselnd mit der linken und der rechten Wade immer dann, wenn der Bauch des Pferdes vorbeikommt und Ihren Schenkel gleichsam mitnimmt. Wenn ein Hinterbein im Schritt abfußt, dann schiebt es dabei den Bauch auf der gleichen Seite nach vorn. Geben Sie nun ebenfalls auf dieser Seite

eine treibende Hilfe, dann behält das Pferd den Fuß länger in der Luft und setzt ihn weiter unter beziehungsweise vor den Pferdekörper nach vorn. Es hat also einen größeren Schritt gemacht. Tut das Pferd das nicht, dann verstärken Sie den Schenkeldruck der treibenden Hilfe. Bestehen Sie schon beim Lösen im Schritt am hingegebenen Zügel darauf, dass das Pferd die Hilfe richtig annimmt und im von Ihnen gewünschten Maße in Raumgriff umsetzt. Reicht der Schenkel samt Sporen bei faulen Pferden dazu nicht aus, dann nehmen Sie eine Gerte zu Hilfe und setzen Sie diese gleichzeitig mit Ihrer vortreibenden Schenkelhilfe hinter dem Schenkel am Bauch ein. Denken Sie daran: Das Pferd soll dabei nicht schneller werden, sondern es soll größere, raumgreifendere Schritte machen. Und vergessen Sie das Loben nicht, wenn das Pferd brav Folge leistet!

Warum nun sind Takt, Losgelassenheit und Raumgriff in diesem Stadium der Reitstunde bereits so wichtig? Das Pferd kann am hingegebenen Zügel die Beine frei und unbehindert nach vorn führen. Bedingt durch die Fußfolge schwingt der Rücken des Pferdes im ausgreifenden Schritt sehr stark, was für den Reiter am wechselseitigen weiten Vorschwingen seiner eigenen Hüfte, die von der Bewegung des Pferdes mitgenommen wird, spürbar ist. Ein Maximum an Raumgriff ist dabei nur möglich, wenn das Pferd den Rücken voll entspannt und den Hals weit nach vorwärts-abwärts dehnt. Nachdem Sie die Zügel aufgenommen haben, ist es vor allem im Schritt mit der Dehnung des Halses zur Erlangung des maximalen Raumgriffs aber vorbei (siehe dazu auch Kapitel 7). Sie können jedoch den Raumgriff, den Sie sich am hingegebenen Zügel ohne störenden Einfluss im Pferdemaul leichter erarbeitet haben, durch dosiertes Treiben bei nur vorsichtiger

Handeinwirkung während dem Aufnehmen des Zügels teilweise mit in die weitere Reitstunde hineinnehmen. Dieser Raumgriff ist wiederum die Grundlage für die Entwicklung von Schwung in der späteren Reitstunde. Hat das Pferd außerdem, um Ihrer treibenden Einwirkung im Schritt mit größeren Schritten Rechnung tragen zu können, schon einmal den Rücken ganz lang gemacht und entspannt, dann haben Sie die Gewissheit, dass Sie die Reitstunde mit einem bereits warmen und vollkommen lockeren Rücken des Pferdes beginnen können, der die Voraussetzung für Takt und Losgelassenheit ist.

Hinzu kommt, dass ein faules Pferd bei diesem pferdeschonenden Beginn in Ruhe Zeit zum Aufwachen hat und dabei bereits, ohne sich dessen richtig bewusst zu werden, schon mitten in der Arbeit steckt beziehungsweise auf die kommende Arbeit gut vorbereitet ist, bevor es eigentlich richtig losgeht. Der Schub von hinten ist bereits angekurbelt, Takt und Losgelassenheit sind im Schritt eventuell schon erreicht, und erinnern Sie sich: Genau von da nimmt die Anlehnung, die mit dem Aufnehmen der Zügel ja hergestellt werden soll, ihren Anfang und nirgends sonst!

Geraderichten am langen Zügel

Wir sind immer noch beim Lösen des Pferdes im Schritt. Mal abgesehen davon, dass Sie den Raumgriff bereits optimal in Gang gesetzt haben und damit die beste Grundlage für einen losgelassenen Anfang der Reitstunde geschaffen haben, sollten Sie bereits in der Lösungsphase sowohl an der Längsbiegung als auch am Geraderichten des Pferdes arbeiten. Über das Geraderichten war bereits gesagt worden, dass am leichtesten ein langes Pferd sowohl gebogen als auch gerade gerichtet werden kann (siehe Kapitel 3). Wann ist ein Pferd länger,

als wenn es entspannt am langen oder ganz hingegebenen Zügel im Schritt dahinschreitet? Das Lösen im Schritt ist also der optimale Zeitpunkt, um in vorsichtiger Form mit dem Geraderichten zu beginnen. Um ein Pferd am hingegebenen beziehungsweise langen Zügel gerade richtend und biegend arbeiten zu können, benötigen Sie jedoch eine feste Platzbegrenzung (siehe Kapitel 10). Sie können den Prozess des Geraderichtens bereits am langen Zügel gut einleiten, da beim langen Pferd die Krümmung der Körperhälften am wenigsten ausgeprägt ist. Dadurch fällt auch das durch die Bewegung des schiefen Pferdes hervorgerufene Umsetzen des Reiters auf dem Pferd nach rechts weniger stark aus. Das linke Bein des Reiters bleibt also leichter in der richtigen Position links am Pferdekörper liegen, als das in einer schnelleren Gangart oder am aufgenommenen Zügel der Fall ist. Demzufolge reicht im Schritt am hingegebenen Zügel auf der linken Hand auch eine geringere Gewichtsverschiebung des Reiters nach links aus, als sie bereits beschrieben wurde (siehe S. 119).

Man kann und sollte hier im kleinen Maßstab beginnen, was im Arbeitsteil der Reitstunde im Großen fortgeführt wird. Für das Pferd ist es sowohl mental als auch physisch eine wichtige Vorbereitung auf das, was nachfolgend kommt. Sie können die Chance, beim Lösen im Schritt bereits mit dem Geraderichten zu beginnen, ungenützt verstreichen lassen, dafür dauert es zu einem späteren Zeitpunkt dann umso länger und ist für das Pferd nicht so schonend.

Zur Erinnerung soll aber noch einmal gesagt werden: Haben Sie Takt und Losgelassenheit noch nicht erreicht, dann sollten Sie sich nicht zwischenzeitlich mit dem Geraderichten befassen. Ein Pferd, das die Schenkelhilfen nicht ruhig und willig annimmt, wird sich auch nicht gerade richten lassen, und Sie werden mit entsprechenden Versuchen beim Pferd mehr Verwirrung stiften als Gutes tun. Außerdem müssen Sie auch zum Geraderichten am hingegebenen Zügel immer wieder leicht die Zügel annehmen oder bis zum langen Zügel verkürzen, um die Vorhand des Pferdes auf seine Hinterhand einzurichten. Das sollte so geschehen, dass keine Taktstörung daraus erfolgt. Sind Takt und Losgelassenheit aber noch nicht gefestigt, wird der Griff ins Maul mit hundertprozentiger Sicherheit zu weiteren Takt- und Losgelassenheitsstörungen führen.

> Die Wahrung von Takt und Losgelassenheit muss bei allem, was Sie mit einem Pferd machen, als höchstes Gut betrachtet werden. Sämtliche anderen Aspekte des Reitens sind hinsichtlich ihrer Wichtigkeit als nachrangig einzuordnen.

Sind Takt und Losgelassenheit nicht mehr gegeben, sollte man diese erst wiederherstellen, bevor man mit etwas anderem weitermacht. Störungen sollten, wenn überhaupt, nur kurzzeitig und vom Reiter bewusst zur Erlangung eines bestimmten Ziels toleriert werden. Halten Sie sich streng an die *Skala der Ausbildung* (siehe Kapitel 3), und probieren Sie bei der Pferdeausbildung nie einfach so kreuz und quer herum! Bewahren oder erarbeiten Sie sich ein Gespür dafür, wann Sie sich beim Pferd mit Ihrem Tun den Weg zum Ziel verbauen. Im Zweifelsfall ist hier weniger immer mehr.

Das Aufnehmen der Zügel

Machen Sie dem Pferd vom ersten Schritt am aufgenommenen Zügel an klar, dass es sich außen führen lassen soll. Nur so wird es ihm zur Gewohnheit, dass der Kontakt zum Maul außen aufgenommen wird. Das Pferd wird des-

> Wichtig ist, dass Sie dem Pferd beim Aufnehmen der Zügel zuerst bildlich gesprochen mit der äußeren Hand ins Maul greifen. Gewöhnen Sie es *vorsichtig* an die Führung durch den äußeren Zügel und nehmen Sie dann erst den inneren Zügel auf.

halb den Kontakt zur Hand auch, wie es richtig ist, zuerst außen suchen. Das Reiten ist wie die gesamte Pferdeerziehung auch in erheblichem Maße von Konsequenz bestimmt. Sie führt über den Gewohnheitseffekt zu einem Wohlfühlen des Pferdes in der jeweiligen Situation und schafft für das Pferd eindeutig interpretierbare Verhältnisse. Denken Sie beim Aufnehmen des inneren Zügels immer daran, den Vortritt des inneren Hinterbeins so wenig wie möglich zu behindern, indem Sie ihn vor allem durch nachdrückliches Treiben innen vorbeugend unterstützen. Haben Sie beide Zügel aufgenommen, was ohne Takt-, Losgelassenheits- und Tempoverlust vor sich gehen sollte (Bein dran!), dann treiben Sie das Pferd in ruhigen großen Schritten von hinten an Ihre ruhig stehenden Hände heran. Lassen Sie dem Pferd einen Moment Zeit, sich an die Halskrümmung, den Druck im Maul und die unumgehbare Behinderung des Vortritts am aufgenommenen Zügel zu gewöhnen. Wechseln Sie ein- oder zweimal auf großen Linien (zum Beispiel durch die ganze Bahn) im Schritt die Hand und traben Sie dann langsam an.

Wieso beginnt man beim Reiten mit großen Bahnfiguren?

Beschränken Sie sich anfangs bei den Bahnfiguren auf große Linien. Das behindert den Vortritt am wenigsten, führt zu den geringsten Gleichgewichtsbeeinträchtigungen des Pferdes in der Bewegung und fördert die Schwungentwicklung am besten. Hinzu kommt, dass das kalte Pferd sich zu Beginn der Stunde auf kleinen Kreisbogen (Volten etc.) noch nicht richtig biegen kann und deshalb mit der Hinterhand ausfällt (neben die Vorhandspuren tritt). Natürlich können Sie sich hierbei auf den Standpunkt stellen, dass das ja nichts ausmacht, wenn das Pferd es später nur richtig macht. Es gilt aber, Irrtümer beim Pferd zu vermeiden. Das Pferd begreift nicht, dass Sie ihm zu Beginn der Reitstunde das Ausfallen in der Biegung erlauben, weil es noch steif und kalt ist. Woher sollte es das auch? Es denkt nicht darüber nach, ob die korrekte Biegung in diesem Stadium möglich ist oder nicht. Das Pferd registriert lediglich, dass es mal mit herausgestellter Hinterhand laufen darf und mal nicht. Wie soll das Pferd da erkennen, was richtig und das vom Reiter Gewünschte ist?

> Vermeiden Sie auch beim Reiten, Situationen herbeizuführen, die für das Pferd nicht eindeutig nachvollziehbar sind.

Reiten Sie also keine kleinen Wendungen, wenn Sie diese noch nicht korrekt bewältigen können. Schulen Sie das Pferd vielmehr beim Lösen zuerst in der Akzeptanz der vortreibenden, seitwärtstreibenden und biegenden Hilfen auf großen, leicht reitbaren Hufschlagfiguren (ganze Bahn, Zirkel, durch die ganze Bahn wechseln), bevor Sie engere Bahnfiguren reiten.

Das Lösen im Trab und Galopp

Achten Sie darauf, dass die Anlehnung des Pferdes beim Antraben erhalten bleibt. Denn ist es dem Pferd erst einmal gelungen, sich von der Annahme des Gebisses auf den Laden frei-

zumachen, stellt es meist auch die Hinterhand nach hinten heraus. Vor allem Reitanfänger konzentrieren sich dann hauptsächlich auf die mangelnde Beizäumung des Pferdes und wollen sie mit zu starker Handeinwirkung wiederherstellen. Das führt zu einem noch schlechteren Untertreten der Hinterhand, weil der Vortritt über das Festziehen des Rückens blockiert wird. Richtig ist es dagegen, die Beine zuzumachen und zuerst Takt und Vortritt wieder herzustellen, bevor man dem Pferd erneut das Gebiss zur Anlehnung hinhält. Die ersten Trab- und Galopprunden sollten vor allem der Entwicklung des Schwungs und bei sehr gehfreudigen Pferden der Beruhigung dienen. Das, was zum Lösen im Schritt gesagt wurde, gilt beim Lösen im Trab und Galopp auch. Kurbeln Sie zuerst den Motor in der Hinterhand des Pferdes an und reiten Sie in einem frischen Tempo mit raumgreifenden Schritten vorwärts. Denken Sie dabei immer daran, dass das Pferd nicht über mehr Schritte schneller, sondern über mehr Raumgriff jedes einzelnen Schritts schwungvoller werden soll! Sie sollen in diesem Stadium mit dem Pferd nicht vorwärts hetzen sondern große, raumgreifende Bewegungen mit ihm erarbeiten, und dazu müssen vor allem bei gehfreudigen Pferden neben den treibenden auch erste aufnehmende Hilfen (halbe Paraden) eingesetzt werden.

Führen Sie dann auch im Trab und Galopp die Korrektur der natürlichen Schiefe fort, die Sie im Schritt bereits begonnen haben. Dazu bietet

> Das Ziel des Lösens ist erreicht, wenn das Pferd in allen drei Gangarten im Takt und losgelassen unter Ihnen geht sowie alle Hilfen willig annimmt.

sich vor allem die gerade richtende und biegende Arbeit auf dem Zirkel an.

Nach dem Lösen parieren Sie durch zum Schritt und machen am besten gleich am hingegebenen Zügel die erste kleine Verschnaufpause. Reiten Sie während des Lösens und auch der übrigen Reitstunde so wenig Schritt am aufgenommenen Zügel wie möglich, da sonst die Hinterhand viel schlechter in Schwung kommt, als wenn Sie durchtraben und -galoppieren. Reicht Ihre reiterliche Kondition dafür noch nicht aus, dann trainieren Sie Ihre Kondition und geben Sie dem Pferd den Zügel hin, wenn Sie zwischendurch Schritt reiten. Einen raumgreifenden Schritt in guter Anlehnung zu reiten gehört zu den schwierigsten Dingen beim Reiten überhaupt, und Sie können zu Anfang mit hundertprozentiger Sicherheit davon ausgehen, dass Sie es nicht richtig machen.

Die Arbeitsphase der Reitstunde

Die Inhalte des Arbeitsteils der Reitstunde richten sich nach den Kenntnissen von Pferd und Reiter. Generell sollte immer aufeinander aufbauend vorgegangen werden. Biegen Sie das Pferd erst auf großen Linien und dann auf kleineren. Bauen Sie die versammelnden Übungen auf den lösenden, schwungbringenden Übungen auf. Schalten Sie immer wieder in kurzen Abständen entspannende Lektionen zwischen konzentrationsintensive und physisch belastende Lektionen ein.

Vom Alten zum Neuen

Gehen Sie immer vom Alten zum Neuen. Fangen Sie mit bekannten Lektionen an, und schaffen Sie so Vertrauen im Pferd zu Ihnen und Ihren Anforderungen, und bauen Sie darauf auf.

> Überprüfen Sie zuerst die Durchlässigkeit aller Hilfen in altbekannten Übungen, bevor Sie das Pferd mit etwas Unbekanntem konfrontieren. Versuchen Sie, dem Pferd eine neue Lektion möglichst spielerisch beizubringen.

Bereiten Sie es so gut wie möglich auf die neue Lektion vor, indem Sie die Annahme der Hilfen vorher in altbekannten Lektionen üben und so die Aufmerksamkeit des Pferdes auf die Beachtung dieser Hilfen lenken. Wie oft sieht man Reiter, die Ihren Pferden vollkommen unvorbereitet etwas Neues abverlangen wollen und dann enttäuscht auf ihr Pferd einschlagen, weil es sie nicht versteht!

Geben Sie sich zu Anfang mit kleinen Schritten in die richtige Richtung oder halbwegs gelungenen Lektionen zufrieden. Sensibilisieren Sie die Aufmerksamkeit des Pferdes gezielt für eine neue Lektion, aber lassen Sie diese nicht durch wiederholtes erfolgloses Üben zum Stress- und Angstfaktor werden. Entwickeln Sie ein Gespür dafür, wann der Druck, den der Versuch, das Neue zu bewältigen, für das Pferd bedeutet, zu groß wird. Sie merken das sehr deutlich spätestens am nächsten oder übernächsten Tag: Wird das Pferd sofort nervös, wenn Sie die neue Lektion vorbereiten oder einleiten, dann haben Sie am Tag davor die Grenze der Belastbarkeit überschritten.

Eine geringfügige Nervosität, oft gepaart mit Übereifer, ist beim Erlernen neuer Lektionen jedoch normal. Solange die Nervosität nur so groß ist, dass Sie Tag für Tag Fortschritte verzeichnen können, können Sie die Nervosität akzeptieren und dem Pferd nach Abschluss des Lernens eine nervliche Ruhepause gönnen. Führen Sie die gelernte neue Lektion dann ein paar Tage nicht aus, sondern lassen Sie sich die neue Lektion im nervlich ruhigen Gehirn des Pferdes absetzen. Wenn Sie diese dann wieder abrufen, werden Sie erstaunt sein, wie viel besser das Pferd die Lektion aus dem Erinnerungsvermögen heraus ausführt, wenn es nervlich ruhig dabei bleibt und sich voll auf Ihre Hilfen konzentriert. Jetzt können Sie auch die Feinheiten einer Lektion in aller Ruhe erarbeiten.

Wählen Sie zu Anfang immer die gleiche Stelle in der Reitbahn, um einem Pferd etwas Neues beizubringen.

> Das Erinnerungsvermögen ist beim Pferd offensichtlich eng an den optischen bzw. räumlichen Eindruck der Lernsituation gekoppelt.

Man hat als Ausbilder oft das Gefühl, dass das Pferd sich zuerst daran erinnert, dass an einem Ort etwas Besonderes war, und erst danach daran, was dort Besonderes war. Nur wenn im Laufe der Ausbildung allein schon das Erreichen dieser Stelle beim Pferd zur Nervosität vor der anstehenden Lektion führt, sollten Sie den Ort für das Erlernen einer Lektion wechseln.

Wenn es einmal klemmt ...

Stellen Sie wiederholt fest, dass das Pferd im Erlernen einer neuen Lektion keine Fortschritte macht, dann verlieren Sie nicht gleich die Nerven. Die Ursachen dafür können sehr vielfältig sein. Versuchen Sie zuerst, das Pferd den unglücklichen Versuch vergessen zu lassen. Arbeiten Sie das Pferd über Tage oder Wochen verstärkt in den die Lektion vorbereitenden altbekannten Übungen. Legen Sie ein paar mehr Entspannungstage (siehe S. 142) ein und versuchen Sie auf diese Weise, das Pferd nerv-

lich zu beruhigen. Oft verfestigt sich in dieser Phase im positiven Sinne mehr von der eigentlich missglückten neuen Lektion, als man meinen sollte.

Weigert sich das Pferd nach einer gewissen Zeit immer noch, die Lektion auszuführen, oder verhindert auftretende Panik das Durchführen der Lektion, dann sollten Sie sich ernsthafte Gedanken darüber machen. Suchen Sie sich zuerst kompetente reiterliche Hilfe. Lassen Sie Ihre Hilfengebung überprüfen und nutzen Sie nach Möglichkeit die Gelegenheit, die Lektion auf einem anderen Pferd zu reiten. Lassen Sie Ihr Pferd von einem guten Reiter testen, und zwar von jemandem, der die Lektion *nachweislich* beherrscht. Kontrollieren Sie auch Ihre Ausrüstung und die äußeren Gegebenheiten auf ihre Tauglichkeit für die Durchführung der Lektion.

Stellt sich so heraus, dass es an Ihnen und der Ausrüstung nicht liegt, sollten Sie sich mit dem Gedanken vertraut machen, dass Sie mit der Lektion eventuell an die nervlichen, physischen oder gesundheitlichen Grenzen des Pferdes gestoßen sind. Bei der hohen Dienstleistungsbereitschaft des Pferdes ist im Allgemeinen auszuschließen, dass es nur aus Widerwillen oder Sturheit heraus irgendetwas verweigert. Schildern Sie deshalb einem Pferdetierarzt den Sachverhalt und demonstrieren Sie ihm, wo das Problem liegt. Ein schlecht bemuskelter, weher Rücken oder ein unbemerkt schmerzendes Bein oder Gelenk können für das Ausbleiben des Erfolgs durchaus verantwortlich sein.

Zum Ende ein Lob

Beenden Sie den Arbeitsteil einer Reitstunde auf alle Fälle immer mit einer gelungenen Lektion, egal ob einfach oder schwer. Scheiden Sie nicht in Unfrieden mit dem Pferd! Das heißt nicht, dass Sie so lange reiten sollen, bis Sie auch mit dem letzten Detail zufrieden sind, sondern dass Sie das Pferd in dem Glauben entlassen sollen, dass es zumindest halbwegs zufriedenstellend gearbeitet hat. Tun Sie das auch, wenn Sie sich ursprünglich vielleicht viel, viel mehr von dieser Arbeitseinheit erhofft hatten. Ein zufriedenes Pferd beginnt die Arbeit am nächsten Tag viel motivierter und freier im Kopf als ein ohne Lob oder gar im Zorn entlassenes Pferd. Nehmen Sie nie Stress und Anspannung von einem Tag mit in den nächsten, das gilt für Sie *und* für das Pferd. Nur aus einem ruhigen, entspannten Arbeiten heraus kann Harmonie und eine motivierte Zusammenarbeit zwischen Reiter und Pferd entstehen.

Die Erholungsphase der Reitstunde

Die Erholungsphase am Ende der Reitstunde dient dem Stressabbau und zwar bei Reiter *und* Pferd. Sowohl ängstliche als auch zornige Reiter haben in diesen mindestens 10 Minuten ruhigen Schritts am hingegebenen Zügel die Gelegenheit, sich mit dem Pferd unter ihnen auszusöhnen. Der letzte Angst einflößende oder nervenaufreibende Eindruck wird durch die gleichmäßigen ruhigen Bewegungen des Pferdes verwischt. Gleichzeitig hat man ausreichend Zeit dazu, sich über das Wie und Warum des Gelingens oder Misslingens der Reitstunde Gedanken zu machen.
Für das Pferd ist die Erholungsphase von enormer Bedeutung, weil es so die Anspannung des Reitens von sich abfallen lassen kann, bevor es den Stallbereich betritt. Dort soll es sich ja entspannen, für den nächsten Tag erholen und potenziellen Ärger mit dem Reiter oder Ausbildungsstress vergessen. Unterstützen Sie diese

nervliche Erholung, indem Sie den letzten Eindruck, den das Pferd von Ihnen als Reiter mitnimmt, so angenehm wie möglich gestalten.

> Je mehr Missverständnisse und Ärger es in der Reitstunde gab, umso mehr Zeit müssen Sie dem Pferd zur nervlichen und körperlichen Entspannung gewähren.

Die meisten Reiter machen genau das Gegenteil und stellen ihr Pferd nach einem misslungenen Ritt mit einem wütenden: »Bist du ein blöder Bock!« so schnell wie möglich weg. Dann lamentieren Sie stundenlang den Stallgenossen die Ohren über ihr »blödes Pferd« voll, und damit ist der Ärger über das Pferd dann meistens abgebaut. Ein Pferd kann sich aber nicht mit einem: »Bist du ein blöder Reiter!« Luft machen, sondern bleibt mit seinem Ärger, seiner Angst und seiner Verunsicherung ohne Ventil allein. Also geben Sie auch dem Pferd die Gelegenheit dazu, den nächsten Tag wieder entspannt anzugehen.

Entspannung ist wichtig!

Planen Sie in der täglichen Arbeit mit dem Pferd regelmäßig mindestens 1–2 Entspannungstage pro Woche ein. Damit ist nicht gemeint, dass Sie an diesen Tagen das Pferd auf der Koppel sich selbst überlassen sollen.

> Die Entspannungstage dienen vor allem in intensiven Ausbildungsphasen *nicht* vornehmlich der *physischen* Entspannung, sondern der *psychischen* Entspannung des Pferdes.

Wie entspannt man das Pferd aktiv?

Physische Entspannung hat meistens vor allem der Rücken nötig, dessen Muskulatur durch das Longieren ohne Reitergewicht gut entspannt und gleichzeitig weiter gekräftigt werden kann. Auch lösende Arbeit im leichten Sitz in der Bahn (zum Beispiel Cavaletti-Arbeit oder kleine Sprünge) oder im Gelände zeitigt gute Erfolge.

Psychische Entspannung ist unerlässlich zur Erhaltung der Motivation des Pferdes. Entspannt werden kann dabei zum einen das Verhältnis zwischen Pferd und Ausbilder und zum anderen die Einstellung des Pferdes zu seinen Lerninhalten in der Ausbildung. Konfrontiert man als Ausbilder ein Pferd Tag für Tag mit denselben hohen Ansprüchen, dann wird der Leistungsdruck für das Pferd irgendwann so groß, dass er sich negativ auf das Verhältnis zwischen Pferd und Reiter sowie die generelle Motivation des Pferdes für die Ausbildungsinhalte auszuwirken beginnt. Stellt man aber beim Reiten regelmäßig immer wieder mal nur sehr geringe oder gar keine Anforderungen (und geht zum Beispiel im Schritt ins Gelände), dann erlebt das Pferd – im Unterschied zum alleinigen Koppelgang – die im Beisein des Ausbilders gewährte Entspannung als Zugeständnis des Reiters/Ausbilders an das Pferd und als Abwechslung zum täglichen Leistungsanspruch. Wenn Sie sich hingegen während der Entspannungsphase nicht selbst und direkt mit dem Pferd beschäftigen, dann bringt das Pferd die Entspannung auch nicht mit Ihrer Person und den von Ihnen gestellten Anforderungen beim Reiten in Zusammenhang.

Der Koppelgang – Entspannung vom Reiten?

Ein auf die Koppel gebrachtes Pferd ist nicht dankbar, dass es nicht geritten wird, sondern freut sich, auf die Koppel zu dürfen.

> Der Koppelgang tut dem Pferd gut und sollte ihm deshalb täglich gegönnt werden. Er baut nervlichen Stress, der durch hohen Leistungsanspruch, Missverständnisse etc. in der Ausbildung für das Pferd entsteht, aber *nicht* ab.

Der Koppelgang an sich ist, was die Ausbildung unter dem Reiter anbelangt, keine vertrauensbildende und motivierende Maßnahme. Als solche sollten die Entspannungstage aber genutzt werden, die vornehmlich der Aussöhnung mit dem Reiter und der Arbeit dienen und damit der Motivation und dem Leistungserhalt und nicht allein dem Faulenzen.

Auch Pferde, die über längere Zeit auf die Koppel gestellt werden, weil sie »sauer« sind und sich nicht mehr (gut) reiten lassen, vergessen in der Zeit meistens nichts von dem, was sie vergessen sollen. Negative Erfahrungen beim Reiten können beim Pferd immer nur durch (mehrfach) positive Erfahrungen beim Reiten und nicht durch das Abstellen auf der Koppel wieder aufgehoben werden. Ein vom Pferd bewusst zusammen mit dem Reiter verbrachter Entspannungstag erhöht die Zuversicht des Pferdes, den an den folgenden Tagen beim Reiten gestellten Anforderungen des Ausbilders wieder gewachsen zu sein, und schafft so Vertrauen und Zuversicht für die weitere Ausbildung. Mit einem Pferd, das einen Tag alleine auf der Koppel war, machen Sie hingegen sowohl auf der nervlichen Belastungsebene des Pferdes als auch auf »zwischenmenschlicher« Basis da weiter, wo Sie vor dem Koppeltag aufgehört haben.

Vom Ernst des Reitens

Es mag Sie nun vielleicht der Gedanke streifen, dass Sie Reiten nicht für eine so ernste

Angelegenheit hielten, bei der es sehr viel zu bedenken gibt, wenn man alles richtig machen will. Warum aber sollte das Reiten keine ernste und dennoch schöne Angelegenheit sein?

> Spaß und Gaudium sind der Natur des Pferdes fremd. Das Pferd tritt allem, womit wir es – aus welcher Laune oder Überlegung heraus auch immer – konfrontieren, mit derselben Ernsthaftigkeit gegenüber.

Seine vorbehaltlose Ernsthaftigkeit ist der Grund dafür, dass das Pferd von uns so leicht verunsichert werden kann. Das Pferd hat einen einfachen, liebenswerten, ernsten, humorlosen Charakter und möchte dementsprechend behandelt werden – auch beim Reiten.

Gemeinsam mit anderen in der Reitbahn

Organisieren Sie Ihre Reitwoche sinnvoll! Versuchen Sie, Zeiten mit hohem Andrang auf dem Reitplatz oder in der Reithalle zu meiden. Kommen Sie in der »Rushhour« zum Ratschen, aber nicht zum Reiten. Lässt sich Ihr Zusammentreffen mit mehr als sechs Reitern auf 20 x 40 Metern nicht vermeiden, dann legen Sie einen Entspannungstag ein und lösen das Pferd 20 bis 30 Minuten auf

> Verlegen Sie das Erlernen neuer Lektionen oder das Lösen von Problemen möglichst auf Stunden, in denen Sie den Reitplatz für sich haben und das Pferd deshalb besonders aufmerksam und konzentriert ist.

großen Bahnfiguren – so haben Sie Ihre Mitreiter gut im Auge und müssen nicht so oft ausweichen. Müssen Sie berufsbedingt unter der Woche regelmäßig in der abendlichen Stoßzeit reiten, dann suchen Sie sich wenigstens am Wochenende ruhige Zeiten zum Reiten aus.

Müssen oder wollen Sie trotzdem in Gesellschaft von Mitreitern mit dem Pferd arbeiten, dann fangen Sie auf der linken Hand an. Dort haben Sie »Vorfahrt« und müssen nicht jede Lektion wegen Ausweichmanövern im Ansatz ersticken, was das Pferd sehr verunsichert. Halten Sie sich an eindeutig nachzuvollziehende Hufschlagfiguren und an die in der Reitbahn geltenden Vorfahrtsregeln, und fordern Sie auch andere *freundlich* dazu auf. Bei Unkenntnis derselben bei einem Mitreiter hilft ein klärendes Gespräch oft weiter! Wer weiß oder zumindest erahnen kann, wo der andere hin will, kann dann nämlich früh genug ausweichen. Behaupten Sie sich dabei ruhig im Gewühl der Reiter und parken Sie irgendwo ein (aber nicht im Halteverbot!)

Suchen Sie sich zum Beispiel einen Zirkel in der Bahn, auf dem Sie verstärkt arbeiten, denn da rechnen die anderen Reiter dann mit ihrer Anwesenheit. Nichts ist fataler, als den Versuch zu machen, allen auszuweichen und sich irgendwie zwischen den anderen Reitern durchzuschlängeln. Reiter, die sich so verhalten, stören durch ihre unvorhersehbaren (von den Vorfahrtsregeln her oft auch noch falschen) Ausweichmanöver den gesamten sonst reibungslosen Reitbetrieb.

Durch überlegtes und vorausschauendes Handeln vermeiden Sie knappe Ausweichmanöver oder gar Kollisionen. Auch das Pferd unter Ihnen spürt, ob Sie die Situation im Griff haben, und wird sich dementsprechend ruhig oder aufgeregt verhalten.

Wie gewöhnt man dem Pferd das Kleben ab?

Man kann vor allem bei jungen Pferden immer wieder beobachten, dass sie allein in der Bahn unkonzentrierter arbeiten, als wenn noch ein oder zwei Pferde anwesend sind. In ganz schlimmen Fällen kann man dem in den ersten 8 bis 12 Wochen der Ausbildung Rechnung tragen, bis der Neuling halbwegs sicher auf die Reiterhilfen reagiert. Dann sollte man aber jedes Pferd systematisch dazu erziehen, nicht an anderen Pferden zu kleben, sondern sich auch allein konzentriert arbeiten zu lassen. Hören alle anderen Reiter zusammen auf, dann warten Sie, bis wieder Ruhe eingekehrt ist, und reiten Sie dann noch 5 Minuten allein auf dem Reitplatz weiter. Konfrontieren Sie das Pferd bewusst mit seiner Angst des Alleinseins. Nur in der Auseinandersetzung mit ihr liegt der Schlüssel für ihre Überwindung. Halten Sie dabei die Konfrontation anfangs kurz, damit sie nicht gleich zum traumatischen Erlebnis wird. Steigern Sie erst allmählich die Zeiträume, in der das Pferd allein mit seinen Ängsten fertig werden muss. So können Sie systematisch das Alleinarbeiten mit dem Pferd trainieren.

Ablenkungen vermeiden und tolerieren

Irritationen von außen führen beim Reiten bei Pferden oft zu Angstzuständen und damit zu Konzentrationsmängeln beziehungsweise totalem Konzentrationsverlust. Dieser ist dann oft mit Scheuen, Stehenbleiben oder Durchgehen verbunden. Aus diesem Grund gilt es, zum einen Ablenkungen des Pferdes beim Reiten zu vermeiden und zum anderen das Pferd zur Toleranz gegenüber Irritationen von außen zu erziehen. Die Kombination von Konfliktvermeidung und Erziehung zur Toleranz mag auf den ersten Blick widersprüchlich erscheinen, ist für eine gute Pferdeausbildung aber der einzig mögliche Weg.

Wie reagiert das Pferd auf Ablenkungen?

Irritationen können vom Pferd mit allen Sinnesorganen wahrgenommen werden. Akustische und optische Reize rufen dabei weit öfter beim Pferd Beunruhigung hervor als olfaktorische (den Geruchssinn betreffende) oder Hautreize. Bei akustischen Reizen ist es oft unerheblich, ob ein Geräusch laut oder leise, dumpf oder hell ist. Kommt es für das Pferd unvermutet, dann erschrickt es. Auch eine lang anhaltend veränderte Geräuschkulisse kann beim Pferd zu nachhaltiger Ablenkung führen. Optische Reize werden offensichtlich umso besser wahrgenommen, je bewegter oder kontrastreicher sie sind. Angeblich erschrecken Pferde zum Beispiel deshalb so oft vor Autos, weil sie durch die fehlende optische Wahrnehmung der Gliedmaßenbewegung des Autos nicht mit dessen Bewegung rechnen. Olfaktorische Reize spielen vor allem bei Hengsten eine große Rolle, die durch eine rossige Stute schon mal komplett aus dem Häuschen geraten. Bei Hautreizen, die während des Reitens zu Irritationen führen, handelt es sich meistens um auf den Bauch des Pferdes herunterhängende Jackenteile oder Schabrackenecken, die vor allem bei

> Grundsätzlich gilt, dass zu Beginn der Ausbildung der Schwerpunkt auf der Vermeidung von Ablenkungen des Pferdes beim Reiten liegt. Aber bereits nach kurzer Zeit kann und sollte mit der Gewöhnung an die Ablenkung von außen begonnen werden.

kitzligen Stuten und jungen Pferden zur Flucht oder zum Bocken Anlass geben können.

Wann soll man nun Irritationen des Pferdes von außen vermeiden, und wann und wie soll man das Pferd zu deren Tolerierung erziehen? Auch hier liegt der goldene Weg in der Mitte: Behandeln Sie das Pferd schonend, aber packen Sie es nicht in Watte! Dinge, die zum täglichen Leben gehören, wie spielende Kinder, bellende Hunde, Betonmischer, Mülltonnen, Kinderwagen etc. hat das Pferd nach Möglichkeit zu tolerieren. Alle alltäglichen Situationen, in denen ein Scheuen des Pferdes Sie und das Pferd in Gefahr bringen kann, sollten Sie schon Ihrer Gesundheit zuliebe erfolgreich mit dem Pferd meistern können. Es steht hier mit Absicht »sollten Sie meistern können«, denn manches Pferd kann einzelnen Dingen sein Leben lang nicht gelassen gegenübertreten.

Auch beim dressurmäßigen Reiten, bei dem ein Maximum an Konzentration gefordert ist, sollte das Pferd über eine gewisse Robustheit äußeren Einflüssen gegenüber verfügen. Gerade in dieser Disziplin wird immer wieder versucht, jegliche Ablenkung vom Pferd fernzuhalten, sodass sich das Pferd erst recht zum Neurotiker entwickelt. Wer nie mit seinen Ängsten konfrontiert wird, kann auch keine Strategien entwickeln, um damit umzugehen. Im Folgenden wird anhand einiger konkreter Beispiele erläutert, wo man Ablenkung besser vermeiden und wo man ihr samt Pferd die Stirn bieten sollte.

Systematische Erziehung zur Toleranz gegenüber Ablenkungen

Wie ein Pferd auf eine Ablenkung von außen reagiert, hängt stark vom jeweiligen Reiter und von der Ausbildung, die das Pferd genossen hat, ab. Durch das Verhalten des Reiters bei Irritationen wird das Pferd quasi zum Hinschauen oder zum Weggucken erzogen. Ein gutes Beispiel hierfür ist das Verhalten des Reiters, wenn ein anderer Reiter mit seinem Pferd an der Hand die Reitbahn betreten will. Vor allem ängstliche Reiter haben die schlechte Angewohnheit, beim Reiten sofort anzuhalten, sowie sie merken, dass ihr Pferd auf etwas außerhalb der Bahn aufmerksam geworden ist. Dann schauen sie selbst ängstlich nach allen Seiten und lassen auch ihr Pferd ausgiebig schauen. Für das Pferd bedeutet das, dass das Leittier genauso irritiert ist wie das Pferd selbst und das Pferd deshalb selbst entscheiden muss, ob die Situation gefährlich ist oder nicht. Reiten Sie allerdings einfach weiter, als wenn gar nichts wäre, dann haben Sie gute Chancen, dass sich das Pferd der Entscheidung des Leittieres anschließt und die Situation als nicht beachtenswert einschätzt.

Während Sie sich im ersten Fall also dem Pferd und seiner Entscheidung bezüglich einer Flucht freiwillig hilflos ausliefern – und gerade daran sollte auch ängstlichen Reitern doch am allerwenigsten gelegen sein –, haben Sie im zweiten Fall zumindest die Chance, dass das Pferd sich Ihre Sicht der Dinge zu eigen macht. Wenn das Pferd scheuen will, dann scheut es sowieso, egal ob Sie nun stehen bleiben oder weiterreiten. Aber Sie verbessern Ihre Chancen erheblich, dass es nicht scheut, wenn Sie weiterreiten.

Da das Betreten der Reitbahn durch einen anderen Reiter mit die häufigste Störung von außen ist, kann man daran sehr gut das Pferd zum Weggucken bei Ablenkungen erziehen. Schauen Sie selbst erst, wer in die Bahn kommt, wenn derjenige nach »Tür frei, bitte!« – »Ist frei!« die Bahn bereits betreten und das Tor hinter sich geschlossen hat. Sie können auch vorher schauen, wer kommt, aber lassen Sie das dann das Pferd, das Sie reiten, nicht merken. Natürlich dürfen Sie einen bereits vorher erhaltenen Gruß im Vorbeireiten erwidern, aber halten Sie nicht jedes Mal sofort zu einem ausgiebigen Tratsch an! Hiermit soll keine Aufforderung zur Unhöflichkeit Ihren Mitreitern gegenüber an Sie ergehen, aber geben Sie der Ausbildung und Erziehung Ihres Pferdes in den meisten Fällen Priorität. Wenn das Pferd sich nach der Irritation wieder entspannt hat und wieder voll auf Sie konzentriert ist, dann können Sie Pause machen, das Pferd gucken lassen und selbst reden und schauen, so viel Sie wollen.

Das ist nur ein Beispiel von vielen, wie Sie als Ausbilder mit Störungen von außen umgehen sollten.

> Erst nach mehrmaligem Versuch, das Pferd durch Nichtbeachtung von der Ungefährlichkeit einer Störung zu überzeugen, sollten Sie ein Pferd das störende Objekt ausgiebig bestaunen lassen, und dann haben auch Sie genug Zeit zum Gucken. Seien Sie also selbst nicht so neugierig, dann ist es Ihr Pferd auch nicht!

Der Weg zur Überwindung der Angst

Handelt es sich bei der Irritation nicht um vornehmlich optische, sondern um akustische Reize, dann reicht die alleinige Nichtbeachtung durch den Reiter in der Hoffnung, dass das Pferd sich seiner Haltung anschließt, oft nicht aus. Vor allem unsichtbare Geräuschquellen machen einem Tier wie dem Pferd, dessen wichtigstes Sinnesorgan das Auge ist, große Angst, weil es die Geräuschquelle optisch nicht lokalisieren kann. Hier sollte man sofort versuchen, das Pferd aktiv zu entspannen, indem man während des Reitens das Pferd mit der Stimme beschwichtigt, lobt und es mit der

Hand am Hals klopft. Regt sich das Pferd trotzdem weiter auf, ist es oft besser, das Pferd durch einen abrupten Stopp frühzeitig zur Ordnung zu rufen. Sonst schaukelt sich die Panik des Pferdes immer weiter auf, weil es die Tatsache, dass es die Geräuschquelle nicht lokalisieren kann, zunehmend verrückter macht.

Hat Ihr Pferd Vertrauen zu Ihnen als Leittier gewonnen, dann wird es sich in der Regel Ihrer Entscheidung, Ruhe zu bewahren, früher oder später beugen, auch wenn dies einige Überwindung kostet. Mag sein, dass das Pferd diese Reitstunde trotz Ihres Eingreifens aufgeregt und verspannt beendet. Wichtig aber ist, dass es reitbar bleibt und die Reiterhilfen annimmt. Von dem Punkt aus ist es dann nur noch eine Frage der Zeit und des Übens, bis das Pferd unter dem Reiter im Idealfall für den Zuschauer unsichtbar zuckt, wenn es vor einem Geräusch erschrickt, und dann wieder zur Tagesordnung übergeht. Also, üben Sie das Überwinden von Angst mit dem Pferd (oft ist es ja auch zusätzlich das Überwinden der eigenen Angst). Sie werden sehen, Ihre Bemühungen zeitigen relativ schnell Erfolg.

> Ein Pferd, welches das Beherrschen seiner Angst im Vertrauen auf den Reiter als Leittier gelernt hat, lässt sich von diesem auch in ihm unbekannten Situationen leichter handhaben.

Der eingeschworene Geländereiter sitzt oft dem Irrtum auf, dass ein Pferd in der Bahn nicht an die Schrecken in der freien Natur gewöhnt werden kann. Abgesehen davon, dass ein dressurmäßig gut gerittenes Pferd durchlässiger ist und deshalb grundsätzlich – auch im Gelände – die Reiterhilfen besser annimmt, ist die systematische Erziehung des Pferdes zur

Überwindung seiner Angstzustände in der Reitbahn die beste Grundlage für einen angstfreien Ausritt. Im für das Pferd relativ sicheren, weil bekannten und begrenzten Terrain der Reitbahn erschrickt es zudem lange nicht so intensiv wie im unbekannten, räumlich unbegrenzten Gelände.

> In der Bahn bekommt das Pferd nach dem Erschrecken seine Angst leichter wieder in den Griff und kann so im heimischen, überschaubaren und bekannten Bereich üben, was später draußen im fremden Gelände gefordert wird.

Machen Sie es sich und dem Pferd immer so leicht wie möglich, indem Sie zuerst das Einfache und dann das Schwere überwinden. Schaffen Sie im Pferd immer zuerst Vertrauen zu Ihnen und unterstützen Sie es nachfolgend bei der Erlangung von Vertrauen in seine eigenen Fähigkeiten. Überfordern Sie sich und das Pferd nicht durch das unüberlegte Hineinbegeben in Situationen, denen Sie und das Pferd nicht gewachsen sind.

Wie löst man einen festgehaltenen Pferderücken?

Hat man sich aus irgendeinem Grund dazu entschlossen, mit der Ausbildung eines Pferdes noch einmal ganz von vorn anzufangen, um die bestehenden Verständigungsprobleme mit dem Pferd beim Reiten zu lösen, dann wird man bei der Herstellung von Takt und Losgelassenheit zuerst auf den festgehaltenen Rücken des Pferdes als größtes Hindernis stoßen. Denn: »An seinem Rücken werdet ihr sie erkennen…« die Fehler, die auf einem Pferd begangen wurden.

Warum hält ein Pferd den Rücken fest?

Zu viel und falsche Handeinwirkung sind in erster Linie dafür verantwortlich, dass ein Pferd beginnt, den Rücken dauerhaft festzuhalten. Unelastische Gewichtseinwirkung, meistens auch noch zu weit hinten im Sattel, und unruhige, mangelnde Schenkeleinwirkung beim Reiten tun ihr Übriges. Dies alles resultiert in den meisten Fällen aus der Tatsache, dass der Reiter nicht im Gleichgewicht sitzt. Deshalb kann er die Bewegungen des Pferdes nicht ohne unbeabsichtigte eigene Gliedmaßenbewegungen ausbalancieren und hält sich infolgedessen am Zügel und damit im Maul des Pferdes fest. In diesem Fall sollte man nicht versuchen, den Rücken des Pferdes zu lösen, sondern zuerst so lange Reitstunden nehmen, bis man im Gleichgewicht sitzt und mit den Händen unabhängig vom übrigen Körper agieren kann. Die Tatsache, dass das bei manchen Reitern Jahre dauert, sollte Sie nicht entmutigen, sondern anspornen, so bald wie möglich mit dem Lernen anzufangen.

> Schließen Sie zuerst aus, dass das Pferd aufgrund Ihrer eigenen mangelnden Bewegungskoordination dazu gezwungen ist, den Rücken festzuhalten, bevor Sie sich an das Lösen eines festgehaltenen Pferderückens machen.

Sitzt der Reiter im Gleichgewicht, dann liegen meistens grobe Fehler in der Ausbildung des Pferdes zum Beispiel durch das Nichteinhalten der *Skala der Ausbildung* vor, wenn ein Pferd den Rücken festhält. Die Ursachen für die Probleme sind dabei meist auf ein zu kurzes und nicht fachgerechtes Lösen des Pferdes zurückzuführen. Nicht umsonst wurde bereits betont, dass das Lösen des Pferdes, das berühmte »Vorwärts-abwärts-Reiten«, so lange das tägliche Ausbildungsziel bleiben sollte, bis man es wirklich erreicht hat.

Dem steht entgegen, dass die meisten Reiter ohne entsprechende Anleitung nicht beurteilen können, ob ihr Pferd gelöst ist oder nicht. Hinzu kommt, dass das Lösen eines Pferderückens vor allem bei sehr verrittenen Pferden eine langwierige und dadurch höchst langweilige Angelegenheit über Tage, Wochen und Monate hinweg sein kann.

> Das Lösen eines verrittenen Pferderückens erfordert ein hohes Maß an Geduld und Einfühlungsvermögen vom Reiter.

Hände weg vom Maul des verspannten Pferdes!

Die beste Gangart, um einen festgehaltenen Rücken zu lösen, ist der Trab. Auch wenn sich manche Pferde im Galopp kurzzeitig besser entspannen, ist der Kraftverbrauch für ein normal konditioniertes Reitpferd bei länger anhaltendem Lösen des Rückens im Galopp zu hoch. Wenn Sie ein Pferd mit verspanntem Rücken antraben, dann wird es entweder Ihren Schenkel fliehen oder Ihre vortreibenden Hilfen werden ohne Effekt im Pferdekörper stecken bleiben. Im ersten Fall gilt es, im Leichttraben so entlastend wie möglich zu sitzen und die Tolerierung des ruhigen Anlegens des nicht treibenden Schenkels am Pferdebauch zu erreichen. Im zweiten Fall sitzen Sie beim Leichtraben ganz normal ein und treiben mit energischen Schenkel- und eventuell Gertenhilfen, aber möglichst wenig treibender Kreuzeinwirkung das Pferd massiv vorwärts. Für beide Fälle gilt: Hände weg vom Maul des Pferdes!

> Sie können einen Rücken nicht nach hinten lösen und entspannen, sondern nur nach vorn. Durch zu viel Einwirkung vorn und die nachfolgende Behinderung des Vortritts aller Beine des Pferdes sind die Rückenprobleme ja entstanden.

Pferde mit ausgeprägten Rückenproblemen tolerieren oft nicht einmal mehr das Gewicht einer Fliege auf der Lade, und bei jedem noch so sanften Zügelanzug drückt das Pferd sofort verschreckt den Rücken nach unten weg (Abb. 7). Da hilft dann nur Geduld. Gehen Sie mit dem Pferd in eine geschlossene Reitbahn (siehe Kapitel 10) und lassen Sie das Pferd unter Ihnen auf dem Hufschlag rundherum laufen, wie es will. Sorgen Sie nur dafür, dass es im Trab bleibt oder auch gelegentlich galoppiert und nicht zu hektisch wird. Lassen Sie das Pferd ruhig mit verspanntem Rücken, herausgestellter Hinterhand und nach oben gestrecktem Kopf laufen, auch wenn sich Ihre Mitreiter wundern. Unter dem Reiter weglaufende (vor dem Reiter fliehende) Pferde mit verspanntem Rücken sind meist durch das falsche Agieren eines Reiters auf ihrem Rücken und in ihrem Maul psychisch zutiefst verunsichert und wollen deshalb erst einmal weiter nichts, als beim Reiten im Maul in Ruhe gelassen zu werden. Diese Pferde fühlen sich durch die erfahrene falsche Handeinwirkung vom Reiter und vom Reiten gequält. Im schlimmsten Fall müssen sie zuerst den nervlichen Schock der permanenten Behinderung des Vortritts und der Rückentätigkeit verdauen und ihre panische Angst vor zu viel Einwirkung im Maul überwinden. Erst dann dringt die vorsichtig zurückhaltende Einwirkung des Korrekturreiters überhaupt halbwegs stressfrei bis in ihr Bewusstsein und Körperempfinden vor.

Diese Pferde müssen erst wieder Vertrauen zum Reiter und zur Einwirkung seiner Hände beim Reiten entwickeln. Dazu ist es notwendig, erst einmal nicht auf das Maul des Pferdes einzuwirken und es wieder die Erfahrung des vom Reiter unbehinderten Vortritts seiner Beine machen zu lassen.

> Die meisten Pferde mit verspanntem Rücken fliehen aus Angst vor den Schmerzen im Rücken vor der gesamten Einwirkung des Reiters.

Daraus erklärt sich das für Anfänger unverständliche Phänomen, dass ein sensibles Pferd oft umso schneller läuft, je mehr man es festzuhalten versucht. Die Behinderung der Bewegungen des Rückens durch den Anzug im Maul macht dem Pferd schlicht und ergreifend mehr Angst, als der Zug am Gebiss bremsende Wirkung hat.

Rückenentspannung mit System

Man bekommt ein verspanntes Pferd nur dann dazu, die Hilfen, sowohl an Schenkel und Kreuz als auch im Maul, wieder anzunehmen, wenn man es vorher entspannt. Das ist nun zwar leichter gesagt als getan, aber das Prinzip dazu ist eigentlich ganz einfach, wird aber nur von wenigen Reitern erkannt. Vollständige Entspannung ist gekennzeichnet von psychischer und physischer Ruhe. Anhaltende psychische und physische Ruhe führen oft zur Müdigkeit bis hin zum Einschlafen. Nun können Sie Ihr Pferd nicht im Schlaf reiten und entspannen, aber Sie können es müde machen. Sie können in diesem festgefahrenen Stadium des Reitens, in dem Sie das Pferd mit seinem totalen Vertrauensverlust in Ihre Einwirkung als Reiter konfrontiert, nur über den Umweg der Müdig-

> Ein Pferd mit festgehaltenem Rücken hat seine Unvoreingenommenheit dem Reiter gegenüber und sein Vertrauen in die Ausbildung verloren. Es ist oft so nachhaltig verstört, dass es sich nichts mehr ruhig zeigen lässt – und so auch keine positiven Erfahrungen mehr machen kann.

keit die psychische und physische Entspannung des Pferdes erreichen. Die durch die Müdigkeit verursachte Abnahme der Hypersensibilität hilft dem Pferd, wieder Vertrauen in die Reiterhilfen zu entwickeln.

Also lassen Sie das im Rücken verspannte Pferd laufen und laufen und laufen… Am besten geht das, wenn Sie alleine in der Bahn sind oder den Hufschlag voll für sich und das zu lösende Pferd beanspruchen können. Halten Sie das Pferd nur im Trab oder Galopp, wirken Sie sonst nicht treibend, haltend oder lenkend auf es ein. Sitzen Sie, obwohl Sie leichttraben, möglichst still – an die Bewegung des Pferdes angepasst – und enthalten Sie sich jeglicher Einwirkung auf das Pferd. Versuchen Sie, auf dem Pferderücken in Vergessenheit zu geraten, indem Sie sich möglichst passiv verhalten. Traben Sie ruhig Runde um Runde ganze Bahn und auf dem Zirkel, und wechseln Sie hin und wieder durch die ganze Bahn die Hand. Machen Sie keine Schrittpause und gönnen Sie sich und dem Pferd keine Ablenkung von außen, sondern halten Sie durch. Aufgrund der Bahnbegrenzung brauchen Sie auf das Maul des Pferdes nicht einzuwirken, das Pferd bleibt meist in einem halbwegs gleichmäßigen Tempo, was beides dem Erreichen der Losgelassenheit förderlich ist.

Das Verfahren ist kräfteraubend und langweilig, aber nicht nur für den Reiter, sondern auch für das Pferd, und darin liegt der unschätzbare Vorteil dieser Prozedur. Die Langeweile, die durch das ereignislose Rundherum ohne Tempo- und Gangartwechsel, ohne Reitereinwirkung und ohne irgendwelche Ablenkungen hervorgerufen wird, ermüdet den Geist von Pferd und Reiter. Oft bemerkt man bei manchen Pferden sogar, wie sie sich irgendwann gegen diese ungewohnte Ereignislosigkeit beim Reiten zu wehren versuchen.

Der Adrenalinspiegel des verspannten Pferdes steigt aus Angst vor dem sich im Maul festhaltenden Reiter sofort mit dem Aufsitzen eines (egal welchen!) Reiters und der Tatsache des Gerittenwerdens an. Normalerweise reagiert das Pferd die nach der Adrenalinausschüttung vom Körper bereitgestellte Energie im Kampf mit dem im Maul hängenden Reiter ab. Dieser Möglichkeit durch die Passivität des Korrekturreiters beraubt, sucht sich das Pferd ein anderes Ventil für den Abbau seiner Energie und seine psychische Aufregung. Es wird zum Beispiel schneller und schneller, um den Reiter zum Eingreifen zu provozieren. Dann versucht es, auf einmal zu stoppen und in den Schritt zu fallen, um endlich eine (schreckliche) Reaktion des Reiters zu bewirken und so gleichsam dem eigenen Stresspegel gerecht zu werden.

Lassen Sie sich von diesen Ablenkungsmanövern aber nicht beeindrucken und geben Sie ihnen nicht nach, sondern traben Sie ruhig weiter. Früher oder später, je nach Kondition und Nervenkostüm des Pferdes werden Sie nach 30 bis 60, in Ausnahmefällen 90 Minuten des Durchtrabens merken, wie das Pferd anfängt, sich ganz ohne Ihr Zutun (bis auf das Treiben, um es am Traben zu halten) zu entspannen. Seine Vorschläge, doch endlich Schritt zu gehen, werden immer häufiger, und Sie kommen als Reiter dadurch langsam zum Treiben. Bis dahin ist das Pferd meistens bereits schweißgebadet und fängt einem als Reiter oft

schon lange vorher an, leid zu tun. Bleiben Sie dennoch dran, solange wie Sie das verantworten können, ohne dass die Gesundheit des Pferdes Schaden nimmt. Oft ist es, wenn man meint, dass man selbst oder das Pferd jetzt nicht mehr kann, nur noch ein kurzer Moment des Durchhaltens, bis das Pferd sich vollkommen entspannt. Und Sie sollen ein Pferd ja nicht täglich auf diese Kraft raubende Art und Weise lösen, die hier geschildert wird, sondern mit dieser Prozedur nur ein für alle Mal den Knoten der Rückenverspanntheit durchschlagen, um wieder eine Grundlage für die weitere Arbeit mit dem Pferd zu haben.

Durch die Ereignislosigkeit und zunehmende Müdigkeit uninteressiert an seiner Umgebung und ruhig im Kopf, fallen Hals und Kopf des Pferdes entspannt immer mehr nach unten. Loben Sie es jedes Mal ohne Ausnahme, wenn es Kopf und Hals auch nur ein bisschen fallen lässt. Ermutigen Sie das Pferd durch intensives Lob zum Weitermachen in die richtige Richtung. Der Rücken streckt sich dann der Nase abwärts folgend nach vorn, die Schritte des Pferdes werden ruhiger und größer. Die am Schenkel harte Bauchmuskulatur entspannt sich zunehmend und gewährleistet einen ruhigen, intensiven Kontakt des Schenkels zum Pferd. Loben Sie das Pferd immer weiter, und signalisieren Sie dem Pferd Ihr vollstes Einverständnis für das, was es tut.

Das Lob und das Einverständnis mit dem Reiter sind in diesem Moment *sehr* wichtig für das Pferd, weil es bis jetzt, bei jedem Versuch sich zu strecken, durch das Stoßen der Laden an der unelastischen Reiterhand bestraft wurde und deshalb nicht mehr weiß, was richtig und vom Reiter erwünscht ist.

Viele Pferde entspannen sich bei dieser Prozedur schließlich so nachhaltig, dass sie sich beim Traben mit den Vorderbeinen an ihrem tief hängenden Maul stoßen. Wenn diese vollkommne Entspanntheit im Traben beim Pferd über mindestens eine ganze Runde, besser noch über mehrere Runden in der Reitbahn erhalten bleibt, dann ist der Rücken vollkommen losgelassen und die Psyche ruhig geworden. Das Pferd wird so, schweißgebadet wie es ist, seit langem die Bahn einmal wieder hochzufrieden und vollkommen entspannt verlassen. Wohlgemerkt: Nicht jedes Pferd, das schweißnass gearbeitet wurde, verlässt zufrieden die Bahn, sondern nur solche, denen auf diese Weise durch nicht vorhandene oder positive Einwirkung des Reiters die lang ersehnte psychische und physische Entspannung gewährt wurde!

Der Rücken ist locker, aber die Psyche noch nicht

Die eben beschriebene Prozedur ist nur in wenigen Fällen einmalig über mehr als drei Tage nötig. Wichtig ist, dass dem Pferd vor allem am zweiten Tag im Schritt am hingegebenen Zügel viel Zeit zur Aufwärmung seiner verkateten Muskulatur gegeben wird. Einige Pferde sind nämlich an dem Tag vor lauter Muskelkater ganz steif, der Reiter unter Umständen auch. Mancher Reiter wird an diesem Tag sein Pferd dennoch voller Euphorie besteigen, da er am Tag zuvor vielleicht zum ersten Mal auf einem vollkommen losgelassenen Pferd gesessen und damit eine Ahnung davon bekommen hat, wie die auf beiden Seiten psychisch und physisch entspannte Arbeit mit einem Pferd aussehen kann. Vielleicht hat der Reiter auch erfahren, wie locker, leicht und vollkommen im eigenen Gleichgewicht sowie im Gleichgewicht mit dem Reitergewicht sich das losgelassene, vom Reiter unbehinderte Pferd mit entspanntem Rücken beim Rundherumtraben um die Bahn bewegt.

Umso enttäuschter wird der Reiter sein, wenn er gegebenenfalls feststellt (was allerdings eher selten vorkommt), dass das Pferd an diesem Tag genauso verspannt ist wie sonst auch, vielleicht sogar noch stärker. Die einmalige Erfahrung, dass dem Pferd beim Reiten durch die Hand des Reiters nichts passiert (weil der Reiter sich vollkommen passiv verhält, auch wenn er vom Pferd provoziert wird), reicht nie aus, um das zerstörte Vertrauen des Pferdes zum Reiter sofort wieder herzustellen. Deshalb ist der zweite Tag (manchmal auch noch der dritte) für Pferd und Reiter oft der härtere Tag. Am ersten Tag wirkt noch das Überraschungsmoment mit. Das Pferd genießt die neu gewonnene Freiheit in Maul und Rücken, fühlt sich gut und nimmt das Angebot des Reiters zur Entspannung relativ bald an. Am zweiten Tag ist es aber oft müde, hat einen Muskelkater und deshalb keine Lust zur Arbeit. Die körperliche Müdigkeit und damit die beste Voraussetzung für die physische Entspannung ist zwar erreicht, sie allein macht Pferd und Reiter in dem Fall aber nicht glücklich. Die Psyche des Pferdes lässt sich durch eine einmalige Aktion nicht so leicht beruhigen. Die Fortschritte, die man bezüglich der psychischen Entspannung in minderschweren Fällen schon an einem Tag erreichen kann, sind jedoch dennoch erstaunlich.

Die schwereren Fälle unter den verspannten Pferden sind jedoch von einer nachhaltigen

> Das gestresste Pferd nimmt den Weg, der ihm aus dem Stress gezeigt wird, in allen Fällen dankbar an. Je weniger sein Vertrauen geschädigt und je geringer seine Angst ist, desto frühzeitiger erkennt das Pferd den Weg aus seinem psychischen Stress und umso leichter wird es ihn beschreiten.

psychischen Verstörtheit gekennzeichnet, die das Erkennen des richtigen Weges behindert. Für diese Pferde stellt die Konfrontation mit der unbekannten Einwirkung beziehungsweise der Passivität des Korrekturreiters lediglich einen weiteren Stressfaktor beim Reiten dar. Die Angst davor, dass das Unbekannte Schlechtes bedeuten kann, ist bei diesen Pferden größer als die Hoffnung, dass es Gutes bringen könnte.

Zuerst vergrößert sich also die Angst des Pferdes noch, wenn es merkt, dass es auch am zweiten und am dritten und an jedem folgenden Tag mit der neuen Situation beim Reiten konfrontiert wird. Hat es vorher schon die Welt nicht mehr verstanden, so versteht es sie jetzt erst recht nicht mehr und rennt deshalb unter dem Reiter oft förmlich um sein Leben. Erst die mehrfach wiederholte Erfahrung, dass vom Pferd nur die Dehnung von Hals und Rücken nach vorwärts-abwärts beim simplen Geradeauslaufen im Trab gefordert wird und weiter nichts, führt zur psychischen Beruhigung des Pferdes.

> Eine durch Lob klar definierte Aufgabe und wirklich nur eine *einzige* Aufgabe – nämlich vorwärts-abwärts zu gehen – macht dem physisch verspannten und psychisch gestressten Pferd Mut, den Anforderungen des Reitens wieder gewachsen zu sein.

Und machen Sie nicht den Fehler, zu früh durch Gangartwechsel oder Bahnfiguren für Abwechslung zu sorgen. Das Pferd fühlt sich sonst sofort wieder überfordert und zieht sich sogleich hinter seinen Vorhang aus Misstrauen zurück. Beweisen Sie Fingerspitzengefühl und Geduld, und Sie werden vom Pferd dafür durch sein Vertrauen belohnt werden. Richten Sie sich nach dem Pferd und geben Sie sich über Tage oder Wochen mit dem Erreichen der Losgelassenheit am langen beziehungsweise hingegebenen Zügel im Leichttraben zufrieden. Versuchen Sie, erst nach und nach die Losgelassenheit auch in den anderen Gangarten herzustellen. Halten Sie sich in der Zwischenzeit weit weg von Bahnfiguren, Lektionen, fremden Reitplätzen oder gar Reiterwechseln. Vermeiden Sie jede nur mögliche Irritation! Suchen Sie immer denselben Ort zum Reiten auf, spulen Sie immer dasselbe Programm ab (keine Schrittpause, bevor nicht deutliche Anzeichen der Losgelassenheit da sind), und beschränken Sie sich im Übrigen auf das Loben des Pferdes. Geben Sie dem Pferd Zeit zum Vergessen beziehungsweise zur Gewöhnung an das stressfreie, losgelassene Arbeiten, und konfrontieren Sie es nicht aus Ungeduld zu früh mit weiteren Ansprüchen. Bevor Sie anfangen, das zu tun, haben Sie nämlich noch ein gutes Stück Arbeit vor sich.

Mit System und Geduld zurück zur Anlehnung

Auf der Basis des wiedergewonnenen Vertrauens und der durch die Dehnung des Pferdes in der richtigen Art und Weise gestärkten Hals- und Rückenmuskulatur müssen Sie sich nun erst einmal wieder äußerst vorsichtig in das Maul des Pferdes einfühlen. Das dauert meistens noch viel länger als den Rücken einfach nur ohne Handeinwirkung zu lösen. Sie müssen jetzt das Pferd mit seinem eigentlichen Problem konfrontieren. Ging bis hierher alles gut, haben Sie nämlich erst die halbe Miete in der Tasche. Das Pferd streckt sich jetzt nach vorwärts-abwärts, soll diese Dehnungshaltung aber auch beibehalten, wenn Sie Kontakt zum Maul aufnehmen. Versuchen Sie bei solchen

Pferden das Aufnehmen der Zügel aber *nie* im schwunglosen Schritt, sondern nur im Trab (oder Galopp). Nehmen Sie *dann* vorsichtig in einer temporeichen Gangart die Zügel auf, wenn Sie das Pferd unter Ihnen so weit wie möglich vor sich gebracht haben. Das bedeutet in diesem Fall, dass das Pferd den Schwerpunkt so weit wie möglich auf die Vorhand verlagert hat und mit voller, ungebremster Schubkraft trabt (oder galoppiert). Die sonst so ungeliebte, hier für Ihr Vorhaben der Zügelaufnahme aber zwingend notwendige Vorhandbelastung ist durch die hohe Geschwindigkeit (der Trabbewegung im Vergleich zum Schritt) und das von Ihnen erarbeitete Absenken des Kopf-Hals-Bereichs bei lang gestrecktem Rücken bedingt (siehe dazu auch Kapitel 9 und Abb. 18). Verschieben Sie nun den gemeinsamen Schwerpunkt von Pferd und Reiter noch weiter nach vorn, indem Sie Ihr Gewicht ebenfalls soweit wie möglich nach vorn verlagern (sie müssen allerdings noch zum Treiben kommen). Sie regen das Pferd dadurch dazu an, die Schubkraft zu erhöhen und energischer abzufußen. Es tut dies, um den nach vorn verschobenen gemeinsamen Schwerpunkt besser zu unterstützen, damit es nicht gleichsam vornüber fällt.

Und genau in diesem Zustand des Pferdes setzen Sie nun die Vollbremsung, die selbst die vorsichtigste Zügelaufnahme bei einem nachhaltig im Maul irritierten Pferd nicht verhindern kann. Die Vollbremsung sieht so aus, dass das Pferd bei der Zügelaufnahme den Kopf ruckartig hochnimmt und das Gebiss von den Laden in die weniger empfindlichen Maulwinkel schiebt. Gleichzeitig drückt es den Unterhals (dieser ist vorher durch die falsche Einwirkung ja maßgeblich gestärkt worden) nach vorn raus und zieht die Rückenmuskulatur zusammen sowie die Schultern hoch (Abb. 7).

Dies führt zum sofortigen Herausstellen und Entlasten der Hinterhand sowie zu Taktfehlern und Stockungen in der Bewegung.

Die Reaktion des Pferdes führt zu einer starken Schwerpunktsverschiebung nach hinten und dem sofortigen Zurücknehmen der Schubkraft (Vollbremsung). Haben Sie aber das Pferd in der beschriebenen Art und Weise vorbereitet, dann kommt der Schwerpunkt des Pferdes unter Ihnen nur so weit hoch und zurück, dass der Pferdeschwerpunkt immer noch so weit vor dem Ihren liegt, dass die Vorwärtstendenz der Bewegung erhalten bleibt. Es wird auch die Schubkraft nur so stark gedämpft, dass Sie den kritischen Moment der Zügelaufnahme ohne oder mit nur geringen Stockungen im Bewegungsablauf meistern können. Beides sind Voraussetzungen dafür, dass die gleichzeitig treibenden Hilfen zur Herstellung der Anlehnung über den entspannten Rücken bis zum Maul durchkommen, und das Pferd sich im besten Fall wieder vorsichtig anlehnt.

Sie sehen also, dass Sie mit einem rückenverspannten Pferd erst mal mehr als genug Probleme im einfachen Geradeaustraben zu lösen haben. Nehmen Sie also nicht freiwillig durch das Reiten von Bahnfiguren etc. noch welche dazu. Konzentrieren Sie sich und das Pferd auf die Einhaltung von Takt und Losgelassenheit zuerst bei der Aufnahme des Zügels und dann beim Geben von halben Paraden zur Verbesserung der Anlehnung. Gehen Sie behutsam vor, und machen Sie dem Pferd klar, dass die Toleranz des Gebissdrucks auf die Laden das nächste, leicht erreichbare Ziel ist, da sonst nichts weiter von ihm verlangt wird.

Hierfür können Sie in ernsteren Fällen Wochen oder sogar Monate einplanen. Sie werden in dieser Zeit einige Rückschläge erleiden, und das sture Rundherumtraben um den Platz ohne Abwechslung wird Sie langweilen und an

Ihren Nerven zerren. Doch in dieser Zeit passiert beim Pferd viel. Hals- und Rückenmuskulatur bilden sich so aus, dass sie das Reitergewicht leichter tragen können, der Bewegung des Pferdes in der Anlehnung förderlich sind und dem Pferd damit die Anlehnung an die Reiterhand erleichtern. Die Psyche des Pferdes beruhigt sich durch das ritualisierte Verhalten ohne irgendwelche Varianten, das Tag für Tag beim Reiten abläuft. Das Pferd fühlt sich sicherer und dadurch den Anforderungen des Reiters wieder gewachsen. Das Pferd lässt sich durch sein gestärktes Selbstvertrauen allmählich wieder leichter an Unbekanntes oder früher mit Schrecken Verbundenes heranführen, ohne gleich in Panik zu geraten. Es gibt Ihnen so wieder die

Chance, dem Pferd durch intensives Lob Positiverlebnisse zu vermitteln.

Die Toleranz des Gebisses im Maul des Pferdes ist nicht nur eine Frage des reiterlichen Könnens, sondern auch des Vertrauens des Pferdes in die Reiterhand, das sich nur sehr langsam wieder entwickelt. Haben Sie Takt, Losgelassenheit und Anlehnung in allen drei Gangarten im Geradeausreiten wieder erreicht, dann stellt das Erlernen von Bahnfiguren und Lektionen vergleichsweise keinerlei Schwierigkeiten mehr dar. So ein wiederhergestelltes Pferd wird Sie noch lange durch seine verschreckten Reaktionen zur Mäßigung Ihres Anspruchs beim Reiten mahnen und Ihre Sensitivität für die empfindsame Seele des Pferdes schulen.

Nachwort

Denken Sie immer daran, im Vorhinein sorgsam all das zu prüfen, dem Sie das Pferd aussetzen. Die Zumutbarkeit bestimmter Situationen ist bei erwachsenen Pferden von der Kenntnis des Charakters des Pferdes durch den Halter/Reiter, der Intensität der Beziehung zwischen Halter/Reiter und Pferd sowie der Ausbildung beziehungsweise dem Trainingszustand des Pferdes abhängig. Das will heißen: Je besser Sie ein Pferd kennen, je intensiver sich Ihre Beziehung zu ihm erweist und je weiter es ausgebildet ist, umso spezifischere Anforderungen können Sie an ein Pferd stellen.

Die letzte Erkenntnis darüber, ob ein Pferd lieber von einem so genannten Freizeitreiter zweimal die Woche ins Gelände geritten wird oder es vorzieht, Woche für Woche von Donnerstag bis Sonntag auf einem Turnier zu verbringen, werden wir nie erlangen. Beides kann von uns Menschen für das Pferd angenehm oder unangenehm gestaltet werden, und auf beides kann das Pferd von uns sorgsam vorbereitet werden, was die Zumutbarkeit für das Pferd erhöht. Unter Berücksichtigung des Naturells und der körperlichen Veranlagung eines Pferdes lassen sich von einem erfahrenen Fachmann die Grenzen der Zumutbarkeit einer sportlichen Betätigung für ein Pferd meistens relativ schnell und sicher definieren.

Wenn man über derartige Sachverhalte nachdenkt, dann langt man früher oder später bei der Frage an, ob man als Mensch überhaupt das Recht dazu hat, ein Pferd zu reiten, auszu-bilden und zum Beispiel auf Leistungsprüfungen vorzustellen. In diesem Stadium der Diskussion wird oft das Argument gebracht, dass in der heutigen Zeit das Reiten die Daseinsberechtigung der Pferde sichert. Das ist richtig, wirft aber nachfolgend die Frage auf, ob Leben um jeden Preis dem Nichtleben auf jeden Fall vorzuziehen ist.

Die Frage, ob ein Pferd lieber lebt, geritten und ausgebildet wird oder für ein solches Leben (denn das Leben in freier Wildbahn ist ja nur noch eine theoretische Alternative) lieber gar nicht geboren wäre, lässt sich nicht klären. Aber auch keiner von uns Menschen wurde vorher gefragt, ob er geboren werden wollte. In den meisten Fällen sind wir früher oder später dazu gezwungen, uns unseren Lebensunterhalt durch unserer Hände Arbeit zu verdienen. Und so wie uns das Leben und die Arbeit manchmal Spaß machen und manchmal anöden, manchmal leicht von der Hand gehen und auch mal schwer fallen, so ist es bei den Pferden wohl auch. Der Unterschied liegt darin, dass wir – meist – frei entscheiden können, wo wir leben und wie wir unser Leben gestalten wollen. Da Pferde aber nicht dazu in der Lage sind, ihre vom Menschen gemachten Lebensumstände zu verändern, und sich in weit stärkerem Maße still in ihr Los fügen müssen als Menschen, sind wir dazu aufgefordert, uns immer wieder vom möglichst positiven Schicksal des Pferdes zu überzeugen und ihm das Leben unter den gegebenen Umständen so angenehm wie möglich zu machen.

Danksagung

Ich danke Dr. Manuela Baumgarten, Susi Hütte und Christine Rüger für die kritische Durchsicht des Manuskripts, viele gute Ergänzungs- und Verbesserungsvorschläge sowie für ihre engagierten Diskussionen. Die beiden Lektorinnen Frau Edith Kiel vom BLV Verlag und Frau Christa Klus-Neufanger haben zusammen mit Herrn Jörg Mair, der die Grafiken erstellt hat, ebenfalls erheblichen Anteil am Gelingen des Buches.

Ganz besonders großer Dank gebührt meinem Mann Khaled Abdel-Kader Ph. D. (agric. zool.) für seine geduldige und liebevolle Unterstützung beim Verfassen dieses Buches.

Die Autorin

Dr. Dorothee Abdel-Kader, geb. 1965, ist Diplombiologin und als Tochter eines Tierarztes mit Pferden und anderen Tieren groß geworden. Sie reitet seit ihrem zehnten Lebensjahr und hat durch die Ausbildung vieler junger Pferde sowie die Dressurausbildung von Sportpferden bis zur mittleren Klasse ihr Wissen über Pferde erworben.

In zahlreichen Reitstunden, welche die Autorin Freunden und Bekannten im Lauf der letzten zwei Jahrzehnte erteilt hat, sowie durch intensives Beobachten von Reitern und Pferden haben sich für sie die wichtigsten und immer wiederkehrenden Problempunkte und Verständigungsschwierigkeiten zwischen Mensch und Pferd deutlich herauskristallisiert. Die Lösung dieser grundlegenden Probleme hat sie im vorliegenden Buch zum Thema gemacht.

Oft ist es nur das bewusste Sehen und Fühlen sowie die Fähigkeit, daraus die richtigen Schlüsse zu ziehen, um Probleme beim Reiten zu lösen oder gar nicht erst entstehen zu lassen. Deshalb hofft die Autorin, dass der eine oder andere Leser durch die Lektüre des Buches zu genau dem Gedanken gelangt, den ein Reitkursteilnehmer bei Tom Dorrance in den USA folgendermaßen ausgedrückt hat: »One big thing Tom taught me is to see what I look at, in everything, horses, cattle, people – to observe and compare.« (Dorrance 1997)

Literaturempfehlungen

BLENDINGER, W.: Psychologie und Verhaltensweisen des Pferdes. Paul Parey Verlag, Berlin 1988 (5)

DEUTSCHE REITERLICHE VEREINIGUNG (HRSG.): Richtlinien für Reiten und Fahren. Band 1: Grundausbildung für Reiter und Pferd. FN-Verlag, Warendorf 2000 (27)

DEUTSCHE REITERLICHE VEREINIGUNG (HRSG.): Richtlinien für Reiten und Fahren. Band 2: Ausbildung für Fortgeschrittene. FN-Verlag, Warendorf 1997 (12)

DORRANCE, T.: True unity – willing communication between horse and human. Edited by M. H. Porter. Give-It-A-Go Enterprises Verlag, Bruneau (USA) 1997 (11)

HÖLZEL, P./W. HÖLZEL/M. PLEWA: Profitipps für Reiter. Frankh-Kosmos Verlag, Stuttgart 1992 (1)

KLIMKE, R.: Grundausbildung des jungen Reitpferdes. Frankh Verlag, Stuttgart 1986 (3)

MÜSELER, W.: Reitlehre. Müller Rüschlikon Verlag, Cham (CH) 1998 (46)

ROMASZKAN VON, G.: Pferde zureiten. Albert Müller Verlag, Rüschlikon-Zürich 1962 (3)

ROMASZKAN VON, G.: Reiter und Pferd im Gleichgewicht. Albert Müller Verlag, Rüschlikon-Zürich 1940 (4)

STEINBRECHT, G.: Das Gymnasium des Pferdes. Olms Presse, Hildesheim 1999 (5)

STRICK, M.: Denk-Sport Reiten. Die faszinierende Logik der Ausbildungsskala. FN-Verlag, Warendorf 2001 (1)

ZEITLER-FEICHT, M. H.: Handbuch Pferdeverhalten. Ursache, Therapie und Prophylaxe von Problemverhalten. Eugen Ulmer Verlag, Stuttgart 2001 (1)

Register

Know-how für die Pferdeausbildung

Kerstin Diacont
Mit System zum harmonischen Reiten
Stimmig, logisch, eigenständig –
das neue Ausbildungs- und
Trainingskonzept: die besten
Lehrmethoden aus allen Reit-
weisen, sinnvoll kombiniert.

Sylvia Loch
Dressur mit leichter Hand
Für ambitionierte Reiter, Turnier-
reiter und Reitlehrer: ganzheitlich
ausbilden – einfühlsam und zwang-
los; mit Tipps aus Pferdesicht, was
Reiter bei der Ausbildung ihres
Pferdes in klassischer Dressur
besser machen könnten.

Gerhard Kapitzke
Zügelführung mit Gefühl
Das Zwiegespräch zwischen Reiterhand und Pferdemaul mit einfühl-
samer Zügelführung; die Grund-
prinzipien der Zügelführung, ihre
verschiedenen Wirkungsweisen und
deren pferdegerechte Anwendung.

Stefan Radloff
Reitausbildung mit System
In Text und Grafik präzise demonstriert: Grundlagen und systematisch aufgebaute Tageslektionen
für die Dressur- und die Springaus-
bildung; die optimale Zusammenarbeit zwischen Reiter und Pferd,
die Aufgaben des Ausbilders,
Trainingsplanung.

Philippe Karl
Reitkunst
Alle Aspekte der Dressur nach klas-
sischen Prinzipien – vom Anreiten
über die Arbeit an der Hand bis
zur Hohen Schule: Einblick in die
Arbeit des »Cadre Noir« in Saumur,
der Elite-Institution für Pferdeausbildung auf höchstem Niveau.

Ingrid Andersson / Charlie Lindberg
Junge Pferde ausbilden
Schonende Pferdeerziehung in den
ersten fünf Lebensjahren – den
Entwicklungsphasen des Pferdes
entsprechend; Grundausbildung,
Einreiten, Konditionstraining, Aus-
bildungskonzepte, Doping und
Krankheiten, Rekonvaleszenz,
das erwachsene Pferd.

Im BLV Verlag Garten und Zimmerpflanzen • Natur • Heimtiere •
finden Sie Bücher Jagd und Angeln • Pferde und Reiten • Sport und Fitness •
zu den Themen: Wandern und Alpinismus • Essen und Trinken

Ausführliche Informationen erhalten Sie bei:

BLV Verlagsgesellschaft mbH
Postfach 400320 • 80703 München
Tel. 089 / 127 05-0 • Fax -543 • http://www.blv.de